U1011879

本书系国家社科基金青年项目“新媒体时代党员领导干部媒介素养提升路径研究”（18CDJ006）结项成果；中共山东省委党校（山东行政学院）科研支撑项目成果。

国家社科基金丛书
GUOJIA SHEKE JIJIN CONGSHU

新媒体时代党员干部媒介素养提升路径研究

A Study on the Path of Media Literacy Enhancement for Party Cadres in the New Media Era

冀翠萍 著

人民出版社

前　言

以互联网为代表的新媒介技术快速发展，打破了传统政治与媒介深度耦合的机制，舆论生态、媒体格局、传播方式发生深刻变化。世界百年未有之大变局加速演进，各种风险挑战不断积累且集中显露，媒介发展与社会要素复杂交织，给党的执政能力和国家治理能力带来新挑战，需要政府部门前置“作为”，需要党员干部权威“发声”。然而，党员干部面对新的治理形态和需求，表现出一定程度的“本领恐慌”。党员干部媒介素养是执政能力的重要内容，是掌握意识形态工作领导权的必然要求，是关乎党的事业发展的理论和现实问题。

媒介素养作为一个上位概念，泛指公众媒介素养。党员干部作为国家治理的主体，是公众又不是普通公众，需要承担起不同于普通公众的媒介参与、媒介生产、媒介引导、运用媒介等重任，党员干部的媒介素养应该被单独考察。然而，党员干部媒介素养作为具有较强实践性的研究问题，至今还没有形成完整的研究脉络和框架。特别是当有突发事件发生时，党员干部媒介素养往往成为舆情事件的“原罪”，但究竟是哪方面的问题并没有说清楚，是概念内涵、内容指标等基本问题没有说清楚，当前研究中又较多出现应景的对策建议或者就某个危机事件的评头论足，理论与实践工作处在“跟着感觉走”的状态，制约党员干部媒介素养研究向纵深发展。

基于以上背景，本书对党员干部媒介素养问题进行了宏观扫描和微观透视，从理论和实践两个维度构建起党员干部媒介素养研究的整体性视野，深入研究媒介素养的理论内涵，建构媒介素养的内容与指标，提出媒介素养测评的实践标准，用理论的高度引领实践，用实践的检验推动理论。本研究主要包括以下四个层面。

第一，挖掘和剖析历史经验与现实境遇。中国共产党建党 100 多年以来，受历史背景、社会环境、技术条件等的影响，党运用媒体的实践不断调整、变化和发展，回顾和梳理走过的历史足迹，具有重要的历史参考和启示价值。首先，重点探讨中国共产党运用媒体能力的思想与实践。挖掘中国共产党在新民主主义革命、社会主义革命和建设、推进改革开放和社会主义现代化建设以及中国特色社会主义新时代，发展出来的关于党的媒体能力建设的丰富思想和观点。以互联网为代表的新媒体技术，将网络社会的脉络清晰地呈现在公众面前。

其次，重点探讨新媒体环境给治国理政带来的变化与挑战。党员干部已然成为舆论审视的对象，并在媒介环境中扮演多重角色。然而，新媒体推动传统话语权力体系的解构，重塑了"再中心化"的话语权力结构，舆情成为经济社会发展的"伴生物"，网络生态失范失序越轨问题频发，网络意识形态斗争日益激烈，互联网治理体系和治理能力建设任重道远，提升党员干部媒介素养迫在眉睫。

第二，回答和构建了媒介素养基本问题与内容框架。深刻理解和把握习近平总书记关于党员干部媒介素养的指示要求，充分吸纳既有研究成果，提出党员干部媒介素养的概念内涵，党员干部媒介素养是党员干部对不同媒介环境的接触、认知与评估的能力，对媒介信息的选择、理解、应用与创造能力，以及运用媒介工具沟通服务群众、管理公共事务、塑造政府形象和推动经济社会发展的能力。剖析党员干部群体区别于普通公众的人民性、建构性、主动性、实践性、复合性特征。

在形成概括性认识的基础上,重点构建内容模型与指标体系。从情境理论看常规、危机、塑造三种情境下的需求,从胜任力理论看认知、情感、意识、行为四个层面的表现,两个维度共同建构了党员干部媒介素养的内容模型,并分析出由 5 项一级指标、20 项二级指标构成的指标体系。理论指引构建了初步指标体系,指标体系是否合理、科学、有效,还需要实证检验。

重点检验和完善指标体系。在东部某省级党校 7 类班型、15 个班次、约 600 名学员群体中发放问卷。260 份样本数据通过探索性因子分析,发现潜在因子结构,修正指标体系;258 份样本数据通过验证性因子分析,验证指标体系的效度;通过 14 位学界与实务部门专家群体决策和层次分析,确定指标权重。最终形成由 5 项一级指标、19 项二级指标构成的党员干部媒介素养指标体系。基本概念、特征特点、内容构成和指标体系共同丰富了党员干部媒介素养研究的理论体系。

第三,测量和评析了媒介素养的现实状况和实践表现。利用研究构建的指标体系回归实践,测量党员干部的媒介素养水平。一方面,可以通过样本数据看全貌和问题,重点对党员干部媒介素养进行现实考察,基于指标体系,开展问卷调查,进行数据统计,考察党员干部媒介素养整体性状况,发现其在性别、年龄、学历学位、职务职级、工作职责、单位级别等特征因素上的群体性差异,根据分析结果,重点关注基层党员干部媒介素养水平和状况。另一方面,通过研究分析看细节和关键,对 16 家地市党校、125 家县市区党校媒介素养培训情况进行调研分析,分析发现在课程设置、教学模式等方面存在短板弱项,基层党员干部媒介素养培训亟须加强。

第四,进行了提升党员干部媒介素养的路径思考。提升党员干部媒介素养,除个人主观能动性外,关键是组织的培育培养和舆论环境的创设。党员干部媒介素养提升是一个系统工程,需要多方共同发力,理念上不断引导教育党员干部树立正确的媒介观,组织上构建党员干部全覆盖的媒介素养分级分类培训体系,制度上健全党员干部媒介素养的监测、考评机制,环境上加强党员干部多场域媒介历练与实践,视野上由媒介素养扩展至数字素养场域与范畴。

本书将党员干部媒介素养作为这个时代的重要研究,吸纳融合既有理论与实践,引入研究分析新视角,界定概念内涵及特征特点,构建内容模型与指标体系,厘清了既有研究中的模糊认知,产生出一套完整的测量评价指标,初步构建了党员干部媒介素养问题研究的完整框架体系,丰富了党员干部媒介素养的理论与实践。本书为后续研究者批判创新提供了靶子,也为相关实践者借鉴使用提供了具象。但是,部分问题的细节研究仍然粗浅,还没有深入展开。党员干部媒介素养问题不是这个时代的"匆匆过客",它将随着技术进步、时代发展、社会变迁滚滚向前,它的内涵、框架等基本问题也会在此基础上不断生长,我们将对这一领域进行持续跟踪研究,将其打造为个人教学科研生涯的不懈追求。

目　录

绪　论

党的十八大以来，习近平总书记多次对党员干部媒介素养作出指示要求，强调互联网日益成为意识形态斗争的主阵地、主战场、最前沿，要求党员领导干部运用网络了解民意、开展工作，强调要主动适应信息化要求、强化互联网思维，不断提高对互联网规律的把握能力、对网络舆论的引导能力、对信息化发展的驾驭能力，要增强同媒体打交道的能力。党的十九届六中全会，明确将“过不了互联网这一关就过不了长期执政这一关”写入《中共中央关于党的百年奋斗重大成就和历史经验的决议》。提升媒介素养是党中央对新时代党员干部提出的明确要求，是党员干部积极适应媒介环境变化的必要举措，已经成为检验党员干部执政能力的现实考题。

一、党员干部媒介素养的选题缘起

数字技术、媒介技术、互联网技术层出不穷，催生了众多新兴媒介形态，信息无处不在、无所不及、无人不用，舆论生态、媒体格局、传播方式发生深刻变化，对党的执政能力和国家治理能力提出新要求。世界百年未有之大变局加速演进，中华民族伟大复兴进入关键时期，我国发展进入各种风险挑战不断积累甚至集中显露的时期，经济、政治、文化、社会、生态文明建设等各方面的利益诉求陡然增多。媒介发展与社会问题交织在一起，多媒体构建的公共话语空间对政府主导的传统舆论格局产生冲击,国家治理的时空环境、治理逻辑、基础条件已然发生转变,塑造了"媒介化治理"这一全新视域。

面对舆论空间中的民意关注与诉求,需要政府部门和党员干部主动权威"发声"。然而,各级党员干部还个别存在"雷人雷语、失语妄语"问题,还部分存在"不愿碰网、不敢碰网"问题,折射出在运用新媒体、新技术上的"本领恐慌"问题。党员干部媒介素养还存在短板弱项,作为国家和社会治理的主体,党员领导干部媒介能力和水平是关乎党和国家事业发展的理论和现实问题,意义重大。

(一)党员干部媒介素养是执政能力的重要内容

在新媒体环境下,人们把学习、生活、消费、交流都搬到了互联网上,群众上了网,民意也就上了网,国家治理由线下治理转为线上线下相结合,利用好线上的新媒体技术手段,与党的领导、政府治理有机结合,这为党员领导干部干事创业提供了新思路。党员干部如何利用新媒体甄别民意、读懂民意,从而更好地为人民服务,党员干部如何借助新媒体宣讲党和国家重大方针政策,引导民意、聚合民意,党员干部如何利用互联网新手段,为群众提供不用跑腿、不用跑路、更加即时方便的"指尖服务",这些都已经成为新媒体环境下党员领导干部必备的本领。习近平总书记指出:"现在,各级领导干部特别是高级干部,如果不懂互联网、不善于运用互联网,就无法有效开展工作。"①如何运用好新兴媒体,增强党员干部服务群众的能力与水平,如何善对媒体、善用媒体,维护网络意识形态安全,如何通过管理和运用媒体来提高治理绩效,已成为新时代党员干部治理能力范畴必须回答的现实课题。

---

① 中共中央党史和文献研究院编:《习近平关于网络强国论述摘编》,中央文献出版社2021年版,第6页。

（二）党员干部媒介素养是传播党和政府形象的重要窗口

在群众心目中，党员干部的形象与党和政府的形象是叠加和重合的，群众如何认识党和政府，就是从对党员干部的工作作风、工作能力的认知中获得的。社会民众将官员视为政府行为的化身，伴随着媒介市场化和公众民主意识的觉醒，社会监督超过以往任何时期，政府信息越来越公开和透明，提升官员的媒介素养必然关系到政府的形象和公信力传播。[①] 新媒介环境下党员领导干部的一言一行、一举一动，极易成为公众关注的焦点，成为党和政府形象的重要输出端口。近年来，出现的“跟政府作对就是恶”、“你是不是党员”、“你懂不懂风水”等“雷人雷语”，甚至在媒体面前表现出各种乱象丑态，折射出党员领导干部媒介素养缺失的事实，不仅造成了线上舆论激荡与可能的线下群体性事件，还在相当程度上损害了党和政府的形象。[②] 党员干部媒介素养不佳，表面上指向了党员干部个人，本质上损害的是党和政府在人民群众中的形象，消耗的是党在长期执政过程中累积的公信力基础。

（三）党员干部媒介素养是掌握意识形态工作领导权的必然要求

当今世界正处于百年未有之大变局，建设具有强大凝聚力和引领力的社会主义意识形态任务之艰巨前所未有。新媒体的崛起更是加速了世界秩序的重塑，国家安全威胁日益凸显、主流意识形态面临冲击、社会价值观念发生混乱、舆论格局日趋多元复杂、组织动员模式遭遇重构、传统社会治理模式面临困境。历史和现实反复证明，搞乱一个社会、颠覆一个政权，往往先从意识形

---

① 参见周大勇、王秀艳：《官员的媒介素养与政府形象传播》，《中共中央党校学报》2013 年第 4 期。

② 参见崔霞、冀翠萍：《我国领导干部媒介素养研究的现状分析》，《理论学刊》2018 年第 1 期。

态领域打开缺口，先从搞乱人们思想入手。“互联网是我们面临的最大变量，在互联网这个战场上，我们能否顶得住、打得赢，直接关系国家政治安全。”① 党员干部要有高度政治警惕性和政治鉴别力，快速适应并熟悉新媒体环境，掌握互联网传播规律，掌握网上舆情生成演化机理，才能保证党对新媒体领导地位的巩固，牢牢把握意识形态工作领导权，确保党和政府各项事业顺利推进。

二、党员干部媒介素养的研究进展

在国外研究中，该问题的研究较多关注媒体与政治的关系，政治人物如何利用媒体为政党服务、为政治运作服务。在国内研究中，该问题的研究对象更加聚焦，研究内容更为宽泛，研究成果也更为丰硕。

（一）国内研究的重要阶段

党的十六届四中全会提出要“增强引导舆论的本领，掌握舆论工作的主动权”之后，党员干部运用媒介能力问题受到更多关注，可以从时间上划分为三个阶段。

1. 研究“起步期”

这一时期的研究，主要关注网络传播手段带来的变化和影响。程曼丽指出，由生产力和传播技术发展带来的生产关系的变革，又引起经济基础的变化，进而对旧有的上层建筑和意识形态造成冲击与影响，特别是对社会传统观念造成冲击与影响。这就要求上层建筑和意识形态做相应的调整，以适应变化了的经济基础的需要。② 刘德中等注意到多元化传播给意识形态建设、国

① 中共中央党史和文献研究院编：《习近平关于网络强国论述摘编》，中央文献出版社 2021 年版，第 56 页。

② 参见程曼丽：《从历史角度看新媒体对传统社会的解构》，《现代传播（中国传媒大学学报）》2007 年第 6 期。

家形象传播带来挑战和机遇，党要始终走在时代前列，就不能不利用好网络这个时代的先进工具来体现党的先进性。①

2. 研究“发展期”

2009年前后的一段时间先后发生了“躲猫猫”、温州“购房门”、邓玉娇事件、杭州飙车案等，将政府官员摆在了民众的对立面，更是出现了“替党说话，还是替老百姓说话”这样的“雷言雷语”，一时间党员干部媒介素养问题被推到公共突发事件处置的风口浪尖上。媒介素养问题研究的关注度越来越高。这一时期的研究范畴越来越广，理论探讨、实践调研、用数据说话、用案例作证等多种研究形式方兴未艾。

一是，有研究明确指出党员干部媒介素养的重要意义。樊金山指出党员干部在对待媒体和运用媒体方面存在着明显不足，思想观念、面对媒体的能力、运用媒体能力、应对突发事件能力不能满足新媒介环境变化的要求。② 骆正林认为党政干部的媒介素养会影响执政为民理念的确立，影响政策试探功能的发挥，影响社会预警功能的效果，影响执政党对舆论阵地的主导作用，影响党和政府的公众形象，因此，党员干部媒介素养对于危机处置、政府形象、社会治理能力意义重大。③

二是，有研究通过问卷调查等实际调查了媒介素养情况。袁军等关注到领导干部在突发事件媒体应对方面的态度和行为是重要影响因素，他们通过在重庆、天津、太原等城市所作的政府官员媒介素养调查获得的数据，对政府官员的媒介认知和使用及在媒介与政府工作和突发事件媒体应对方面的态度

① 参见刘德中：《信息网络化与党的思想文化和意识形态工作的新挑战》，《马克思主义研究》2006年第8期。

② 参见樊金山：《领导干部提高“媒体执政力”的思考》，《中共云南省委党校学报》2010年第5期。

③ 参见骆正林：《党政干部的媒介素养与执政能力建设》，《岭南学刊》2010年第2期。

和行为进行了分析。① 丁柏铨课题组则对南京市局级领导干部进行了调查分析，重点考察领导干部对政府、大众传媒、公众三者之间关系的认识。② 还有学者对特定情境如突发公共事件处置、危机管理事件等案例进行具体分析。陶国根以“湖北石首6·17事件”发展的始末为案例，分析当地政府在网络舆论引导上存在的不足，指出舆论引导能力薄弱是造成危机事件的重要原因。③ 案例研究的深入剖析可以从微观和细节层面找出问题，进行更有针对性、说服力的论证与阐释。

三是，有研究提出通过加强培训教育提升干部媒介素养。田萱关注到提升党员干部媒介素养，观念意识上要提升法律意识、党性修养和媒介素养；培训学习上增强自主学习、内化学习，培训工作通识化、办学形式多样化；体制机制上建立新闻发布制度、问责制度、媒介素养考核制度并细化指标。④ 有学者认为干部只有树立科学的马克思主义新闻观才能正确面对媒体，并尽可能做到多一点新闻知识，多一点法制意识，多一点国情常识，多一点真诚共识。还有研究者从微观角度入手，专就语言策略问题指出，党员干部要搞清“对谁说、谁来说、说什么、怎么说”⑤四个关键问题。

在理论研究取得进展的同时，社会上的专业培训机构不断兴起，国家行政学院应急管理培训中心、暨南大学应急管理研究中心、全国党员干部媒介素养培训基地等，专门从事领导干部媒介素养提升与突发事件处置培训工作。经过培训与提升，党员干部在面对公众、面对媒体时的态度、语言、处置方式有了较大提高，该问题研究进入了理性思考阶段。

---

① 参见袁军等：《政府官员的媒介素养现状及提高途径》，《现代传播(中国传媒大学学报)》2009年第5期。

② 参见丁柏铨：《领导干部媒介素养考察报告(下)——基于对南京市局级领导干部的一项调查分析》，《当代传播》2010年第4期。

③ 参见陶国根：《网络谣言治理与政府网络舆论引导能力——以湖北石首“6·17”事件为例》，《长江论坛》2012年第2期。

④ 参见田萱：《党政领导干部媒介素养的内涵及其培养》，《新闻知识》2012年第12期。

⑤ 林琳：《新媒体时代领导干部面向公众的语言表达策略》，《领导科学》2014年第5期。

3. 研究"平稳期"

2013 年至今,研究热点越来越宽泛,时代语境代入、国家治理要求、执政形象构建、舆情引导策略等都是该问题研究的关注点,同时学者们也开始反思党员干部媒介素养的基本问题。荆学民等认为媒体作为一种"中介性因素",在政治文明的传播中承载着重任和担当,从时间上连接历史与现在,也即批判继承传统政治文明;从空间上连接内外,也即理性吸收其他政治文明并传播自身政治文明,政府应该积极利用新媒体建构自身的身份认同,建构中国在全球政治秩序之中的位置和角色,增强国际话语权。① 彭兰对公众、传媒业者以及政府机构与官员的媒介素养的概念内涵进行比较,指出党员干部媒介素养不是简单的"应对媒体"能力,而应是认知、交流、建设、保障等能力集合。②

(二)党员干部媒介素养研究何以落地?

综合来看,新媒体时代的干部媒介素养问题受到了学术界更多的关注,经历了从萌芽、发展到相对稳定的过程,成果日渐丰硕;研究队伍中既有高等院校也有党校行政学院和社会研究机构;既有新闻传播学也有政治学、管理学等学科,研究主体的广泛性为问题的交叉融合研究奠定基础;研究内容精彩纷呈,既有对媒介素养缺失的表现、对社会治理影响的关注,也有对热点时事的分析,多维度展现了党员干部媒介素养研究的丰富细节;研究方法因地制宜,既有思辨论证的方式,也有调查问卷、案例分析等实证研究方法,依据研究内容和研究对象进行理性选择,适宜的研究方法更能辅助研究结论。但是就党员干部媒介素养本身来说还存在一些问题。

一是研究内容不够深入,缺少理论体系和框架支撑。"党员领导干部媒

---

① 参见荆学民、于淑婧:《新时期媒体在政治文明传播中的角色与担当》,《新闻战线》2017 年第 13 期。

② 参见彭兰:《社会化媒体时代的三种媒介素养及其关系》,《上海师范大学学报(哲学社会科学版)》2013 年第 3 期。

介素养”概念的内涵与外延还没有确立，仅彭兰就官员与公众、传媒业者三类人群媒介素养进行比较分析，其他研究对这一基本概念避重就轻，既没有在内涵、概念等问题上的盖棺定论，也没有就基本问题的争长论短，更没有就研究对象框定范畴。研究的内容范畴和指标体系还没有建立，培训的内容体系各家自成方圆，培训内容过多重视技巧、技能，而忽视了理念、知识、道德伦理等关键内容，整个研究和实践还处在“摸着石头过河”的状态，制约其向纵深发展。不管是理论论证还是案例调研，都应该在党员领导干部媒介素养研究的基本框架内，目前基本问题的模糊严重制约着党员领导干部媒介素养研究向纵深发展。

二是研究视野不够开阔，缺少历史经验和理论的融入。“媒介素养”概念本身是个舶来品，1997 年，中国社科院卜卫发表题为《论媒介教育的意义、内容和方法》的文章，将媒介素养概念和媒介素养教育问题引入国内，故而被认为是国内媒介素养研究的源头。“媒介素养”概念本身就是为“公众”这个群体而生的，但是，在党员干部这个特定研究对象，尤其是对中国共产党领导下的党员干部这个群体上，却依然沿用公众媒介素养研究的进度，较少对中国共产党运用媒体能力的理论来源和实践进行总结，较少对习近平新时代中国特色社会主义思想中对党员干部媒介执政素养提出的要求进行吸收，缺少了对其主体性进行鲜明定位的媒介素养研究，也就缺乏在这个国家和时代背景下的生命力和指导性。

三是研究群体不够聚焦，缺少针对性调研分析。我国公务员群体覆盖面大，从基层乡镇干部到厅局级干部再到省部级干部，工作内容不同、工作对象不同，工作开展形式也不同。但目前的研究工作还笼统地放在一个层次上，对所有级别的干部都提出统一的要求，少有针对特定群体的个性化研究。驻村干部、城管执法人员、交通管理人员等工作在一线，面对的是特定事件中的特定人，他们的媒介素养问题应该有针对性的研究和对策。新闻发言人也是一个特定群体，但主要停留在“说什么”的层次上，有些发言并没有得到公众和媒体的肯定，还要研究“怎么说”的问题，因此，党员干部媒介素养研究不仅要有内容，还要针对特定群体进行有层次有分类的研究。此外，关于党员干部媒介素养培训的机构较多，培训效果如何，是否跟党中央对领导干部的要求有偏离，这样的研究也比较稀缺。

四是研究对策质量不高，缺少全局性统筹站位。在本书搜索的既有文献中大量以“浅谈”、“略论”、“浅析”等为主题，研究层次还不高，不够深入，还存在“蜻蜓点水”的问题。即使在部分核心期刊以上论文中，论点创新、论据充分的高质量论文也并不多见，仔细研读论文就会发现，对策建议笼统空洞、针对性差，研究观点大同小异、泛泛而谈，研究结论可实施性和可操作性有待商榷。特别是当有突发事件发生时，党员干部媒介素养多成为舆情事件的“原罪”，每遇政府处置或回应不当引发的舆情，就指向党员干部的媒介素养不高，提出要提升媒介素养，但究竟是媒介素养哪方面的问题并没有说清楚。媒介素养不仅是一种技能，它展现的是干部的一种能力，是一种运用媒介、信息收集、舆论引导、媒介执政的能力。因此，还需要跳出应对媒体、应对公众的困局，从思想观念的转变入手站在干部媒介素养全局的高度来综合研究、综合把握。

三、党员干部媒介素养的研究理路

（一）本书的整体思路

本书基于新闻传播学、公共管理学、政治学等相关学科的基础理论和国内外研究文献，结合中国共产党运用媒体能力的理论与实践，结合党的十八大以来习近平总书记关于党员干部媒介素养的指示要求，结合新媒体环境下国家治理的实践要求，探讨新媒体时代党员干部媒介素养的概念内涵和鲜明特征，构建党员干部媒介素养的内容模型和指标体系。通过实证研究修正完善指标体系，并对党员干部群体进行测量，根据测量结果发现培训培养中存在的问题,最后提出提升党员干部媒介素养的路径思考。主要包括四个层面的内容,如图 0-1 所示。

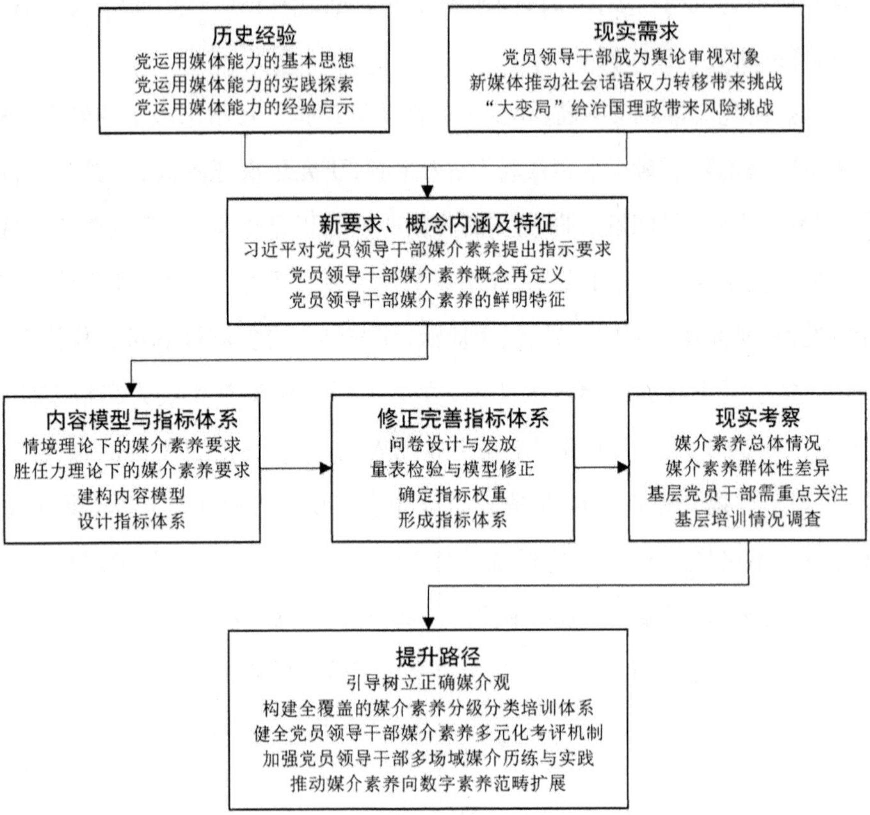

图 0-1　研究内容层次关系图

1. 历史经验与现实需求

从历史维度吸取经验。中国共产党成立 100 多年来,受历史背景、社会环境、技术条件等因素的影响,党运用媒体能力的实践不断调整、变化和发展,回顾和梳理走过的历史足迹,对于新媒体环境下如何做好党的媒体能力建设,提升党员领导干部媒介素养具有重要的启示意义。因此,探察中国共产党在新民主主义革命、社会主义革命和建设、推进改革开放和社会主义现代化建设以及中国特色社会主义新时代过程中,发展出来的关于党的媒体能力建设的理论与实践,探讨党的媒体能力建设取得的经验与启示,为新媒体条件下党员领导干部媒介素养研究打下了坚实的思想理论基础。

从现实维度发现需求。党员干部作为党和国家事业发展的“中坚力量”,尤为受到舆论审视,需要探讨党员干部在媒介环境中的角色扮演和现实表现。新媒介技术发展的丰富样态,既为公众关注党员干部群体提供了便利条件,又解构了传统社会话语权力体系,需要探讨话语权力变迁的内在联系,以及由此带来的影响。世界百年未有之大变局加速演进,不确定性增强,社会转型期结构性矛盾凸显,需要探讨社会背景催生的舆论生态变化、后果以及带来的问题。综合多维因素,探察对党员干部媒介素养提出的现实要求。

2. 党员干部媒介素养基本问题

界定概念内涵并分析特点。深刻理解和把握习近平总书记关于党员干部媒介素养提出的指示要求,梳理借鉴公众媒介素养研究的有益经验,充分吸纳党员干部媒介素养的具象化研究成果,在此基础上,提出新媒体时代党员干部媒介素养的概念,阐释概念本身及其内在构成逻辑,剖析党员领导干部群体区别于普通公众的鲜明特性。

3. 内容模型、指标体系与现实考察

首先,从理论上构建模型、设计指标。在有了概念或定义形成概括性认识的基础上,还需要去透视党员干部媒介素养的构成要素,构建能力框架,以便深化党员干部媒介素养的理论研究。根据党员干部媒介素养的实践性特性,探索引入两维分析框架,一维看在不同情境下需要的素养,另一维看在不同层面上需要的能力,两个维度共同建构党员干部媒介素养的内容模型,并在内容模型的基础上析出指标体系。

其次,用数据实验修正并完善指标体系。在理论指引和既有文献基础上形成的指标体系,是否合理科学、是否能够有效测量媒介素养水平,还需要经过信效度检验、指标修正和指标权重的确定。探索采用规范的实证分析方法,依据样本数据进行因子分析，剔除、修正、完善指标体系，并通过专家群体决策，计算衡量各级指标权重，最终形成带有权重的党员领导干部媒介素养两级指标体系。

最后，以问卷调研形式进行现实考察。基于构建的党员干部媒介素养指标体系，收集问卷数据并进行统计分析，透视党员干部媒介素养的整体性状况，挖掘不同特征群体的差异性表现。以分析考察结果为指导，对党校媒介素养培训课程设置情况展开针对性调研。统筹学员样本结果与党校培训调研，进行综合性分析，为媒介素养培训的针对性、实效性提出意见和建议。

4. 党员干部媒介素养提升路径

探讨媒介素养提升的多元路径。提升党员干部媒介素养，除个人的主观能动性，关键是组织的培育培养和舆论环境的创设。提升媒介素养是一个系统工程，需要多方共同发力，在理念上不断引导教育党员干部树立正确的媒介观，组织上构建全覆盖的媒介素养分级分类培训体系，制度上健全媒介素养的考评机制，环境上加强多场域媒介历练与实践等，视野上扩展至数字素养场域与范畴，共同助力提升党员干部媒介素养水平。

（二）本研究的相关方法

本研究遵循“方法是为主题服务”的逻辑，根据研究主题选用适宜的研究方法，可总结为以下三个特点。

1. 注重多学科交叉融合研究方法

媒介素养基本内涵等需要传播学理论支撑，媒介素养指标体系等需要党史党建、政治学、公共管理学理论支撑，而培训设计需要教育学理论支撑。

2. 注重问卷调查法、数据统计分析等实证方法

对社会热点事件、对中央及地方有关文件进行梳理形成能力指标体系，对培训效果进行问卷调研，对调研数据进行多维度数据分析。

3. 注重理论分析与实践验证相结合

内容模型的建立需要理论分析支撑,指标体系的有效性需要培训实践检验,内容模型与指标体系是一脉相承的,使理论性与应用性有机结合。

本书总体是以马克思主义的立场、观点和方法为指导,除运用归纳演绎、思辨、逻辑推理等方法外,还包括以下四种主要的研究方法。

(1)文献研究法

占有文献资料是研究的基础和前提。本书广泛学习舆情、舆论、媒介素养、媒介传播、突发事件处置等相关的文献资料,查阅并吸收《马克思恩格斯全集》《毛泽东选集》《毛泽东文集》《邓小平文选》《建党以来重要文献选编》《习近平谈治国理政》等,重点吸收习近平总书记关于宣传思想工作、网络强国论述摘编、社会主义社会建设论述摘编、关于防范风险挑战、应对突发事件论述摘编等重要历史文献资料。本书查阅和积累党和国家关于舆论引导、舆情回应、意识形态工作的政策文件。在丰富的文献资料占有基础上展开相关研究。

(2)问卷调查法

党员领导干部媒介素养研究是实证性很强的研究课题。党员干部媒介素养指标体系的建构,媒介素养的现实状况,都需要通过调查研究进行测量。因此,本书采用李克特量表设计问卷,测量党员干部媒介素养能力水平,并根据研究的需要,配合学员访谈等调查方法。此外,各级党校开展媒介素养培训情况,也需要通过问卷调研等方法了解实际情况。

(3)数据统计与分析法

回收的问卷数据进行数据统计与分析。设计利用 SPSS 进行信效度检验、探索性因子分析或者回归分析,用于修正党员干部媒介素养初步指标体系;设计利用 AMOS 建立结构方程模型进行验证性因子分析,考察采样数据与理论假设模型的拟合程度,用于验证和修正理论假设。

(4)专家决策与层次分析法

指标体系设计完成后,一级指标、二级指标如何分配权重,专家决策与层次分析法是有效且通用的方法。研究设计组织高校媒介素养研究学者、党校从事舆情舆论研究的教师、省市两级宣传(网信)业务负责同志、互联网传媒企业负责同志组成专家评判小组,设计利用 Yaahp 建立层次结构模型,通过专家群体决策计算并确定各指标权重。

第一章　中国共产党运用媒体能力的历程与启示

历史是最好的老师，它忠实记录了中国共产党走过的路程，也给党在未来的发展提供启示。自中国共产党诞生以来，始终坚持运用媒体宣传党的纲领、路线、方针与政策，运用媒体做宣传、教育、发动群众的工作，成为中国共产党领导人民群众取得新民主主义革命胜利、进行社会主义革命和建设、推进改革开放和社会主义现代化建设的重要基石，并带领全国各族人民接续奋斗在新时代中国特色社会主义的道路上。这些重大成就的取得，与中国共产党长期重视运用媒体的能力是分不开的。本章主要探讨中国共产党在各个时期发展出来的党的媒体能力建设情况，也为新媒体条件下党员干部媒介素养研究提供启示和借鉴。

第一节　中国共产党运用媒体能力的探索历程

新闻媒体作为党掌握的舆论宣传机关，在宣传党的政治主张、纲领任务、方针政策，在阐释党的执政理念和政治理想，在完成党在各个历史时期的重要使命和重大任务等方面发挥了举足轻重的作用。随着党和国家事业的不断发展壮大,党运用媒体的能力也在不断发展提升。

一、新民主主义革命时期中国共产党着力利用媒体开展革命

面对国家战乱频仍、四分五裂的局面,新民主主义革命的重要任务就是要推翻帝国主义、封建主义和官僚资本主义。因此,当时中国共产党在媒体资源极为有限的情势下,利用一切可利用的资源,动用一切可动用的力量,宣传党的主张、纲领,动员人民群众参与斗争,最终推动革命事业走向成功。中国共产党领导下的媒体运用"笔杆子"组成了革命力量的"软实力",成为推动党完成新民主主义革命的重要支撑。

(一)运用媒体宣传党的理念

建党之初,中国共产党就为新闻媒体的发展和管理指明了方向。1921 年 7 月,党的第一次代表大会通过了《中国共产党的第一个决议》,规定了"任何出版物,无论是中央的或地方的,均不得刊登违背党的原则、政策和决议的文章"①。为了加强对党的政策纲领的宣传工作,在极端艰难困苦的条件下,党领导先进知识分子兴办了一大批政治性报刊。② 为了加强党对新闻宣传工作的直接领导,先后成立了中共中央宣传部、中央教育宣传委员会、中央机关报编辑委员会、中央报纸编辑委员会等早期专门管理新闻宣传工作的机构。③ 从党成立那天起,党的新闻战线就同其他战线一道,担负起引导人民群众共同认识中国、改造中国、认识世界、改造世界的重要使命。在新民主主义革命时期,我党我军高度重视利用媒体进行宣

① 中共中央文献研究室、中央档案馆:《建党以来重要文献选编(1921~1949)》第一册,中央文献出版社 2011 年版,第 5 页。

② 参见姚涵、孔丹霞:《中国共产党思想传播的渠道:早期党的报刊创办及影响》,《毛泽东邓小平理论研究》2020 年第 12 期。

③ 参见朱清河、谢昕忻:《中国共产党"党管媒体"的百年探索与基本经验》,《长安大学学报(社会科学版)》2021 年第 4 期。

传，毛泽东等党和军队领导人还亲自指导、大力推动宣传工作，树立了光辉典范。

土地革命战争时期，国民党反动派借助其掌握的宣传机器，反共宣传攻势猛烈，把红军描述成“一群青面獠牙，十恶不赦的人”①，党和红军被围堵在农村山区信息闭塞，共产国际领导人和苏共领导人对中国共产党的发展前景信心不足。毛泽东早在《湘赣边界各县党第二次代表大会决议案》中就指出：“共产党是要在左手拿宣传单，右手拿枪弹，才可以打倒敌人的”②。要一手抓军事斗争，一手抓舆论斗争。1929 年 12 月，古田会议召开，《古田会议决议》的第四部分为“红军宣传工作问题”，提出“红军的宣传工作是红军第一个重大工作”③，“宣传”两字在《决议》全文中共出现 105 次。此后，红军创办了 70 多种报刊，配合书写标语口号、表演戏剧歌舞等多种形式，广泛宣传红军的政策主张。④

解放战争后期，国民党军在垂死挣扎之际开始了对延安的猛烈进攻，毛泽东等老一辈革命家被迫告别延安转战陕北。当时，跟随毛泽东的有两支队伍，一支是军委作战部，他排兵布阵、指挥部队如何打仗；另一支是新华社，在军事斗争的时候，他指导新华社开展舆论斗争，并亲自撰写了大量新闻、时评和社论，他以磅礴的气概、必胜的信念、犀利的笔锋与国民党斗争，不仅让国民党在舆论斗争中始终落于下风，更让国民党在军事斗争中一泻千里。运筹帷幄于山峁沟壑之间，决胜千里于江河湖海之外。据胡乔木回忆，毛泽东曾说，中央留在陕北靠文武两条线指挥全国的革命斗争。⑤

---

① 《毛泽东选集》第四卷，人民出版社 1991 年版，第 1485 页。

② 中共中央宣传部：《中国共产党宣传工作简史》上卷，人民出版社 2022 年版，第 60、61 页。

③ 《毛泽东文集》第一卷，人民出版社 1993 年版，第 96 页。

④ 参见孟彦、樊剑英：《毛泽东的枪杆子和笔杆子》，《新湘评论》2013 年第 14 期。

⑤ 参见中共中央宣传部：《中国共产党宣传工作简史》上卷，人民出版社 2022 年版，第 182 页。

（二）运用媒体发挥政治功能

“报纸不仅是集体的宣传员和集体的鼓动员，而且是集体的组织者。”①随着列宁主义的不断传播，中国共产党人开始认识到党报不仅是宣传工具，而且也能成为党组织动员群众的有力工具，这一观点迅速传播并发展为全党共识。毛泽东不仅赞同发挥媒体政治动员的作用，而且是运用媒体政治功能的积极实践者，他将媒体视为“组织工作、教育群众、发动群众积极性的武器”②和“组织和领导工作的极为重要的工具”③。

新闻媒体还承担着舆论监督的重要功能。对于地方治理机构看不到或摸不清的问题，新闻媒体要主动去报道去监督，推动问题解决。但是舆论监督类的报道不是以反映问题为目的，而是要在反映问题的同时，主动对问题背后的机制进行挖掘，并找到解决问题的有效方式与对策，其根本目的是为了解决问题，并引导人民群众向好向善。1959 年 6 月，广东发生严重水涝灾害。毛泽东得知后批示：“广东大雨，要如实公开报道。全国灾情，照样公开报道，唤起人民全力抗争。一点也不要隐瞒。政府救济，人民生产自救，要大力报道提倡。工业方面重大事故灾害，也要报道，讲究对策。”④

这一时期，中国共产党人就已经意识到媒体舆论监督是十分必要的，能够推动党的领导方式不断完善，但是舆论监督也要讲究策略和分寸，一味报道负面的东西，不讲中国共产党人的积极作为，就有失偏颇了，就会使得党在人民群众心中的好形象被破坏，因此，即使是舆论监督也要首先注重发挥正面宣传的积极作用，媒体报道与舆论监督要共同推进，旨在建立平衡、有序的传播秩序。

---

① 《列宁全集》第 5 卷，人民出版社 2013 年版，第 8 页。

② 中共中央文献研究室、中央档案馆：《建党以来重要文献选编（1921～1949）》第二十一册，中央文献出版社 2011 年版，第 114 页。

③ 中共中央文献研究室、中央档案馆：《建党以来重要文献选编（1921～1949）》第二十五册，中央文献出版社 2011 年版，第 186 页。

④ 《毛泽东文集》第八卷，人民出版社 1999 年版，第 74 页。

（三）运用媒体密切党和群众联系

密切联系群众是中国共产党人的重要法宝。党的二大《关于共产党的组织章程决议案》就明确提出："党的一切运动都必须深入到广大的群众里面去。"但实际上，在党的六大以前，强调党要"联系群众的实际生活"是比较少的，党的六大以后，联系群众、联系实际才成为党运用媒体的重要任务。

《新华日报》在整风运动中明确提出"增强党性与反映群众"，毛泽东认为我们党的新闻宣传不同于国民党的新闻宣传，也不适合搞国外那一套，我们要符合本地区老百姓的需要，要贴近群众，体现群众性，大力倡导联系实际、联系群众的新闻工作作风。他在对晋绥日报编辑人员的谈话中指出，"通过报纸加强党和群众的联系，这是党的工作中的一项不可小看的、有重大原则意义的问题"①。党报党刊既要为党服务，更要为人民服务，既要做党的喉舌，也要做人民的喉舌，否则党报党刊就失去它的意义了，这成为中国共产党早期对党报党刊的基本定位。

我们党的领导人还将党报比喻为"联系者"、"桥梁"等。如刘少奇曾指出，联系群众有千座桥、万条线，"主要的一个就是报纸"②。共产党人办报，老百姓看报并且把看的意见提给办报者，办报者依据意见修改办报的方向和内容，在这种双向沟通中强化了党与群众的密切联系，更是通过对群众生产生活实践的关注，找到了共产党人的执政方向。1956 年 7 月 1 日，《人民日报》在其改版的社论中明确表示，《人民日报》"是党的报纸，也是人民的报纸"③，充分体现了党的媒体是党性与人民性的统一。④

---

① 中共中央文献研究室、中央档案馆：《建党以来重要文献选编（1921～1949）》第二十五册，中央文献出版社 2011 年版，第 255 页。

② 中国社会科学院新闻研究所编：《中国共产党新闻工作文件汇编》下册，新华出版社 1980 年版，第 250 页。

③ 社论：《致读者》，《人民日报》1956 年 7 月 1 日。

④ 李冉、邹汉阳：《党性、人民性的话语起源与行动逻辑》，《马克思主义研究》2014 年第 5 期。

二、社会主义革命和建设时期中国共产党初步探索对媒体的管理

新中国成立后,中国共产党面临着从革命党向执政党的转变,工作环境面临着从战争状态到和平环境的变化,工作重心面临着从农村到城市的转移。在调适这种转移转变的过程中,中国共产党不断探索提升运用媒体执政的能力。

(一)建立起社会主义新闻媒体管理体制

新中国成立初期,我国虽然公营报纸占绝对数量,但是私营媒体的能量也不可小觑。根据 1950 年 2 月新闻总署统计数据显示,全国报纸总数为 336 家,其中公营报纸 257 家,私营报纸 58 家。① 我国借鉴苏联模式,对全国私营报刊和广播电台进行社会主义改造,到 1952 年底的时候,私营报纸已经全部实行公私合营,私营广播台也全部实现了国有化。② 我国的新闻媒体所有制属性从公营、私营、公私合营多元并存的局面,全面转向了新闻媒体的公有制管理,“党管媒体”的全新范式和基本原则在此期间逐步确立起来。

1949 年 11 月,成立中央人民政府政务院新闻总署,统一管理全国新闻工作。根据《中共中央关于中央人民政府成立后党的文化教育工作问题的指示》,新华通讯社已改为国家通讯社,广播事业管理处已改为广播事业局,均隶属于新闻总署。③ 之所以需要这样做,是以便党的中央宣传部和各级宣传部能够摆脱行政事务,集中注意于党内外的思想斗争,④把行政事务工作交由

---

① 参见孙旭培:《解放初期对旧新闻事业的接收和改造》,《新闻研究资料》1988 年第 3 期。

② 参见倪延年:《中国新闻法制通史》,南京师范大学出版社 2015 年版,第 271 页。

③ 参见中共中央文献研究室编:《建国以来重要文献选编》第一册,中央文献出版社 1992 年版,第 65 页。

④ 参见中共中央文献研究室编:《建国以来重要文献选编》第一册,中央文献出版社 1992 年版,第 66 页。

中央政府文化教育委员会及其所属各部门。新闻总署成立后，陆续颁布《关于建立广播收音网的决定》《关于统一新华通讯社组织和工作的决定》《关于改进报纸工作的决定》等一系列规范管理全国新闻宣传工作的制度和文件。

通过确立所有制属性、设立管理机构、加强制度建设，我们党实现了对新闻媒体事业的统一管理，实现了舆论宣传思想的集中管理，为巩固新生的政权和建立社会主义制度奠定了坚实的基础。①

（二）"百花齐放、百家争鸣"

我党效仿苏联模式建立的新闻管理体制，在传达党的政策、引导舆论方面起到了积极作用，但同时也暴露出办报办刊方式僵化的问题。1956 年 4 月，毛泽东在中共中央政治局扩大会议上明确提出："艺术问题上的百花齐放，学术问题上的百家争鸣，我看应该成为我们的方针"②，中国共产党将媒体看成是党的事业，也当作是人民群众自己的事业，党的报纸也看成是人民的报纸，要真实反映人民群众的意见和建议，形成了著名的"双百方针"。在"双百方针"的指引下，1956 年 7 月 1 日，《人民日报》以"成为群众欢迎的生动活泼的报纸"③为原则，进行了改版工作，《人民日报》改版也成为党对新闻媒体管理转向的标志性事件，改版后的《人民日报》不仅作正面宣传，也抨击时弊，办报办刊水平明显提高。

鼓励社会各界讲不同的意见和相互争论，鼓励群众拥有批评的自由和批评批评者的自由，这些观念和做法突破了之前对党报性质与作用的狭隘定位，顺应了人民在新的历史环境下的期望与诉求，沟通了媒体与读者、党与群众，完善增强了中国共产党运用媒体的观念与能力，"双百方针"也由此成为党在

---

① 参见朱清河、谢昕忻：《中国共产党"党管媒体"的百年探索与基本经验》，《长安大学学报（社会科学版）》2021 年第 4 期。

② 《毛泽东文集》第七卷，人民出版社 1999 年版，第 54 页。

③ 社论：《致读者》，《人民日报》1956 年 7 月 1 日。

科学文化领域的重要指导方针。

(三)新闻媒体事业遭遇重创

自1957年反右派斗争开始,新闻媒体的性质和定位出现偏差,新闻媒体的信息传播功能被淡化,成为开展阶级斗争的工具,各地的宣传内容也都是鼓动性政治标语,新闻媒体逐渐迷失了方向,丧失了正确舆论导向的功能。

新闻媒体传统的无产阶段办报作风被严重破坏,广泛宣传"人有多大胆、地有多大产"等一系列违背客观规律的口号。1958年元旦,《人民日报》甚至发表了题为《乘风破浪》的社论,提出:我们要在15年左右的时间内,在钢铁和其他主要工业产品的产量方面赶上和超过英国,准备要用20年到30年的时间,在经济上赶上并且超过美国。[①] 新闻媒体宣传报道出现严重的"浮夸风",粮食生产大放高产"卫星"、工业生产上"以钢为纲"、人民公社的"共产风"等,严重悖离事实的消息在报纸上随处可见,完全抛弃了尊重实际、讲述事实的内在品质,完全背离了新闻真实性、准确性的基本属性。

不仅办报作风偏离,新闻媒体的管理权、领导权也被恶意篡改。1966年底,"造反派"在上海强行占领解放日报社,阻止报纸发行,历时八天九夜,震动全国。此外,全国各地的党委机关报普遍被"造反派"夺权,"全党办报"、"全面办报"等方针被破坏。

三、改革开放和社会主义现代化建设新时期中国共产党坚持推动发展和加强管理并重

经历了此前的曲折探索后,中国共产党人坚持以马克思主义为指导,开展真理标准问题大讨论,凝聚全党全民广泛共识。1978年,党的十一届三中全会提出了改革开放,强调国家发展的战略重心要转移到经济建设和推进社会

---

① 参见社论《乘风破浪》,《人民日报》1958年1月1日。

主义现代化建设上来。特别是伴随着社会主义市场经济体制的确立，解放了社会生产力，松动了社会关系，带来了多元化的社会思潮，传统的党政化媒体体制面临变革。

（一）新闻媒体的“双重属性”和多元化发展

随着社会主义市场经济体制的确立和发展，党中央对新闻媒体功能定位的认识也跨出了重要一步，新闻媒体在坚持政治属性的前提下可以适当追求经济属性，可以拥有“政治”和“经济”双重属性。在这一思想指引下，媒体开始走向市场，在经济属性上主动探索和作为，媒体的经济属性释放了传媒业的创新活力和能动性，[①]在满足和引导民众信息、文化、娱乐需求的过程中，创新发展了杂志、广播、电视、摄影、纪录电影等丰富形式，传统新闻宣传格局被打破，逐渐形成了以党报（刊、台）为核心的多元化发展的新闻传播结构。[②] 媒体经营管理的改革，大致可分为三个阶段。

第一个阶段是“事业单位、企业化管理”双轨制阶段。1978 年，国家财政部为改变各大媒体单位长期亏损的局面，同意《人民日报》等 8 家新闻单位试行“事业单位、企业化管理”的传媒二元运行机制，希望通过适度自主经营而获得一些经济收入。“事业单位、企业化管理”改变了党和国家包揽媒体单位一切事务的做法，允许媒体单位提供一定比例的经济收入用于增加员工收入和福利，这种经营理念极大解放了报纸媒体的生产力，对激发报纸媒体的创新活力起到了良好的推动作用。

第二个阶段是行政主导下的“传媒集团化”阶段。“内部搞活，外部断奶”成为 20 世纪 90 年代初期广为提倡的改革口号，落实到媒体单位的经营实践

---

① 参见徐亦舒、张涛甫：《中国共产党百年媒体政治逻辑嬗变研究》，《新闻大学》2021 年第 12 期。

② 参见朱清河、谢昕忻：《中国共产党“党管媒体”的百年探索与基本经验》，《长安大学学报（社会科学版）》2021 年第 4 期。

中,即不享受国家财政拨款,不再依靠政府补贴,而是调动单位内部从上至下各方面的积极性、主动性和创造性,实现经济独立。[①] 1992 年 6 月,中共中央、国务院发布《关于加快发展第三产业的决定》,新闻传媒正式被界定为一个产业,新一轮的传媒业改革启动。1996 年,广州日报报业集团挂牌标志着报业集团化进程的正式启动,一呼百应,报业集团发展驶入快车道。[②] 此后,广播电视行业的集团化如火如荼的开展,[③] 2010 年左右,我国已经陆续组建了上百家传媒集团。不容忽视的是,在传媒集团化发展进程中,政府是最多资源和最大权力的拥有者,承担环境塑造的主要责任,政府行政权力规制作用不容小觑。组建集团后的上下级领导层次关系没有改变,集团领导也通常是原来的各总报、总台的领导。[④] 但同时,政府逐渐也在调整自己的定位,由以办为主向以管为主转变,由管微观向管宏观转变,由传统管理向现代依法管理、科学管理转变,[⑤]既保证传媒的经济效益,又保证正确的发展方向。

第三个阶段是"资本化运营"探索阶段。现代资本市场是一个多层次、多品种、多结构的资源配置体系,进入资本市场可以为传媒集团提供必要的资本支持,可以为传媒集团的规范化运作和治理结构调整提供制度保障。2001 年,《中央宣传部、国家广电总局、新闻出版总署关于深化新闻出版广播影视业改革的若干意见》(中办发〔2001〕17 号)提出"开辟安全有效融资渠道,提高资本运作效率",正式开启了传媒事业进行资本化运作的征程。此后,非时政类报刊社、重点新闻网站、广播影视企业集团与出版社纷纷踏上资本化运作的道路。

---

① 参见张宝贵:《必须改革新闻领导体制》,《新闻知识》1993 年第 12 期。

② 参见喻国明:《中国媒介产业的现实发展与未来趋势》,《中国人民大学学报》2002 年第 1 期。

③ 参见艾军、李春雷:《我国传媒集团化进程中行政"范式"探讨》,《新闻界》2007 年第 1 期。

④ 参见冉华、梅明丽:《中国传媒集团化发展的历史检讨》,《新闻与传播》2005 年第 9 期。

⑤ 参见王太华:《继承　改革　创新——努力开创广播影视工作新局面——在全国广播影视局长会议上的讲话》,2006 年 1 月 5 日,见 http://www.sarft.gov.cn/manage/publishfile/159/3473.html。

但是，传媒行业毕竟不同于一般的经济业务或企业，传媒行业深深刻有意识形态的烙印，特别是在资本化运作中公共利益与社会责任的缺失引起了党和政府的注意，必须要警惕片面地强调传媒的市场化改革，而使得特殊利益集团和私人资本可以影响和控制媒介，从而妨害和抑制了传媒的公共性，以及社会公众自由表达的权利①，在传媒行业的资本化运作中，政府的参与和规范是不可或缺的。

（二）坚持新闻媒体的党性原则不动摇

伴随着传媒单位市场化、企业化与资本化改革的推进，新闻工作还要不要坚持、怎样坚持党性原则，社会上曾出现过一些争议和模糊认识。邓小平给出了斩钉截铁的回答：党报党刊一定要无条件地宣传党的主张。党报党刊必须坚持党性，增强党性，党报党刊的党性原则动摇不得，成为新闻媒体和新闻工作者必须遵循的铁的纪律。1985 年 2 月 8 日，胡耀邦在中央书记处书记会议上作了《关于党的新闻工作》的讲话，他指出，“党的新闻事业是要代表党和政府讲话的，是要按照党的路线和政策来发表议论、指导工作的”②。党的新闻单位就经营来说是企业，但他们首先是舆论机关，无论进行什么样的改革，都丝毫不能改变党的新闻事业的性质，也不可能改变新闻工作同党的关系。

在传媒事业的改革中，党和政府要对传媒企业进行必要调控，党报党刊等要在传媒集团中占据主导地位以及国有资本要实现对传媒行业的绝对控制，这些表述是最强有力的声音。③ 深化文化体制改革，推动经营性文化事业单位转企改制，不能简单地理解为产业化和市场化。即使是通过市场化的手段

---

① 参见杜大力：《中国出版体制改革的政治学分析》，《新闻与传播研究》2011 年第 4 期。

② 《胡耀邦文选》，人民出版社 2015 年版，第 572 页。

③ 参见殷琦：《1978 年以来中国传媒体制改革观念演进的过程与机制——以“市场化”为中心的考察》，《新闻与传播研究》2017 年第 2 期。

发展文化产业，也必须要坚持内容为王，要坚持正确导向，要承担必需的社会责任，要坚守道德价值底线，要维护社会的团结和谐。社会主义市场经济体制的确立与发展，使得新闻媒体追求经济效益具备了合法性与正当性，但是新闻宣传工作的本质应该是不变的，坚持新闻媒体的党性原则始终是不变的，坚持党对新闻事业的领导始终是不变的。①

（三）互联网发展给党的执政能力带来机遇与挑战

21世纪初，互联网开始走入人们的生产生活。网易、腾讯、搜狐、新浪等市场化门户网站相继建立，并开展从门户网站向民众传递新闻信息和社会事件信息，这些新兴的传播媒体，传播内容更丰富、传播形式更直观、传播时效性更强，迅速吸引和凝结了大量公众，互联网的到来改变了原有的新闻传播格局。我们党和国家领导人意识到，这是时代发展的趋势，人民群众已经上了网，如果我们的新闻舆论工作还局限在报纸、广播、电视，就失去了对象。况且，如果我们不对网上的人民群众进行积极的引导，他们极易被错误思潮带偏，从而威胁到我国意识形态安全，新闻舆论工作只能适应并尽快赶上新的趋势，舆论宣传工作必须相应地向互联网阵地转移。党的十六大报告指出互联网站要成为传播先进文化的重要阵地，这与中国共产党要始终代表先进文化的前进方向这一根本要求是一致的。

2008年1月，胡锦涛在全国宣传思想工作会议上提出，“要加强对互联网特别是新媒体平台的应用和管理，支持重点新闻网站建设”。② 希望通过加强重点新闻网站建设，在网络空间传递党和国家的重要声音，从而影响人民群众、营造风清气正的网络舆论生态。

---

① 参见朱清河、谢昕忻：《中国共产党“党管媒体”的百年探索与基本经验》，《长安大学学报（社会科学版）》2021年第4期。

② 《胡锦涛文选》第三卷，人民出版社2016年版，第64页。

四、中国特色社会主义新时代中国共产党全面开创系统化全领域治理

党的十八大以来，中国特色社会主义进入新时代，这是我国发展新的历史方位。从国内环境看，经过全党全国各族人民的共同努力，我们打赢脱贫攻坚战，如期全面建成小康社会，全面开启建设社会主义现代化国家新的征程，中华民族伟大复兴进入了不可逆转的历史进程。从外部环境看，世界百年未有之大变局加速演进，国际环境错综复杂，美西方国家在贸易、科技、金融、互联网等领域不断向我施压。习近平总书记强调“在互联网这个战场上，我们能否顶得住、打得赢，直接关系国家政治安全。”①鉴于此，以习近平同志为核心的党中央，全面审视党的新闻舆论工作面临的新课题，在加强党的领导、舆论共识凝聚、国际传播能力建设等方面进行了前瞻谋划和重要布局。

（一）加强党对新闻舆论工作的全面领导

互联网的出现和发展，特别是新媒体释放出巨大的传播势能，打破了传统的政治结构与传播结构之间的平衡，话语权力被多元争夺，甚至旁落于网络空间中的“意见领袖”，普通公众的声音在网络空间崛起，呈现出“众声喧哗”的景观，敌对势力趁机进行思想渗透和意识形态攻击，意识形态工作面临危险复杂局面。习近平总书记明确指出，“经济建设是党的中心工作，意识形态工作是党的一项极端重要的工作”②。党的新闻舆论工作在党和国家事业发展全局中具有突出位置。面对瞬息万变的国际形势，面对突飞猛进的技术趋势，面对多元复杂的舆论环境，必须加强党对新闻舆论工作的全面领导，把党的领导贯穿到新闻舆论工作的各方面与全过程，确保党始终牢牢掌握新闻舆论工作

---

① 中共中央党史和文献研究院编：《习近平关于网络强国论述摘编》，中央文献出版社2021年版，第56页。

② 《习近平谈治国理政》，外文出版社2014年版，第153页。

的领导权，这是确保新闻舆论工作顺利健康发展的根本保证。

“要加强党对宣传思想工作的全面领导，旗帜鲜明坚持党管宣传、党管意识形态。”①这是对坚持党管媒体高度重视的体现，更是在党管媒体基础上的升华和明示。2015年10月，党中央出台《党委（党组）意识形态工作责任制实施办法》，仅仅一年多之后，紧接着又配套发布《党委（党组）网络意识形态工作责任制实施细则》，2019年6月中共中央发布《中国共产党宣传工作条例》，一系列规章制度办法陆续出台和实施，明确开展党委（党组）意识形态工作巡视巡查工作。制度建设与行动开展共同为推动和加强意识形态建设提供了根本遵循。

在习近平总书记亲自谋划、亲自指导、亲自推动下，全党打赢了网络意识形态领域的一系列斗争，也从根本上扭转了过去一段时间网络空间乱象丛生、被动挨骂的局面，网上正能量声音更加凸显，主旋律现象更加激昂。

（二）运用网络了解民意开展工作

我国正处于“两个一百年”奋斗目标的重要历史交汇点，为了党和人民的共同期盼，需要全社会各方面心往一处想、劲往一处使，最大程度凝聚社会共识。互联网作为亿万网民获取信息、社会交往、舆论监督的最大平台，在凝聚共识中具有不可替代的重要作用。习近平总书记指出：“网上网下要形成同心圆。什么是同心圆？就是在党的领导下，动员全国各族人民，调动各方面积极性，共同为实现中华民族伟大复兴的中国梦而奋斗。”②他鼓励各级党员领导干部要善于运用网络了解民意、开展工作，并且要在理论和实践中不断提高这项本领。

习近平总书记以身示范，为全体党员领导干部运用网络了解民意作出了表率。2020年4月20日下午，正在陕西考察的习近平总书记来到柞水县小

① 《习近平谈治国理政》第三卷，外文出版社2020年版，第314页。

② 《习近平谈治国理政》第二卷，外文出版社2017年版，第335页。

岭镇金米村。在村培训中心，几位村民正在做网上直播带货的准备工作，总书记走到手机镜头前点赞——“小木耳、大产业”。当晚，柞水木耳火爆全网！2000多万网友涌进直播间，20多吨木耳被一秒抢空，习近平总书记也被亿万网民亲切地称为史上“最强带货员”。

2020年在《中共中央关于制定国民经济和社会发展第十四个五年规划和二〇三五年远景目标的建议》起草的过程中，习近平总书记专门作出重要指示要求，要把加强顶层设计和坚持问计于民统一起来，鼓励广大人民群众和社会各界以各种方式建言献策。2020年8月，国家“十四五”规划编制工作公开在网络上征求意见，网民可通过多种网络渠道提交意见建议，这在中央全会文件起草历史上是第一次以网络形式向普通群众征集意见建议，广大网民踊跃参与，仅网上留言就多达100多万条，负责起草文件的组织和人员从中整理出1000多条意见建议，或吸纳进“十四五”规划，或用于借鉴改进当前工作。“十四五”规划的开门起草，是党和政府践行网上群众路线、运用网络了解民意的生动实践，是科学决策、民主决策的重要体现。

此外，政务新媒体已经成为沟通群众、服务群众的重要渠道。各级行政机关、承担行政职能的事业单位开设政务微博、政务微信公众号、政务抖音号，建设政务APP等，进行政策发布、理论宣传、舆情回应、提供政务服务等，发挥了重要积极作用。截至2020年4月，政务抖音号总数已突破2万个，一些政务抖音号的粉丝数量达到百万甚至千万级别，单条短视频的播放量甚至可以达到数亿次。①

2020年受新冠疫情影响，党员领导干部直播带货异军突起。中国人民大学中国扶贫研究院发布的《中国深度贫困地区农产品电商报告（2020）》显示，自2020年初至4月24日，拼多多与山东、浙江、湖北等地合作组织了超过50场市、县长直播助农活动，超过百位市、县长亲自带货。“干部直播带货”是坚

① 参见马亮、刘柳：《领导行为如何影响政务短视频绩效——基于抖音的调查研究》，《甘肃行政学院学报》2021年第1期。

持以人民为中心的发展思想，走好互联网群众路线的生动实践，党员领导干部放下了“架子”、做好了“样子”，以实事求是的态度为农产品代言，以接地气的方式为群众服务，拉近了干群关系，是领导干部治理能力和服务水平的一次全面提升。

（三）推动媒体融合构建全媒体传播格局

《第50次中国互联网络发展状况统计报告》显示，截至2022年6月，中国网民规模为10.51亿，互联网普及率达74.4%，手机网民规模达10.47亿，网民使用手机上网比例为99.6%。新媒体平台已成为不容忽视的力量。

面对新闻舆论格局的深刻变化，面对打赢网络意识形态斗争的坚决任务，习近平总书记深刻认识到媒体转型势在必行，2013年8月19日，在全国宣传思想工作会议上发表重要讲话，首次提出媒体融合发展战略，要求加快传统媒体和新兴媒体融合发展，这是传播理论与实践的重大创新。2018年6月15日，在致人民日报创刊70周年的贺信中要求，“讲好中国故事，构建全媒体传播格局”①。2019年1月25日，中央政治局就全媒体时代和媒体融合发展举行第十二次集体学习，这次中央政治局集体学习把“课堂”搬到了媒体融合的第一线——人民日报社，并参观了人民日报数字传播公司、“中央厨房”、新媒体中心等。

习近平总书记指出，“推动媒体融合发展、建设全媒体就成为我们面临的一项紧迫课题”②。媒体融合是一场革命，不是传统媒体与新媒体的简单嫁接，而应该做到产生化学反应，通过“你中有我、我中有你”进一步变成“你就是我、我就是你”，最后达成“融为一体、合而为一”的发展目标。

媒体融合是党的新闻舆论工作的重要方面，全媒体传播体系是治国理政

---

① 《习近平致信祝贺人民日报创刊70周年强调　忠实履行党的新闻舆论工作职责使命　不断提升传播力引导力影响力公信力》，《人民日报》2018年6月16日。

② 《习近平谈治国理政》第三卷，外文出版社2020年版，第316页。

的重要组成部分。中央全面深化改革领导小组第四次会议审议通过了《关于推动传统媒体和新兴媒体融合发展的指导意见》，从顶层设计的高度明确了发展的方向和思路。党的十九届四中全会明确，要在坚持“党管媒体”原则的前提下，建立以内容建设为根本、先进技术为支撑、创新管理为保障的全媒体传播体系，并将全媒体传播体系纳入国家治理体系和治理能力现代化范畴当中。

全媒体传播必须要推进理念、内容、方式方法、手段等不断创新，根据不同传播媒介和传播受众的特性，制定差异化、分众化的传播策略，注重个性化处理，运用群众的语言风格讲群众自己的故事，将中国道路、中国理论、中国精神寓于其中，通过“看得见的宣传”与“看不见的宣传”相结合，做到小而美、多而精，真正让群众爱听爱看、产生共鸣，切实提高党的新闻舆论传播力、引导力、影响力、公信力。

（四）建立健全网络综合治理体系

网络治理千头万绪，治理点多面广，“按下葫芦又起瓢”的现象时有发生。网络治理体制机制不顺，政出多门、职责交叉、权责不一、协调不畅、沟通成本高，必须系统思考互联网的生态特点，进行系统性、协调性、整体性治理。2018年4月20日，习近平总书记在全国网络安全和信息化工作会议上指出，“要提高网络综合治理能力，形成党委领导、政府管理、企业履责、社会监督、网民自律等多主体参与，经济、法律、技术等多种手段相结合的综合治网格局”①。

一是建立网络综合治理体制。习近平总书记亲自担任中央网络安全和信息化领导小组组长，同步组建办公室（中央网信办）作为负责统筹协调的常设办事机构，互联网管理领导体制机制进一步明确，开启了从国家顶层设计出发对网络空间进行统一规划和系统治理的新时代。中国最高领导人亲自挂帅，在海内外产生强烈反响，这体现了党和国家对维护网络安全、推动信息化发展

① 《习近平谈治国理政》第三卷，外文出版社2020年版，第306页。

的高度重视和坚定决心。2018 年 3 月,为加强党中央对网信工作的集中统一领导,确保党始终总揽全局、协调各方,确保党的领导更加坚强有力,将中央网络安全和信息化领导小组升级为中央网络安全和信息化委员会。建立中央、省、市网信三级工作制,部分省、市网信办向区(县)一级延伸,确保上下联动、令行禁止。

二是健全网络综合治理机制与制度。网信办成立以后,强化了对网信工作的集中统一领导和统筹协调,建立了领导小组成员单位工作协调机制,建立了重大项目会商、重要事项和重大决策督办等机制。坚持战略规划先行,制定出台了《国家信息化发展战略纲要》《国家网络空间安全战略》等 90 多个总体战略性、规划性文件,网信事业的顶层设计和战略规划基本构建起来。坚持依法管网治网,向网络治理法治化大步迈进,《网络安全法》《数据安全法》《个人信息保护法》《互联网信息搜索服务管理规定》《互联网直播服务管理规定》《网络信息内容生态治理规定》等多部法律法规密集出台。网信事业的"四梁八柱"基本确立,网信工作全国"一盘棋"的格局也基本形成。①

三是压实互联网平台主体责任。平台企业、互联网公司是传播信息、提供服务、辅助治理最活跃的成分,互联网平台的治理离不开这个主体成分。必须要明确互联网企业的价值追求,习近平总书记强调,"办网站的不能一味追求点击率,开网店的要防范假冒伪劣,做社交平台的不能成为谣言扩散器,做搜索的不能仅以给钱的多少作为排位的标准"②。互联网企业不能没有底线和原则地追求价值利益,而应该积极参与社会秩序,承担更多的社会责任。在对互联网企业的管理上,明确的要求是压实互联网平台的主体责任,督促互联网企业和平台完善社区管理规则、规范管理流程、提高内容质量,推动网络传播

① 参见中央网信办理论学习中心组:《深入贯彻习近平总书记网络强国战略思想 扎实推进网络安全和信息化工作》,《求是》2017 年第 9 期。

② 中共中央党史和文献研究院编:《习近平关于网络强国论述摘编》,中央文献出版社 2021 年版,第 20 页。

的健康化、规范化、秩序化发展。

四是充分动员广大人民群众参与。广大人民群众是网络传播的最广泛的力量，是网络传播秩序的积极参与者和最重要的受益者。因此，推进网络文明建设，必然不能缺乏广大人民群众的积极参与。中办、国办印发了《关于加强网络文明建设的意见》，已连续举办2021年、2022年两届中国网络文明大会，展示网络文明共建成果，发起网络文明行动倡议。同时，大力培育社会主义核心价值观，开展争做中国好网民工程、网络公益工程、网络文明伙伴行动等一系列活动，选树了一批好网民典型人物、特色活动、精品力作，持续传播网络文明理念，不断推动网络诚信理念更加深入人心。

中国特色社会主义新时代，以习近平同志为核心的党中央，高度重视互联网、积极发展互联网、有效治理互联网，带领全体中国共产党人进行了丰富的理论与实践创造，涉及关注网络民意，提高舆情回应和舆论引导能力；涉及加强国际传播能力建设，增强国际话语权；涉及建设数字政府，激活数字经济活力，引领数字社会发展，营造数字生态环境；涉及数字普惠包容发展，让亿万人民在共享互联网发展成果的基础上更有获得感。

第二节　中国共产党运用媒体能力的经验启示

在新民主主义革命时期，中国共产党经历了运用媒体能力的制度化探索和初步建构的过程；在社会主义革命和建设时期，党运用媒体能力逐步被弱化和边缘化；改革开放以后，党运用媒体能力经历了“收缩与调适”过程，①确立了“党管媒体”的基本逻辑。尽管各个时期转型路径和产生影响各有差异，但是在制度调适、政策创新和组织调整等多元路径中，形成了中国共产党媒体能力建设的宝贵经验。

---

① 参见［美］沈大伟：《中国共产党：收缩与调适》，吕增奎、王新颖译，中央编译出版社2012年版，第2页。

一、坚持和完善“党管媒体”

中国共产党成立以来的百年历史，是一部坚持、发展、完善和创新“党管媒体”基本原则的不懈探索史。中国共产党始终坚持从理论与实践两个层面共同推动“党管媒体”原则的不断发展。

“党管媒体”是马克思主义新闻观的根本要求。马克思主义新闻观是马克思主义立场、观点、方法在新闻媒体工作中的根本体现，是做好党的新闻舆论工作的“定盘星”和“指南针”。[①] “党管媒体”是中国共产党人对马克思主义新闻观进行创造性运用和创新性发展的重要成果。坚持党性原则、坚持党管媒体、坚持党管意识形态，是坚持马克思主义新闻观的内在要求，是牢牢掌握新闻舆论主导权、占领意识形态主阵地的根本要求，也是中国特色社会主义新闻事业与时俱进、开拓创新的理论源泉，要自觉用“党管媒体”的原则指导工作、规范行为、培养人才和建设队伍。

“党管媒体”在实践中不断丰富完善。从历史实践来看，建党之初，“无论中央或地方的出版均应由党员直接经办和编辑”[②]，这是“党管媒体”的基本要求和根本指向。在革命斗争中，将党报党刊定位为“建立中国无产阶级的革命的思想之机关”，“反对资产阶级思想及一切反动妥协思想之战斗机关”[③]，着重加强了报刊的党性建设，确保报刊始终反映党的宗旨和意志。新中国成立后，建设和确立了党对新闻传播事业管理的体制机制，为制度化“党管媒体”提供了支撑保障。改革开放后，继续坚持和完善“党管媒体”原则，党的十一届五中全会正式通过的《关于党内政治生活的若干准则》明确，“党的

---

① 参见习近平：《举旗帜聚民心育新人兴文化展形象，更好完成新形势下宣传思想工作使命任务》，《人民日报》2018 年 8 月 23 日。

② 中国社会科学院新闻研究所编：《中国共产党新闻工作文件汇编》上册，新华出版社 1980 年版，第 1 页。

③ 中国社会科学院新闻研究所编：《中国共产党新闻工作文件汇编》上册，新华出版社 1980 年版，第 25 页。

报刊必须无条件地宣传党的路线、方针、政策和政治观点”①。党的重大决策推动到哪里，党的报刊就应该宣传和跟进到哪里。

从现实要求看，“党管媒体”工作必须以认识和尊重新闻传播规律为前提，坚持新闻的真实性、时效性、知识性与趣味性原则。“党管媒体”需要适应媒体发展形态与步伐，其管理范围不仅包括报刊、广播、电视等传统媒体，也应该包括互联网新媒体以及所有提供信息服务的机构和个人。“党管媒体”是“党领导新闻舆论工作的根本原则”，随着国家治理体系和治理能力现代化的推进，“党管媒体”仍需加强制度设计和供给，提升“党管媒体”的科学化、制度化和规范化水平。②

二、坚持媒体的正确舆论导向

“导向”是舆论本身所带有的自然属性和功能，舆论导向是在分析和评价社会舆论的基础上，调控社会舆论的形成和流动符合预期的方向，进而引导人们的思想和行为。③ 承认舆论的导向属性是马克思辩证唯物主义思想的具体体现，根据价值判断标准的不同，舆论导向也存在正确和错误之分，并隐藏于舆论的引导方向之中。我们曾经受到舆论导向错误的教训，造成很坏的影响。从党和国家事业长远发展的角度看，坚持正确舆论导向具有极端重要性，是党和国家前途命运所系的工作。

第一，正确舆论导向是新闻媒体必须坚持的根本方向。

媒介是党联系人民群众的桥梁和纽带，是党宣传其政治思想、教育人民的主要手段。随着技术和时代发展的步伐，媒介工具在不断发展演化。在20世

---

① 《关于党内政治生活的若干准则》，《人民日报》1980年3月15日。

② 参见朱清河、谢昕忻：《中国共产党“党管媒体”的百年探索与基本经验》，《长安大学学报（社会科学版）》2021年第4期。

③ 参见刘艳婧、郑保卫：《新时代中国共产党舆论导向政策创新与发展》，《中国出版》2022年第5期。

纪早期,报刊是最主要、最普遍的大众传播媒介,报刊是社会舆论的承载物和传播工具,除要传递信息、沟通社会外,它还负责反映社会舆论和引导社会舆论。到了 20 世纪中后期,广播作为一种听觉媒体,需要使用和认知的门槛更低,传播范围更广,也成为重要的舆论动员媒介。到了 21 世纪,互联网成为网民生活交流的重要平台,成为民意表达的集散地。不论媒介工具如何演化发展,新闻媒体作为重要舆论机关的固有属性不会改变,新闻舆论工作事关党和国家前途命运的重要地位不会改变,党的新闻媒体坚持正确舆论导向的根本原则不会改变,广大新闻从业者必须严守政治规矩和职业规范的重要方针政策也不会改变。

第二,正确舆论导向要坚持以正面宣传为主。

正面宣传为主,这一方针和基本原则成为我国新闻宣传和舆论工作的总基调。改革开放之初,党中央就明确提出以表扬为主的新闻宣传方针,以正向、积极、健康的内容与信息为主流,鼓励"报刊、新闻、广播、电视要大张旗鼓地宣传建设社会主义的高度精神文明"①。一个社会凝心聚力齐头并进是一种精神状态,也是想干事、能干成事的重要基础,一个社会整天乱哄哄的,是什么事都干不成的。正面宣传的主要目的是为了团结鼓劲、营造环境、引导舆论,推动全社会朝着积极向上、团结奋进的方向前进。但是部分人似乎对正面宣传有顾忌和疑虑,一提到正面宣传就表现出不屑,实际上是没有从党和国家事业发展的全局来考虑正面宣传的必要性和重要性。

2013 年 8 月 19 日,习近平总书记在宣传思想工作会议上指出:"坚持团结稳定鼓劲、正面宣传为主,是宣传思想工作必须遵循的重要方针。"②当前一个时期,面临的挑战和困难前所未有,必须要巩固壮大主流思想舆论,弘扬主旋律,传播正能量,构建网上网下同心圆,激发全社会团结奋进的强大力量。

---

① 中共中央文献研究室编:《三中全会以来重要文献选编》,人民出版社 1982 年版,第 685 页。

② 《习近平谈治国理政》,外文出版社 2014 年版,第 155 页。

第三，正确舆论导向要发挥舆论监督积极作用。

马克思曾对报刊的舆论监督功能阐述，他认为："报刊按其使命来说，是社会的捍卫者，是针对当权者的孜孜不倦的揭露者，是无处不在的耳目。"[①]媒体介入社会生产生活和人们工作交往之中，无处不在、每时每刻地监督着社会运转。舆论监督类的新闻报道主要是以反映问题、揭批社会的短板和弱项为主题，但单纯反映问题不是舆论监督的根本目的，反映问题的目的关键在于消灭问题。所以，1983 年，中共中央宣传部强调对一些恶性事件、负面事件的新闻报道要"讲究分寸，注意效果，达到以正压邪、增强信心的目的"[②]。

党的十八大以来，我党更加重视舆论监督工作，习近平总书记指出，"我多次强调，要把权力关进制度的笼子里，一个重要手段就是发挥舆论监督包括互联网监督作用"[③]。舆论监督的出发点应当是积极的、建设性的，通过舆论监督党和政府工作，发现薄弱环节，通过舆论监督反映群众呼声，推动完善治理。

三、坚持通过媒体走群众路线

群众性原则是马克思主义政党性质在新闻媒体工作中的具体呈现。党的新闻媒体要站在人民群众的立场，反映人民群众的情绪、意愿、态度和意见，密切党同群众的联系，教育群众以至引导群众等。中国共产党自诞生以来，利用媒体走群众路线，是我们积累的宝贵经验。

第一，坚持走群众路线，是"人民的喉舌"的根本要求。

党的新闻事业的根本性质是"党、政府和人民的喉舌"[④]。党的新闻事业

---

① 《马克思恩格斯全集》第 6 卷，人民出版社 1961 年版，第 275 页。

② 中共中央宣传部新闻局编：《中国共产党新闻工作文献选编（1938—1989 年）》，人民出版社 1990 年版，第 62 页。

③ 《习近平谈治国理政》第二卷，外文出版社 2017 年版，第 337 页。

④ 江泽民：《关于党的新闻工作的几个问题：在新闻工作研讨班上的讲话提纲》，《人民日报》1990 年 3 月 2 日。

是党的喉舌,自然也是党所领导的人民政府的喉舌,同时也是人民自己的喉舌,这是由马克思主义政党新闻事业的党性原则所决定的。毛泽东强调,“通过报纸加强党和群众的联系,这是党的工作中的一项不可小看的、有重大原则意义的问题”①。《新华日报》的指导方针就是“增强党性与反映群众”,《人民日报》明确表示自己“是党的报纸,也是人民的报纸”。我党公开承认新闻媒体的党性和人民性原则,党的各类新闻媒体既要为党服务更要为人民服务,既要做党的喉舌也要做人民的喉舌,②这是指导“以人民为中心”的理念贯彻到“党管媒体”具体实践的根本原则。

第二,坚持走群众路线,要学习群众语言讲群众故事。

人民是报纸的主人、报道的主体和新闻的主角。在党和国家领导人的一系列谈话和论述中都强调了新闻媒体要向群众学习,群众作为“学习的对象”深深扎根于党的新闻媒体的群众路线中。毛泽东在《反对党八股》的檄文中明确指出,“要向人民群众学习语言。人民的语汇是很丰富的,生动活泼的,表现实际生活的”③。只有本着“从群众中来”的工作作风,深入基层、深入群众,及时而全面地了解周围群众的诉求,采集群众语言、学习群众语言,使用群众语言,避免放空炮、对空言,做到射箭看靶子、弹琴看对象,报道朴实无华,群众喜闻乐见,这样的宣传和引导才能真正做到有的放矢,才会有意义。

办好媒体,把媒体办得生动,还在于讲好群众故事。1942 年,毛泽东在延安亲自主持《解放日报》的改版,解决党报如何更好地服务边区人民群众的问题,改版后的《解放日报》大幅增加了关于边区和其他根据地军民生产生活的报道在整张报纸中的比例,并将其放在报纸的显著位置,就是要生动讲述边区人民的生产生活实践。

---

① 《毛泽东选集》第四卷,人民出版社 1991 年版,第 1319 页。

② 参见李冉、邹汉阳:《党性、人民性的话语起源与行动逻辑》,《马克思主义研究》2014 年第 5 期。

③ 《毛泽东选集》第三卷,人民出版社 1991 年版,第 837 页。

第三，坚持走群众路线，要聚焦群众关心关切的问题。

“适合读者需要”、“解决群众问题”是对新闻舆论事业群众路线的具体要求。1956年，在新华社编委会向中央汇报新华社的工作情况和问题时，刘少奇提出要很好研究报纸的需要：“要调查报纸的读者对象，究竟某一家报纸的读者是些什么人，他们的要求是什么。”①这是比较早的关心读者需要和群众需求的观点，此外，刘少奇还提出了新闻报道的“柴米油盐”思想，指出新闻报道要贴近群众，满足群众需求。党和国家领导人还较多关注如何使用新闻媒体搜集民情上，胡耀邦指出，党的新闻事业“理所当然地包含着既要使上情下达、又要使下情上达的作用”②，所谓“下情上达”就是要站在群众的角度报道新闻，多考虑群众的真实呼声，不要害怕群众真实地反映情况，不要戴着有色眼镜看待群众反映的问题，不要失真断言真实情况，要通过实地调查，真正将民间疾苦声反映到党和政府的决策中。党的十六大以来，胡锦涛对新闻事业提出了“贴近实际、贴近生活、贴近群众”③的群众路线，要求新闻媒体深入到火热的现实生活和人民群众的日常生活中，真实反映改革开放和社会主义现代化建设的实践，更好地代表最广大人民群众的根本利益，使宣传思想工作更加可亲可信，深入人心。

四、坚持遵循并运用新闻传播规律

经过长期的新闻传播与实践活动，以及对传播活动的观察、认识和反思，人们认识到新闻传播活动是有规律可循的。马克思对此有著名论断：“但要使报刊完成自己的使命，首先必须不从外部为它规定任何使命，必须承认它具有连植物也具有的那种通常为人们所承认的东西，即承认它具有自己的内在

① 中国社会科学院新闻研究所编：《中国共产党新闻工作文件汇编》下册，新华出版社1980年版，第379—380页。

② 《胡耀邦文选》，人民出版社2015年版，第571页。

③ 胡锦涛：《在人民日报社考察工作时的讲话》，《人民日报》2008年6月21日。

规律,这些规律是它所不应该而且也不可能任意摆脱的。"①尽管当前所处的媒介形态已经区别于传统的报刊媒介,但是每一种媒介形态的作用、意义是共通性的。新闻传播规律决定了实践走向,新闻报道"用事实说话",新闻工作者"客观、公正、真实、全面"地报道新闻,"正面宣传为主与舆论监督的辩证统一"等都是新闻传播的客观规律,也是媒体活动、媒体工作者必须遵循的传播规律。

第一,中国共产党人始终强调新闻传播规律的重要性。

中国共产党人始终强调新闻宣传规律、网络传播规律、网上舆论规律等新闻传播规律,强调要尊重规律、按规律办事。1925 年,毛泽东任《政治周报》第一任主编时就敏锐地意识到规律的重要性,要求遵循"用事实说话"的新闻规律,实事求是是新闻生存的根本,也是反攻敌人、不证自明的最好办法,看似是底线要求,实则如果要实现"忠实",对新闻媒体来说也是最高要求。胡锦涛也特别强调规律的重要性,强调"要尊重舆论宣传的规律"②,在尊重规律的基础上,提高舆论宣传的艺术效果,从而不断提高舆论引导的效果。

习近平总书记更是高度重视新闻传播规律,多次强调认识网络传播规律的重要性,在党的新闻舆论工作座谈会上鲜明指出,党的新闻舆论工作是一门科学,必须按照规律办事。中国共产党是最讲规律的,中国特色社会主义道路就是"党通过实践探索不断深化对社会主义建设和人类社会发展规律的认识而逐步形成并持续推动发展的"③。新闻传播规律也是党在对新闻事业领导、建设、改革、创新过程中不断探索和积累的,尊重新闻传播规律、按照规律开展舆论宣传工作,已成为新闻实践领域的基本观念和高度共识。

---

① 《马克思恩格斯全集》第 1 卷,人民出版社 1995 年版,第 397 页。

② 胡锦涛:《在全国宣传部长会议上强调 围绕中心 服务大局 高度重视并切实做好统一思想的工作》,《新华每日电讯》2002 年 1 月 12 日。

③ 岳奎:《党的八大对中国道路的探索及对改革开放的重要影响》,《南昌大学学报(人文社会科学版)》2021 年第 2 期。

第二，在新闻舆论实践中认识和探索规律。

从中国共产党运用媒体能力的实践来看，新中国成立初期进行公有制新闻体制探索、延安时期党报党刊相继改版、改革开放后我国新闻体制改革等，这一系列实践探索都表明，中国共产党的新闻实践是在不断变化的多样化媒介生态中认识和探索规律，并在认知规律的基础上，遵循并推动新闻传播事业向前发展。①

中国共产党在运用媒体的实践中，对报刊的性质与属性、新闻的基本功能、新闻传播基本准则等形成了科学合理的认识。但是，随着经济社会发展步伐的加快，特别是技术手段的不断加持，新闻生产、传播、反馈等活动发生了剧烈变化，新的媒介形态、传播样态层出不穷，在这些不断演进发展的新闻传播实践中，有更多的新现象、新事物、新问题，需要我们去认识、去探索、去发掘。

特别是以互联网为代表的新媒介形态，形成了对传统新闻传播规律的冲击。要做到对互联网传播的全面把握，就要与传统新闻宣传工作进行对比。传统新闻宣传工作的主体是党的新闻工作者，主要工作是主流媒体的报道和评论；而互联网时代的信息主体是广大人民群众，是公众通过互联网对社会公共事务表达的个体的意见观点和态度。② 从传统新闻宣传到现代新闻舆论，是传播方式、传播主体、信息流向的变化，中国共产党积极顺应这种变化，并主动作为，习近平总书记强调“各级领导干部特别是高级干部要主动适应信息化要求、强化互联网思维，不断提高对互联网规律的把握能力、对网络舆论的引导能力、对信息化发展的驾驭能力、对网络安全的保障能力”③。

第三，坚持遵循规律做好新闻舆论工作。

承认新闻传播规律的客观性，尊重新闻传播规律的内在要求，不断认识探

① 参见余玉：《中国共产党新闻实践的演进特征与基本经验》，《湖北大学学报（哲学社会科学版）》2022 年第 4 期。

② 董天策：《建党百年来新闻舆论宣传工作的核心理念创新》，《传媒》2022 年第 6 期。

③ 《习近平谈治国理政》第三卷，外文出版社 2020 年版，第 308—309 页。

索新闻传播规律，最终将理论性的规律观念转变成为新闻传播实践观念，指导实践活动，从而自觉运用新闻传播规律，提高新闻舆论工作的成效。① 新闻传播规律是客观现象，一旦认识规律，就需要尊重并适应规律，在规律允许的范围内展开新闻活动。

尽管认识了新闻传播规律，但是如果不按照规律办事，就会使新闻传播失去该有的公信力和影响力，影响新闻传播的质效。真实性、时效性、准确性是新闻的三大基本特点，也是新闻工作者必须遵循的“定海神针”。从中国共产党百年新闻传播实践来看，真实性受到挑战的情况也时有发生。1947 年开展的“反客里空运动”，就是针对当时不真实的新闻报道和弄虚作假新闻风气的一次自我改革，也是对新闻工作违背真实性规律的一次自我纠偏。

当前的新闻与传播实践在尊重新闻传播特点，按照新闻传播规律办事方面取得了一些成绩，但是面对新技术、新媒介的时代性要求，如何认识规律、探索规律并尊重规律开展工作，既是我们的宝贵经验，也是理论界、实践界面临的重大课题。

本章小结

本章从中国共产党运用媒体能力的探索历程入手，着重阐释了马克思主义经典作家、毛泽东、邓小平、江泽民、胡锦涛、习近平等运用媒体、对待舆论的观点和思想，阐释了新民主主义革命时期、社会主义革命和建设时期、改革开放和社会主义现代化建设新时期、中国特色社会主义新时代运用媒体进行舆论动员、联系服务群众、进行社会治理的生动实践，形成了坚持和完善“党管媒体”、坚持媒体的正确舆论导向、坚持通过媒体走群众路线、坚持遵循并运用新闻传播规律等宝贵经验。

---

① 参见杨保军：《试析尊重新闻规律开展新闻舆论工作的基本要求》，《当代传播》2017 年第 6 期。

特别是中国特色社会主义进入新时代以来，以互联网为代表的新媒体环境的全面崛起，打破了传统的政治与媒体深度耦合的机制，媒介形态、传播格局、舆论生态等都发生了深刻变革。我国具有不同于西方国家的制度设计、道路选择、意识形态取向以及文明形态，在凝聚内部认同、谋求外部共识方面，面临更多变化和挑战。学界有人指出，互联网是我党执政面临的“最大变量”，某些西方国家利用互联网加紧对我国进行渗透、颠覆、破坏，网络意识形态斗争形势严峻复杂，各类社会风险向网络空间传导趋势明显。

第二章　新媒体环境给治国理政带来变化与挑战

互联网使人类在用技术打破时空区隔的方向上又向前迈进了一大步，不仅直接促进了信息经济的发展，而且深刻改变了人类的交往和社会进程。新媒体技术在社会各个领域的广泛应用和参与，媒介与人、与社会的关系达到前所未有的紧密度，从沟通交流到意见表达、日常生活、经济发展，无不依赖于媒介，社会整体的媒介化进程成为社会发展中最重要的趋势与潮流。新媒体不再仅仅是媒介内容生产者和信息内容的传递工具，还呈现出社交属性、意识形态属性，成为社会政治要素、经济要素、文化要素的激活者、连接者和整合者，成为社会传播格局和秩序变化的推动者。

第一节　全体党员干部成为舆论审视对象

关于媒介素养的既有研究也多关注党员干部这个群体，但与民众打交道最多的是普通党员、工作人员和政策执行者。而实际情况是，普通群众（老百姓）并不会对党员领导干部的身份和职权进行细致界定，多认为体制内身份、党员就是领导干部，就是主心骨，现实中也多冠以“领导”这样的称谓。因此，全体党员干部已经受到新媒体环境下舆论的审视，都需要关注媒介素养这个时代课题。

一、清晰界定党员干部群体范畴

“干部”一词为外来词。最初流传于法国，翻译为军队官员、框架构架、职位较高的管理人员。20 世纪初引入我国，在新中国成立后，一直沿用这一概念，并且将它不断地扩大并加强使用，在今后不断发展壮大国家公职人员的进程中，干部的范围也随之扩大。在中国共产党第十二次全国代表大会制定的党章中，最早出现了“干部”一词。自此，“干部”就是指在中国共产党和国家机关、企事业单位、社会团体、军队、文化、科学等部门中具有公职身份的人员。在党的十二大党章中明确提出：“党的干部是党的事业的骨干，是人民的公仆。”这是我国干部最显著的特征。

干部通常指担任公职的人员，常与工人、士兵、勤杂人员相区别，有时专指担任一定领导工作的人员。也就是说所有由国家财政供养的，承担国家管理职能的工作人员都是干部，因此，干部既分布在党政部门，也分布在群团组织、事业单位和企业单位中。2000 年中共中央下发的《深化干部人事制度改革纲要》将干部分为党政干部、企业经营管理干部、科学技术干部和其他战线干部。① 中央组织部出版的《中国共产党组织工作辞典》也明确指出，干部指的就是那些在党和国家的机关、企事业单位以及各种其他组织和团体当中从事日常公务活动的一些相关人员。

党员是指“政党的成员，是赞同该党的纲领和政策、遵守党章、自愿加入该党的成员”②，本文语境下的党员指中国共产党党员。中央组织部党内统计数据显示，截至 2021 年底，中国共产党党员总数为 9671.2 万名③，是世界上最大的政党。100 多年以来，我们党不断发展壮大，党员形象更是活跃在中国

---

① 参见杨雪冬：《新世纪以来中国共产党的干部制度改革：基于制度文本的研究》，《北京行政学院学报》2011 年第 3 期。

② 高军：《执政党建设价值基础论》，人民出版社 2011 年版，第 376 页。

③ 参见中共中央组织部：《中国共产党党内统计公报》，2022 年 6 月 29 日，见 https://www.12371.cn/2022/06/29/ARTI1656486783270447.shtml。

革命、建设、改革的各个时期。特别是党的十八大以来,以习近平同志为核心的党中央将党建工作摆在重要的位置,通过理论学习、自我革命、思想建设、民众监督等多渠道多方式,更加树立和建设了中国共产党以及中国共产党党员的先锋形象。“党员”身份成为党的重要象征和体现,党员的行为实践也深刻影响着民众对于政党形象的构建。

2021 年 7 月,一段新疆大叔“亮党徽”帮助路人的视频在媒体上传播开来。游客到新疆旅游时车辆陷入泥潭,骑摩托车途经此地的柯尔克孜族牧民阿布都加帕尔见状后,下车踏进泥水里推车,经过多人齐心协力车辆成功脱困。游客掏出现金感谢这位牧民大叔,结果大叔连连摆手,表示拒绝。由于语言交流不畅,游客又执意要给报酬,情急之下大叔拉开外套,并亮出了胸口鲜艳的党徽。当事人和网友纷纷表示“那一瞬间眼泪都快流下来了”、“感受到了信仰的力量”,看到了党徽就看到了党,就看到了希望和力量,党员的光辉形象深深印刻在民众心中。由此可见,党员身份和群体是互联网新媒体普遍关注的对象和焦点。

综合来看,党员特指中国共产党党员,干部是从事国家公共事务的公职人员,领导干部是有领导职务的群体,党员、领导干部和干部都是新媒体环境下舆论关注的重点对象。因此,本书将党员、干部统称为党员干部,将党员干部这个群体界定为研究对象。

二、党员干部承担多重媒介角色

在我国的国家运行体制中,党员干部扮演着非常重要的角色。一方面,作为“先锋队式”政党,党员干部既是社会中的优秀分子,也是党在各个领域发挥领导作用的具体实施者;另一方面,中国的治理有精英主义特征,干部具有道德表率作用和人格魅力。① 毛泽东曾经一针见血地指出:“政治路线确定之

① 参见杨雪冬:《新世纪以来中国共产党的干部制度改革:基于制度文本的研究》,《北京行政学院学报》2011 年第 3 期。

后，干部就是决定的因素。”①在媒介环境中，党员领导干部往往承担扮演多重角色。他们是媒介信息的使用者，是媒体报道的信息源，是舆论监督的重要对象，还是媒介环境的管理者和维护者。

（一）作为媒介信息的使用者

党员干部是媒介工具、媒介系统的使用者。一方面，同普通受众一样批判性地解读和鉴别多种媒介信息，“消费”信息进而丰富自己的知识面，提升自身能力。面对泥沙俱下、信息过载的媒介环境，媒介使用者更易陷入传播媒介建构的更全面、多元的“象征性现实”中，产生“媒介依赖症”，使用者个体须知晓媒体对其自身的影响，并取得个体使用媒介的控制权。② 新媒体平台传播主体的匿名性、参与渠道的广泛性等造成了众声喧哗的局面，非理性、情绪化的言论使新媒体场域产生不良风气，舆论场中的杂音噪声越来越大，大家都忙于表达而没有机会认真思考、倾听和理解媒介信息。③ 新媒介环境并非形象中的魅力新世界，媒介环境的乱象是一个无法回避的社会问题，媒介技术一旦处于“使用”中，必然会影响他们的使用者，媒介使用者应该将理性交往作为一种基本素质，带着认真聆听、平和心态、冷静态度、批判视角和容纳异己的胸怀回归理性讨论。

另一方面，党员干部除了有对媒介的消费利用完成个人知识积累和素养提升外，更多的是将媒体信息和公众舆论作为衡量其工作水平的参照，作为改进工作的动力，用于改进公共政策、优化管理服务。④ 这种“使用”更多表现在执政环境中，组织运用不同类型的媒介，收集跟自己工作领域、工作岗位相关

① 《毛泽东选集》第二卷，人民出版社 1991 年版，第 526 页。

② 参见 Susie Burroughs，Kay Brocato，Peggy F.Hopper，et al.，“Media literacy：a central component of democratic citizenship”，*The educational forum*，Vol.73，No.2（2009），pp.154－167。

③ 参见陈韬文等：《媒介素养的国际发展与本土经验》，《传播与社会学刊》2009 年第 7 期。

④ 参见彭兰：《社会化媒体时代的三种媒介素养及其关系》，《上海师范大学学报（哲学社会科学版）》2013 年第 3 期。

的舆情信息,以此来评价工作绩效。比如,食品药品监督管理领域党员干部,每天都要主动关注食品安全、药品安全等相关话题,以民众反馈关键点来检验自己工作中是否存在缺项漏项,是否有创新贡献经验等。实际情况是,党员领导干部在“加工”“使用”媒介信息的过程中,很难清晰划分哪类信息可以提升个人能力,哪类信息可以服务工作实践,往往有融合、耦合、复合的行为和趋势。

(二)作为媒介信息源与舆论监督对象

在媒介传播系统中,党员干部是公共权力的执掌者和公共政策制定者,掌握着党和政府官方信息和社会重要信息,是媒介组织中重要的传播把关人,是媒体报道的重要信息源。因此,党员领导干部经常要与媒体打交道,通过媒体来宣传、公布、阐释政府决策方向,而普通群众对党员领导干部的了解在很大程度上也依赖于媒体的报道和宣传,新闻发布会制度就是其重要实践。基于“信息源”的重要角色,党员领导干部实际拥有媒介议程设置能力,创造输出信息并使他人理解信息的内容,在一定程度上控制引导着社会舆论走向。①

2022 年 2 月 17 日上午,国家发展和改革委员会举行新闻发布会,介绍支持浙江省高质量发展建设共同富裕示范区推进情况。浙江省人力资源和社会保障厅副厅长陈中在答记者问中介绍,为鼓励大学生创业,浙江推出创业担保贷款,如果创业失败,贷款 10 万元以下的可由政府代偿。此言论一出,便引发舆论广泛关注,“浙江大学生创业失败贷款 10 万以下由政府代偿”的话题迅速登上热搜。这对于有好的创业想法,却苦于无启动资金的大学生而言,可谓“旱地逢甘霖”,还有不少网友调侃道:“如果自己不去浙江创业,好像都对不起那 10 万块。”部分高校毕业生激情高扬要到浙江去创业,但真实情况却是

① 参见白传之:《试析公务员媒介传播角色与素养提升》,《现代传播(中国传媒大学学报)》2012 年第 5 期。

在政策传达和理解上有偏差——并不是创业失败由政府代偿，而是由创业担保基金提供担保的贷款被认定为不良的，贷款 10 万元以下的，由创业担保基金全额代偿，但是要认定为可以由创业担保基金全额代偿是有严格的认证审批程序的。

除了通过参加新闻发布会、接受新闻采访等面对面的传播手段，党员领导干部还是各类政务新媒体的使用者和信息发布者。各级党政机关和群团组织等积极运用政务新媒体发布政务（党务）信息、回应社会关切、提供便民服务、推动协同治理。截至 2021 年 4 月，全国共有 10.8 万个政务新媒体。① 政务新媒体发布的信息往往成为媒体发布、评论的第一手信息源，政务新媒体的评论、回复等功能也成为党员领导干部与公众交流互动的重要渠道，极大拓展了社会大众认知、交流和评判政党活动的渠道，而这种交互又容易使“闪光灯”聚焦到党员领导干部身上。

党员领导干部是社会的中坚力量，是肩负社会主义现代化强国建设使命的“关键少数”，在推进中国特色社会主义事业进程中充分发挥着中流砥柱作用，代表着党和政府的形象。媒体、公众、社会对党员领导干部有更高期望，“党员领导干部”这样的身份标签就自带新闻热点和流量信息，不管是其在私域生活中的表现，还是在公域场合下的展演，其言行举止、工作作风都会被置于党和政府形象的高度接受舆论监督和舆论评议。主流媒体、自媒体等各种媒体形态均是重要的监督员，对党委、政府，对焦各界、各部门、各地区，对准各级党员领导干部形塑了全时空无缝隙的舆论监督环境。

（三）作为媒介环境的管理者、维护者

信息传播生态是否良好，依赖于社会构建的信息传播渠道是否健康、是否畅通，这取决于政府所制定的传播政策和所提供的传播条件，而媒介管理部门

① 参见人民网：《数字政府建设与治理现代论坛》，2021 年 5 月 27 日，见 http://gz.people.com.cn/GB/344723/401198/。

的党员领导干部作为媒介的管理者，其能力水平决定了传播系统的“环境”质量。①

要确立“党管媒体”的总体原则，不仅要管理直接掌握的媒体，更要管理互联网上的新兴媒体，“所有从事新闻信息服务、具有媒体属性和舆论动员功能的传播平台都要纳入管理范围，所有新闻信息服务和相关业务从业人员都要实行准入管理”②。管理各色媒体形态背后的互联网平台或企业，要团结和凝聚具有特殊性的知识分子，做好网络“意见领袖”、网络作家、签约作家、自由撰稿人、独立演员歌手等具有动员作用的意见人群的工作，将他们吸引为群团组织的一分子，构建开放均衡的媒介环境，营造风清气正的网络空间。

要形成规范管理与市场活力的良性互动。党和政府要承担相应的责任，利用公共数据资源管理体系，运用大数据技术，加强对平台、对领域、对人员的监管，加强对关涉国家安全和社会公共利益、经济秩序和社会秩序、公民合法权益的关键数据的管理，构建事前事中事后全链条的监管体系，建立健全算法分级分类安全管理制度，适应并及时规范新媒介形态快速发展的步伐，指导媒介平台或机构优化内部管理体制与机制，创建媒介资源优化配置、从业人员各展所长、评价与分配制度公平公正、意识形态传播与产业经营相长相辅的环境与平台，加快我国传媒业的快速、健康、可持续发展。③企业要承担企业的责任，算法推荐服务提供者应当落实算法安全的主体责任，以社会主义核心价值观为基本遵循，定期审核、评估算法模型，定期验证算法机理、数据和应用结果等，不得设置违反法律法规或者违背伦理道德的算法模型，不得设置引诱未成年沉迷甚至犯罪的算法规则，通过政府、企业

① 参见彭兰：《社会化媒体时代的三种媒介素养及其关系》，《上海师范大学学报（哲学社会科学版）》2013 年第 3 期。

② 中共中央党史和文献研究院编：《习近平关于网络强国论述摘编》，中央文献出版社 2021 年版，第 3—4 页。

③ 参见胡瑞庭：《试论我国党政领导者媒介素养的构建》，《中国广播电视学刊》2007 年第 6 期。

联动，形成齐抓共管、良性互动的局面。

各级党员领导干部是媒介环境的共同维护者，肩负维护网络意识形态安全的重要使命，在大是大非问题面前不做“吃瓜群众”，做到守土有责、守土负责、守土尽责，即时提供真实客观、观点鲜明的信息内容，进行舆论引导、开展舆论斗争，牢牢掌握舆论场主动权和主导权。

三、党员干部媒介素养参差不齐

新闻发言制度作为一项规范化、程序化、专业化的成熟制度，在重要政策解读、突发事件处置的新闻发布工作中发挥着公布权威信息、稳定社会舆论的重要功能。2003 年“非典”暴发以后，我国新闻发言人、新闻发布会制度等进一步完善，中央国家机关、地方政府乃至社会团体、群众组织等明显加快了制度建设的步伐，不仅改变了我国传统的宣传模式，而且通过新闻发言人进行信息传播活动，本身就是政府塑造良好形象并与公众进行有效沟通的公共关系活动。正如原国务院新闻办公室主任赵启正所说：“新闻发言人不是人，而是一种制度。”从某种意义上讲，新闻发言人的形象代表着他所代表的政府的形象。①

2004 年 4 月，中共中央下发《关于加强和改进新形势下对外宣传工作的意见》，对建立常态化、制度化和专业化的新闻发布工作机制作出明确规划，建立中央对外宣传办公室、国务院各部委及省级政府三个层次的新闻发布工作机制。党的十七届四中全会提出“建立党委新闻发言人制度”，“党委新闻发言人制度”作为一个全新的概念和全新的制度设计被郑重地提了出来。制度确立之后，各地纷纷加大对新闻发言人的培训力度，以提升他们应对和运用媒体的能力。

2003 年 9 月 22 日至 27 日，国务院新闻办首次在北京举办了全国新闻发

① 参见叶丹：《我国新闻发言人制度及其现实意义》，《青年记者》2010 年第 12 期。

言人培训班。2004年，四川省对近7000名省级部门副处级以上干部进行如何面对媒体专题培训。海南省各级政府定期开展领导干部媒体沟通培训工作，2010年7—8月，三亚市委组织分两批共50名新闻发言人学员，分别赴北京进行为期各一个星期的新闻业务知识培训；到2011年7月，三亚党政部门主要负责人“媒体沟通与舆论引导能力”培训班在三亚开办。① 2013年成立的全国领导干部媒介素养培训基地，通过传授知识、实践演练等形式帮助政府领导干部更好地认识媒体，学会与媒体和公众良性互动。② 2019年12月，河北雄安新区领导干部媒介素养培训班开班，着重对雄安新区各部门领导干部在全媒体时代的媒体沟通与舆论引导能力进行培训。2020年10月，山东省直部门新闻发布实战演练培训班开班，着重对60名山东省直部门主要负责人、新闻发言人进行新闻发布与舆论引导工作的培训。此外，各级党校（行政学院）也相继将媒介素养纳入干部培训的课程体系。

无论是教育培训还是现实实践，领导干部都具有较高的出镜率，对媒介的认识和运用也相对较好，学术界既有研究成果也多关注领导干部这个群体。因此，理论与实践相结合，使得领导干部媒介素养可以得到较好提升。媒介素养不仅仅体现在新闻发言人这个群体身上，还体现在所有党政领导干部及其他公务人员身上。

特别是基层干部或普通党员，他们直接面对媒体的机会不多，出问题的概率好像也不高，自主加码学习的动力不足，也没有引起领导或相关部门的重视。但是，传媒技术的变革推动了社交媒体时代的到来，构建了舆论监督的“共景监狱”，媒介的“取景框”不单单只对准领导干部这个群体，而是对准整个的党员领导干部群体，使其暴露于公众的视野和围观之中，承受社会成员的

---

① 参见黄桂玲等：《国际旅游岛背景下公务员媒介素养现状探析——以三亚市为例》，《今传媒》2011年第10期。

② 参见强月新、陈星：《我国媒介素养的研究视角及其现状》，《新闻与写作》2017年第6期。

凝视与监督，[①]这些受到较少培育和历练的普通党员以及基层干部，在无处不在的摄像头下表现出语言上、逻辑上、行动上的局促不安等乱象，由基层党员干部引发的网络舆情汹涌迭起，个体层面的瑕疵严重影响了党和政府形象。有研究指出，要让媒介素养成为各级各类干部的“主课”、“必修课”，而非宣传部、新闻办的“专属课”，尤其注重向基层一线干部倾斜，切实提高全体党员领导干部的传播力与引导力。[②]

第二节　新媒体推动社会话语权力转移带来挑战

新媒体时代社会传播格局和秩序发生结构性变化，主要体现在水平方向与垂直方向。哈罗德·伊尼斯（Harold Innis）的媒介偏向理论指出，水平方向表现为媒介场域的扩展，信息技术的革新打破了地缘的制约，超文本结构和超快传播速度使信息的高效传播变得常态化，整个地球变成“地球村”，传播的空间偏向性被超越。同时，互联网技术的发展使得传播主体可以在位置移动中进行传播，拓展了日常传播活动的场景，实现了动态化，[③]彻底突破了空间限制，发展了丰富的媒介样态，实现了泛在性、实时化和无缝连接。而垂直方向表现为传播主体的转移，媒介的丰富样态和广泛连接提高了公众接触、采集和传播信息的便利程度，过去由专业新闻从业者或者权威机构掌握的内容生产与传播权力，如今转移到普通民众手中，进入了“人人都有麦克风”的时代。[④]

---

① 参见喻国明：《媒体变革：从“全景监狱”到“共景监狱”》，《人民论坛》2009年第15期。

② 参见柯晓兰：《全媒体时代领导干部媒介素养研究——基于A省的调查》，《中共成都市委党校学报》2019年第4期。

③ 参见李沁：《泛在时代的“传播的偏向”及其时代特征》，《国际新闻界》2015年第5期。

④ 参见张涛甫：《新媒体技术迭代与国际舆论话语权重构》，《人民论坛》2020年第15期。

一、技术发展衍生出多样媒介形态

媒介技术的丰富和发展突破了传统的以文字传递为主要介质的传播形态，人们认识世界的方式已由文字阅读转变为文字、图像并重，人们思维的素材也转变为以视觉图像为主。美国皮尤研究中心在2018年的一项调查显示：2020年视频将占整个互联网流量的82%，47%的美国人喜欢"观看"新闻，34%的人喜欢"阅读"新闻，19%的人喜欢"收听"新闻。图像比单纯的文字更具视觉冲击力和事实说服力，图像由此成为新媒体时代信息传播的重要载体；而短视频可以对声音和图像进行立体呈现，把事件的重要信息叠加甚至浓缩到几秒钟，进一步缩短文本信息传播需要的思考时间，带来的现场性、真实感与冲击性更强，传播速度更快，敏感事件发酵时间更短，产生的影响更大。

媒介技术的发展衍生出自媒体、平台媒体、社交媒体等多种形态，是新媒体的重要表现形式，每种媒体形态传播机理与参与方式不同，在推动舆论舆情发展中的作用也不同。

（一）"自媒体"（We Media）

自媒体是指私人化、平民化、普泛化、自主化的传播者，以现代化、电子化的手段，向不特定的大多数或特定的单个人传递规范性及非规范性信息的新媒体的总称。① 自媒体包括博客、微博、微信、贴吧、论坛/BBS、短视频、网络直播等形式，一经产生便快速发展。根据今日头条联合新榜发布的《2020年内容创作发展趋势报告》显示，微信公众号注册创作者数量已突破2000万。

个性化的自我参与、自我表达在自媒体空间中得到最彻底的释放和交

① 参见马原：《自媒体影响力的长尾分析》，《中国传媒科技》2008年第5期。

融，也正是基于这种方便快捷的信息交互模式和广泛的受众基础，自媒体已经全方位地将社会大众带入社会热点事件的收集、整理、报道、分析、点评和传播的全部过程中。一方面，自媒体积极彰显底层民意。借助“曝光”和“围观”的力量，检举问责公共部门，鞭笞腐败分子和行为，追问事件的真相，传递公理与正义，①小到衣食住行、人间社会生活的百态，大到治国理政方略、内政外交国防公共决策，自媒体正在点燃普通群众关心时事政治、国家事务、国际关系、历史趋势的强烈热情。另一方面，自媒体通过制造谣言与假新闻博取关注。以流量为特征的自媒体生存机制，催促自媒体不停发表言论，吸引民众的注意力和流量，这时一些挑逗性的、不负责任的个性化言论，突破伦理底线的肆意臆想言论，往往能够吸引网民关注，自媒体就开启了恶意炒作、蛊惑和煽动的步伐，“网络推手”、“网络水军”、“网络爆料”等随处可见，无序化、功利化和利益化自媒体乱象丛生，呈现出众生喧哗的嘈杂的舆论景观。② 自媒体的“双刃剑”特性尤为明显，已然成为舆情事件的重要策源地和发酵地。

（二）“平台媒体”（Platisher）

平台媒体既拥有媒体的专业编辑权威性，又拥有面向用户平台所特有的开放性的数字内容实体。平台媒体的主要特点是其不单靠自己的力量做内容生产和传播，而是打造一个平台，向所有的内容提供者、服务提供者开放，无论是大机构还是个人，其各自的独到价值都能够在上面尽情地体现。③

作为媒介传播生态系统中的重要行动者，平台媒体处于网络化社会中信息传播的枢纽位置，它连接起了各种节点之间的关系链条，进而编织出了巨型

① 参见倪明胜：《提升自媒体时代干部的媒介素养》，《红旗文稿》2013 年第 15 期。

② 参见董文波：《自媒体视域下高校网络舆情引导及维稳机制研究》，《学校党建与思想教育》2015 年第 6 期。

③ 参见喻国明等：《“平台型媒体”的缘起、理论与操作关键》，《中国人民大学学报》2015 年第 6 期。

传播网络,与依托其上建立的自媒体、专业媒体、机构媒体等构成实时在线、滚动更新、即刻分发的新闻生产与信息流通体系的巨型互联网产品。平台媒体表面上是一种技术或者技术构建的中介形态,但是由于其主导信息的分发与传播,也就具有了媒体的属性,今日头条、一点资讯、天天快报、抖音等均被认为是平台媒体。①

算法推荐是平台媒体重要的技术砝码。算法基于平台捕捉到的用户兴趣或偏好,以适配个性化需求为目的推荐个性化内容,个性化内容可以让用户过滤掉不感兴趣的信息内容,无形间影响了用户对于信息内容的自主选择,导致用户对于信息接触面越来越狭隘、单一和固化,形成“信息茧房”效应。这种现象的泛滥让用户选择的信息逐渐“窄化”,甚至让渡其独立思考的能力,而满足于被动的知识积累,让人们陷入马克斯·韦伯所说的“技术知识的囚室”②之中。平台媒体的背后是资本逻辑的主宰和技术力量的崛起,资本力量可以控制删帖、排序与过滤,技术力量可以滋生广场、圈子与茧房,通过资本与技术的互动实现对舆论的隐性控制③,平台媒体与算法推荐成为推动舆情发生发展的重要力量,其畸形发展严重影响互联网意识形态领域的安全。

(三)“社交媒体”(Social Media)

社交媒体是人们彼此之间用来分享意见、见解、经验和观点的工具和平台。社交媒体不仅具有信息传播和接收的媒体属性,还具有社交属性,即关系的构建和维系、情绪的分享和感染。社交媒体最突出的特点是主动性和互动性。主动性表现为用户主动登录特定社交平台和主动在其专属网络区域发布

① 参见张志安、姚尧:《平台媒体的类型、演进逻辑和发展趋势》,《新闻与写作》2018 年第 12 期。

② 张林:《智能算法推荐的意识形态风险及其治理》,《探索》2021 年第 1 期。

③ 参见李静:《五成受访者会选择关闭算法推荐何去何从?》,《中国经营报》2022 年 3 月 28 日。

相关内容，保证了社交媒体的浏览量和内容基础。互动性表现为用户基于自己或者别人发布的信息展开网络在线交流活动，遵循网络结构实现频繁交互，通过多个传播渠道保证传播内容的生产与扩散。① 微博、微信、论坛、直播平台等都属于社交媒体。

综合来看，自媒体是从信息生产的角度，侧重于强调信息生产的主体和自主性。平台媒体主要是从信息传播的角度，侧重于强调信息传播的机理与范畴。而社交媒体是包含了信息生产与信息传播两个角度，既强调个体可以自主性生产内容，也强调通过社交网络可以进行传播扩散。在应用实践中，这些形态之间多有交叉，比如微博，既可以归属于自媒体也可归属为社交媒体，其热点推送机制还可将其归属为平台媒体，因此，理论研究的层面存在概念混用的情况。但是，也就是这多样化的媒体形态，形成了对传统社会信息生产传播格局的挑战，带来话语权力结构的变迁。

二、传统"中心化"话语权力结构被解构

媒介发展史的经验表明，新媒介形态的出现必然会改变传统的社会结构和权力关系。随着新媒体的发展，曾经掌握传播话语权的主流媒体，逐渐受到社交媒体、平台媒体、自媒体等的竞争与挑战，传统的信息生产与传播权力，受到主体多元与意见多样的新媒体环境的冲击。

一方面，从媒介生产的角度看，在以印刷传媒以及广播电视传媒等为主导的"大众传播时代"，大众传媒是以"传者"的绝对传播权力和话语权力凌驾于"受者"之上的，"受者"只是处于被动地位，他们对于"传者"的信息生产与传播活动没有选择的权利。

相较于传统的大众传播媒介，新媒介在挖掘和激发媒介潜力的同时，打破了前者的信息资源把控优势，扬弃了对前者的物理依赖，以其大众化的传播方

① 参见彭兰：《社会化媒体、移动终端、大数据：影响新闻生产的新技术因素》，《新闻界》2012 年第 16 期。

式,实现了以具象化的传统媒介为节点的传播,向以大众为中心的互动模式转化,①传统的政府和主流媒介主导的“中心化”舆论格局被打破,形成了“去中心化”的格局。

在“去中心化”的格局中,公众越来越多地获得了生产信息的机会,这种机会转化为个人意见表达、公共事务参与、对组织进行评价并施以影响的表现等,使得普通公众在传播过程中的地位和力量不断提高。② 新媒体时代,很难区分什么是“传者”,什么是“受者”,“传者”在一个传播过程中可能是“受者”,“受者”在另一个传播过程中也可能是“传者”,传与受之间的边界在消融,传统的以大众传媒主导的话语权力结构被解构。新媒介话语权力从集中走向分散、由垂直走向扁平,原先的少数社会精英逐渐让渡给匿名的大众群体,沉默的大多数成为众声喧哗的舆论表达者,形成了一个波澜壮阔的舆论场。

另一方面,从媒介传播的角度看,传统媒体时代,信息的生产和流通遵循的是“先过滤后发布”的原则,公共部门、大众传媒、权威专家等扮演了“把关人”和“过滤器”的角色,传播途径主要是官方认可的正规渠道。“把关人”理论认为,信息流通过程中的把关不只是一个选择和过滤信息的过程,或是一个简单规制信息“进”或“出”的问题,而是承担着媒介信息建构社会现实的重要功能。③

进入新媒体时代,信息流通却是“先发布后过滤”,而且发布主体多元,传播途径广泛,不再像传统媒体拥有林林总总的“把关人”,信息把关权也相应发生转移。尼尔·瑟曼(Neil Thurman)认为新媒体时代的信息把关主要表现

---

① 参见王媛媛:《场域变迁视角下社会主义意识形态传播转型研究》,《毛泽东邓小平理论研究》2018 年第 5 期。

② 参见唐乐:《从“传者—受者”到“对话者”——Web 2.0 时代组织外部传播的传受关系分析》,《新闻大学》2011 年第 2 期。

③ 参见张林:《智能算法推荐的意识形态风险及其治理》,《探索》2021 年第 1 期。

为两种形式：一种是用户把关。用户自主对信息发布者或信息内容的点赞、评论、收藏、关注、转发、搜索、屏蔽实现信息把关。然而面对总量庞大、质量差参不齐、真伪难辨的信息，普通网民的媒介素养还不足以实现对信息发布者与发布内容的有效“把关”。另一种是算法把关。媒介平台将受众视为“可计算”的对象，重视受众在网络空间留下的每一个数字轨迹，对其身份、言论和行为等大数据进行量化计算，标注态度、偏好、价值观等“个性化信息标签”，进而进行个性化信息推荐，这一过程中传播受众的主体性得以充分彰显，但同时弱化了用户对公共议题和核心价值观的关注。① 在用户把关和算法把关的过程中，传统媒体的话语权力进一步被削弱。

三、新媒体构建“再中心化”的话语权力结构

“去中心化”在某种程度上打破了原有的话语权力体系结构——既往精英、政府和传统媒体所拥有的话语权被解构。与此同时，“再中心化”的过程已经悄然发生。话语权力的生成需要依赖于表达权与传播权的共同发力。

从表达权的生成来看，在“人人都是传播者”的新媒体时代，事实上，由于受书写文字的精英化逻辑限制，95%以上在社交平台上传播的内容，是由3%—5%的社会精英来生产和传播出来的，普罗大众实际上是内容的消费者、接受者、转发者和简单的点评者。此外，为了解决网络空间信息过载的问题，公众必须要寻找和委托可以信任的代理人，通过代理人替代其筛选信息、研判事实，进而进行新一轮的“中心建构”。在这一过程中，能够获得足够信任的代理人，成为新的话语权力中心，公众通过点赞、关注、转发等形式“授权”给这些代理人，以信任和采用这些代理人提供的解释逻辑代替个体独立思考，代理个体实现对信息的表达。在这一过程中，能够进行生

① 参见王茜：《打开算法分发的“黑箱”——基于今日头条新闻推送的量化研究》，《新闻记者》2017年第9期。

产和筛选的部分“意见领袖”群体崛起，形成新的传播中心，在内容生产、话语权以及受众的注意力等方面，形成以“意见领袖”为群体的新“再中心化”格局。

从传播权的生成来看，尽管普通个人在互联网空间享有充分的表达权，但由于占有网络资源的不同，普通公众表达出来的“声音”往往十分微弱，无法传播开来，并不能够形成对网络舆论的影响力和控制力。以互联网为代表的新媒体变革，只是表面地实现了互联网意识形态话语权的平权化，社会话语权没有出现明显的下移。① 而网络“意见领袖”不仅实现了“表达权”，还通过引流、导流掌握着“传播权”，形成了新的“权力中心”，在传统社会中金字塔的话语结构被投射到新媒介场域中来，只是可能话语权力的主导者变成了一些“新贵”而已。② 新媒体的崛起并没有真正实现话语权力的平民化，只是发生了转移，塑造了“再中心化”格局下的舆论趋势。③

2015 年 5 月 18 日，习近平总书记在中央统战工作会议上发表重要讲话指出，随着互联网快速发展，包括新媒体从业人员和网络“意见领袖”在内的网络人士大量涌现。在这两个群体中，有些是经营网络、是“搭台”的，有些是发声的、是“唱戏”的，往往能左右互联网的议题，能量不可小觑。④ 观察环球时报特约评论员胡锡进，截至 2022 年 1 月，其今日头条号粉丝 639. 9 万，新浪微博粉丝 2418 万；抖音粉丝 487. 5 万。

由此可见，在新媒体环境中形成了由政府、传统媒体、“意见领袖”三方相互影响的话语权体系结构。如果政府和传统媒体对网络“意见领袖”的传播形态放任自流，缺乏有效的管理和应对，任由“负面舆情”“虚假消息”等泛滥，

---

① 参见李江静、徐洪业：《准确把握互联网意识形态话语权争夺的新形势》，《红旗文稿》2015 年第 22 期。

② 参见魏武挥：《技术人格》，《IT 经理世界》2012 年第 12 期。

③ 参见张涛甫：《当下中国舆论引导格局的转型》，《当代传播》2014 年第 2 期。

④ 参见中共中央党史和文献研究院编：《习近平关于网络强国论述摘编》，中央文献出版社 2021 年版，第 65 页。

就极有可能造成网络意识形态话语权的旁落，对社会主流价值观和社会认同造成伤害。

第三节　“大变局”给党员干部治国理政带来挑战

自2008年国际金融危机爆发以来，以美国为首的西方大国持续推行霸权主义和强权政治，逆全球化趋势明显增强，国际秩序、全球治理面临重重阻力。基于对国际国内大势的深刻认识和清晰把握，习近平总书记在接见二〇一七年度驻外使节工作会议与会使节时发表重要讲话，“放眼世界，我们面对的是百年未有之大变局”①。此后，习近平总书记反复强调这一重大战略判断，并强调“世界百年未有之大变局加速演进”，“大变局”成为我们客观认识当今发展环境的重要基点。

一、“世界百年未有之大变局”下各类矛盾凸显

当今世界百年未有之大变局加速演进，国际环境错综复杂，美国在贸易、科技、金融等领域不断施压，俄乌冲突导致国际大宗商品涨价，全球经济发展陷入低迷期。国内改革进入攻坚期和深水区，传统产业面临动能转换，经济转型处于阵痛期，发展面临“需求收缩、供给冲击、预期转弱”三重压力；社会稳定进入风险期，各种一般矛盾和深层次矛盾交织叠加，城镇青年群体失业率偏高，重庆山火、甘孜地震、特大交通事故等突发事件易发频发，不稳定性不确定性明显增加。

（一）经济低迷叠加世纪疫情导致预期转弱

改革开放后经济社会的快速发展、居民财富的快速积累，给公众塑造了我

① 李伟红、丁林：《习近平接见二〇一七年度驻外使节工作会议与会使节并发表重要讲话》，《人民日报》2017年12月29日。

国经济长期保持高速增长的发展预期,公众对美好生活的要求越来越高。新时代,经济发展进入新常态,发展方式从粗放式发展转向高质量发展,经济增速从高速增长转向中高速增长,甚至以高速增长著称的互联网行业,近期出现收缩业务、裁员降薪等现象,2022 年第一季度、第二季度经济增速回落明显。但是,部分公众并没有做好充足的思想准备,在发展期望与现实之间产生强烈落差,心理上还无法接受,加之,经济刺激政策效力发挥不够充分,公众对社会发展的预期减弱,舆论中的悲观、失望等负面情绪明显,甚至开始以"反思"的名义质疑公共政策,伴随着社会敏感事件的发生,加剧了舆论场中的抑制性色彩。

新冠疫情延宕日久,疫情对经济社会发展的影响是全方位的,产业链供应链受阻,线下服务业遭遇冲击,教育活动、民生发展、社会生活秩序等因此改变。疫情防控中部分地区存在针对普通群众的防疫不当、过度防疫等问题,公众在疫情防控与疫情反复中出现防疫疲劳,产生焦虑情绪,社会心理压力加大。

(二)社会转型期深层次结构性矛盾凸显

随着中国社会整体现代化转型的不断深入,社会结构更加复杂多元,社会各阶层的利益诉求急剧分化,这些变化最终反映到民生领域内的资源和机会配置。一切民生问题都有其深刻的结构性成因,经济社会转型期的民生问题具有结构性紧张的特征,这是社会变迁过程中不可避免的客观后果。[①] 伴随着社会多个领域的结构性紧张状态,多样化利益诉求与日俱增,而相应的新型社会结构的整合机制、意见吸附机制发育却相对滞缓,利益诉求的激进与诉求解决迟缓间的错位,造成越级上访、极端行动等事件,逐渐引发对社会不信任等消极心态。人民在民主、法治、公平、正义、安全等方面的要求日益增长,然

---

① 参见李汉林等:《社会变迁过程中的结构紧张》,《中国社会科学》2010 年第 2 期。

而发展的不平衡不充分，已经成为满足人民日益增长的美好生活需要的主要制约因素。① 这既是对社会紧张状态的总结，也是谋求利益分配、民主参与等多元领域深刻变革的重要来源。

随着社会主义市场经济的快速发展，市场经济的自由化同时带来了主体意识的自由化，人与社会的关系、国家与社会的关系被重新审视，社会的主体性被充分激发，开始充分参与到社会事务、国家事务甚至政府事务中来，从过去仅作为“被管理”的客观对象，逐渐成长为社会管理的重要主体，不断生长并展现出在社会管理中的优势，发挥出凝聚多元力量、激发社会活力的重要功能，同时主体性的发挥与增长也对国家治理提出了更高要求。② 习近平总书记在2014年中央政法工作会议上谈到：“我国改革进入攻坚期和深水区，社会稳定进入风险期，各种一般矛盾和深层次矛盾交织叠加，一些重大问题敏感程度明显增大，处理不慎极易影响社会稳定。同时，人民群众的公平意识、民主意识、权利意识、法治意识不断增强，对促进社会公平正义、实现安居乐业的要求越来越高。”③

（三）新媒体提供更可触及的政治参与通道

公众民主意识不断增强的同时，恰逢互联网新媒体的到来，公众可以通过新媒体自由地参与公共事务治理讨论，就自身关心的公共事务主动与政府进行平等的沟通、交流。新媒体提高了公众在公共事件、政府决策等方面的参与度和参与意识，激发了公众的参与热情，在一定程度上扩大了网络舆情事件的社会影响，进而对现实社会的公共政策和政府决策产生影响。同时，也促进了

---

① 公丕祥：《新时代中国法治现代化的内在动因——基于我国社会主要矛盾新变化的初步分析》，《中国高校社会科学》2019年第3期。

② 参见王惠：《社会治理共同体：新时代中国特色社会治理的全新语境与行动逻辑》，《长白学刊》2020年第6期。

③ 中共中央党史和文献研究院编：《习近平关于防范风险挑战、应对突发事件论述摘编》，中央文献出版社2020年版，第230页。

公众权利意识的崛起。例如，网民的关注和参与，推动“鲍毓明案”法律审判与道德伦理的凝结，推动“于欢案”的二次审判及全民普法。

公众通过新媒体表达民意、参与公共事务治理、与政府互动业已成为民众舆论实践的日常状态，也成为疏解结构性紧张的重要渠道。尤其当涉及敏感身份符号（如官员、富人、警察）和情景标签（如腐败、包庇、殴打、狂妄、强奸、虐待）时，高擎“网络舆论审判”旗帜的舆论浪潮汹涌、层出不穷。

这背后还有社会心态的重要作用，据中国社会科学院《中国社会心态研究报告（2017）》显示，在民众的认知框架中，倾向于将自我类别划为弱势群体，底层意识与相对剥夺感相互交织的弱势心态正在蔓延，即平民价值占据主导，对社会权力阶层与精英阶层持有相对剥夺感。① 弱势群体认为自己的贫困和利益受损是由强势群体和精英阶层造成的，不断拉大自身期望值与现实值之间的差距，强烈的社会不公平感和相对剥夺感，产生仇官、仇富、仇不公等社会心态，也导致对部分群体产生刻板印象，而刻板印象一旦形成就很难改变。当弱势群体与精英阶层间产生冲突时，相对剥夺感产生，亨廷顿认为“相对剥夺感”容易使人倾向于暴力，②民众会天然地去同情弱势群体，轰轰烈烈地参与到网络舆论审判的集体行动中来。

二、舆情成为经济社会发展的“伴生物”

民众围绕着每天在全球各地的大大小小的事件，形成大大小小的舆情，延伸到人类生产生活的各环节全链条所示（如图 2-1）。这些舆情往往跟公共政策、官员表现、师风师德、医患关系、城乡差别、司法不公、公共秩序、突发事件、贫富分化等现实社会问题密切关联，挑动网民敏感的神经，又往往通过网络发酵发展，因此，也叫作社会舆情或网络舆情。网络舆情作为一种客观存在的社

① 参见刘璐、谢耘耕：《当前网络社会心态的新态势与引导研究》，《新闻界》2018 年第 10 期。

② 参见亨廷顿：《政治发展》，载［美］格林斯坦、波尔斯比主编：《政治学手册精选》（下卷），储复耘译，商务印书馆 1996 年版，第 56 页。

会现象，已经成为经济社会发展的“伴生物”。

图 2-1　网络舆情发生重要领域

（一）网络舆情是现实社会矛盾在网络空间的反映

习近平总书记指出：“我们必须科学认识网络传播规律，准确把握网上舆情生成演化机理，不断推进工作理念、方法手段、载体渠道、制度机制创新。”① 要认识舆情，必须要弄清楚舆情生产演化的机理。网络空间出现的许多问题，其根源不在网络空间本身，而在现实社会，是现实社会未得到有效纾解的矛盾和问题在网络空间的延伸与投射，复杂的社会矛盾、狭窄的利益诉求渠道与公众现代意识觉醒之间的冲突，决定了喧闹的网络舆情景观，网络空间的出现恰好为矛盾的释放提供了一个平台，成了社会的“排气筒”、“减压阀”。因此，观察网络舆情的生成需要跳出网络的局限，考察现实事件中多方力量的互动逻辑。②

① 中共中央党史和文献研究院编：《习近平关于网络强国论述摘编》，中央文献出版社 2021 年版，第 13 页。

② 参见翟霞、冀翠萍：《网络与现实融合视域下实现虚拟社会善治的方式与路径》，《理论学刊》2014 年第 12 期。

舆情的生成与中国社会“按闹分配”的治理逻辑密切相关。“闹大”是社会抗争的重要形式，是公民维权的重要策略，是社会民众理性选择的结果，具有引发他人关注和重视的优势。① 互联网新媒体提供了“闹大”的便捷途径，利益当事人遇到困难或问题时，会以“痛苦表达”的方式曝光于网络舆论。一些能引发社会共振的主题，如权力腐败、底层群体不公待遇和社会歧视等，由于相对剥夺感和同理心等社会心态的存在，网络“意见领袖”关注评论、新闻媒体积极参与、网民关注转发等，事情“闹大”并演变成网络舆情事件，不断“闹大”的网络舆情必然吸引政府部门的注意力。地方政府考虑到地区形象、营商环境、意识形态危机等，害怕事情“闹大”，往往通过让渡或创造利益补偿将舆情“化小”，“化小”成为地方政府的第一追求。这样舆情在“闹大”的过程中俨然变成了可变现的资源，个别人尝到了“闹大”的甜头，就不断以此从地方政府手中谋求不当利益，②俨然陷入了“闹大→化小→再闹大→再化小”的怪圈。

（二）网络舆情演化的复杂化危害性加剧

一旦有网络舆情发生，进入公共领域，网络“意见领袖”、网民、利益相关者甚至别有用心者就会参与进来，越来越多的不可控因素加入，使本来的单一舆情向热点舆情转化，舆情的复杂性危害性加剧。总体来看，在舆情发生发展中可能存在以下三个现象。

一是“舆情搭车”现象。有突发事件进入公共空间，受到舆情关注，使人们在地域、身份、内容等方面产生相关联想，导致舆情内容延伸或目标发生转向，引发更多社会关注和讨论，并促使公权力介入问题的解决。③ 对多数民众

---

① 参见韩志明:《行动的选择与制度的逻辑——对“闹大”现象的理论分析》,《中国行政管理》2010 年第 5 期。

② 韩志明:《“大事化小”与“小事闹大”:大国治理的问题解决逻辑》,《南京社会科学》2017 年第 7 期。

③ 参见孟威:《“舆论搭车”现象中的社会心理与困境破解》,《人民论坛》2019 年第 17 期。

来讲,“舆情搭车”的价值在于,一些日常所遭遇的不公正事件、不平等待遇,通过正常途径无法申诉、辩解、解决,但却可以通过对新近发生的网络热点事件“蹭热度”的办法来表达和倾吐不满,而这种“蹭热度”也会天然获得网民的关注,从而得到网民道义上的支持,规模性的舆情或多发现象也必然引发政府部门的高度关注。在一定程度上,也是“小闹小解决、大闹大解决”以闹为主的逻辑在网络空间的延续,民众希望通过舆情舆论产生聚合效应,从而迫使疑难问题解决。

二是次生舆情现象。次生舆情是在原舆情事件上衍生出的新议题,并由此引发新的舆情。① 由于民众对网络事件信息了解有限,在想获得事件前因后果的过程中,如果涉事责任部门没有及时、透明、主动地进行信息供给,就会激发民众探究事件真相渴望内幕的窥探心理,此时新的爆料信息、暗幕信息等就会进入并在网络舆论中持续发酵,各方意见相互交汇、叠加,引发次生舆情,导致原生舆情的裂变和延伸。次生舆情并不是完全独立的,它一般不会脱离原生舆情环境,但是,公众对次生舆情的关注度甚至会超越原生舆情,给原生舆情带来震荡影响。

次生舆情是否发生是具有偶然性的。在一起舆情事件中,官方的应对是否到位,是否会有刺激性因素或事件的加入,一定程度上是有偶然性的。但是,如果公共部门的风险意识不足或者舆情处置不当,当舆情事件来临时,又必然会引发舆论的关注,在深度加工和发酵的过程中引发次生舆情,这样来看,次生舆情的发生又有一定程度的必然性。在新媒体环境中,次生舆情的形成是“偶然中的必然”,这取决于地方社会治理的水平以及舆情处置能力。

三是舆情反转现象。舆情反转是在网络空间中针对同一事件形成的公共舆论向相反方向转变的现象。② 近年来,各类舆情反转事件频繁发生,如“罗

① 参见刘强:《网络次生舆情的应对之策》,《人民论坛》2018 年第 16 期。

② 参见陈宗章:《“网络舆论反转”现象的思想分析与问题应对》,《探索》2020 年第 3 期。

一笑事件”、“重庆万州公交车坠江女司机事件”等,同一个事件甚至发生多次舆情反转,引发舆论的高度关注。舆情反转现象频发,网民在不断反转的信息中难辨真假,感知到混乱,抑或激进的情绪在高速旋转中戛然而止,产生巨大的社会离心力,民众滋生惊讶、被欺骗、被愚弄等情绪,“如鲠在喉、欲语还休”,进而离散社会共识,降低政府和媒体的公信力。

总的来说,不论是哪一种现象,都将导致舆情的复杂化、扩大化,加深民众对政府话语权力的不信任,甚至发生“破窗效应”,导致对政府公信力的破坏。此外,敌对势力不会放过任何一个以民生问题为切入口的搅局,各类社会风险向网络空间传导趋势明显,在网络舆情复杂化的情境下,还可能带来网络意识形态危机。

(三)舆情回应与舆论引导质量不高

回应是政府与社会公众沟通的重要手段,政府回应的态度、方式、内容以及渠道直接决定能否有效化解舆情危机,是组织危机管理能力的重要体现。在政务舆情回应初步制度化(国办发〔2016〕61 号)的背景下,各级政府与组织积极回应社会关切,但回应的“一厢情愿”并未总能达到正向调节作用,舆情回应呈现出“公众质疑—政府回应—公众再质疑—政府再回应”的失序节奏,造成舆情态势的升级与恶化。

政务舆情回应从数量和时间上等量的指标上呈现较好状态,做到了“有回应”、“快回应”,但部分回应效果却差强人意,导致网络舆情不断升温。在突发事件面前,公众对事件有关注,政府需要对事件进行回应,如果政府没有与公众关注对焦,或者政府回应与公众关注间“失焦”,就会形成舆情回应的偏差。

一是,公众期待的公开透明与政府有限公开之间的偏差。政府因其组织力、行动力、承担力成为破解危机情境的主导力量,也因此掌握更多的真相、信息和话语权,是进行信息公开的主体;而公众基于利益共享、情感共鸣和价值共振关注突发事件，是渴望获得信息的一方。公众认为政府有责任将事件的真相主动地、及时地、充分地通告给公众，并且与公众保持沟通对话的持续状态。但政府由于还未调查清楚、涉及个人隐私或者可能引起误解等因素，更多的是站在自我主体角度，选择对自己有利的信息进行回应，这种“挤牙膏”式地有选择的信息公开不足以回应公众的“关注”，公众的“信息饥饿感”始终得不到满足，便开始臆想政府不予公开的原因。一些疑点的深挖、未经确认信息的加入等引发公众对舆情话题的集体围观，理性与非理性声音掺杂在一起，舆情不断发酵，最终导致涉事主体在舆论声中艰难前行。

二是，公众渴望被关注与政府回应流于表面之间的偏差。政府处置突发事件，认为他们是制定政策、采取措施、承担责任的一方，而公众是来监督政府处置行为和处置效果的，公众天然地带有质疑的成分，甚至在部分事件中政府的线下处置工作已经“心力交瘁”，公众还不甚满意。在棘手的突发事件面前，政府无暇对公众的诉求进行细致解剖、整合梳理，或者说还无法满足公众对细节问题的追问，仅通过一些程式化、固定结构的语言修辞回应公众，这种怠于坦诚回应的方式被公众误解，认为政府这是在完成工作指标、在应付公众，这种弱回应的方式无法取得良善的效果。实际上，公众并不愿意站到公权力的对立面，他们只是渴望被认知、被理解、被关注；政府也并非不愿公开事件真相，只是公众质疑点纷繁复杂，舆论噪音杂音充斥。突发事件面前众声喧嚣，政府要想做到面面俱到回应每个人的质疑点是很难的，关键是要拨云见日，分析舆论背后的“共同关注”以及关注背后的根本原因，这才是舆情回应应该重点聚焦的内容。

三是，公众情绪上的激进与政府情绪上的淡定之间的偏差。一件事情能够引起网民的高度关注，主要是该事件刺激了网民乃至社会公众“最紧绷的那根神经”，“最紧绷的那根神经”进而激发了公众的情感参与。公众基于愤怒、同情和戏谑的情绪参与到网络舆情中，期望得到政府的共鸣，但政府往往基于自身客观理性的形象，基于通报的公文式话语，表现出一种单一冷漠的情感，在面对质疑时会表达“我们已经尽力了”的真实状况，在通报事件时偶尔会采用“家属情绪稳定”这样的措辞，公众激进的情绪在淡定的政府情绪面前遭遇“滑铁卢”。当理性的诉求无法得到满足时，其理性讨论便容易向情绪化表达转向，这些情绪加上思维定势中对部分公权力群体的刻板印象，使得原本模糊的信息更加扑朔迷离，公众激进的情绪迅猛发酵，不满声音便在整个舆论场产生。

三、网络生态失范失序越轨问题频发

网络生态同社会生态一样，网络生态也容易受到来自网络空间的各类信息、各个群体、各种行为的污染。在人人都是网络信息内容的生产者与传播者的时代，虚假、诈骗、攻击、谩骂、恐怖、色情、暴力等充斥网络空间，利用网络进行欺诈活动，散布色情信息，进行人身攻击，兜售非法物品等也屡见不鲜，网络生态建设面临严峻的挑战，互联网治理任重而道远。

一是，网络谣言与虚假信息是顽疾。网络谣言以其制造成本低、传播速度快、影响范围广、隐匿性强，给国家安全、社会稳定带来巨大威胁，网络谣言向移动社交网络渗透的趋势加剧。新冠疫情期间，在病毒肆虐的同时还有另一种“疾病”——“信息疫情”（infodemic），在海量真假难辨的信息中，人们很难找到可靠的信息来源并获得指导。《美国热带医学和卫生杂志》的一项研究通过整理2300多条不实信息总结出“信息疫情”中谣言占比为88%，[①]“新冠病毒是新型生化武器”、“喝高度白酒可以预防新冠肺炎”、“开窗通风会带入有病毒的空气”等谣言充斥于各种传播渠道，扰乱了正常的信息传播秩序，影响了公众对新冠疫情的正确认知。一些媒体为了抢占信息先机，在信息未经证实时就发布不确定信息。美国科学史学家伯纳德·科恩（Bernard Cohen）曾指出“在多数场合，媒介也许不能控制人们去想什么，但在引导人们怎么想时却惊人奏效”[②]。

---

① 唐风：《重大突发公共卫生事件中的信息疫情管理研究》，《情报探索》2021年第3期。

② Bernard Cecil Cohen, *The press and foreign policy*, Princeton: Princeton University Press, 1963, p.13.

二是，网络安全威胁和风险更具危害性。新一代信息技术在国家政治、经济、文化等领域的应用日益广泛，网络连接成为经济社会运行的重要形态，数据资源成为国家发展重要的战略资产。与此同时，网络安全威胁和风险凸显，并向政治、经济、文化、社会、生态、国防等领域不断传导，特别是国家关键信息基础设施正在遭受多重安全威胁。2015 年底，乌克兰西部地区电网遭受到黑客的攻击，造成当地 1/4 的变电站瘫痪近 6 小时，约 140 万人受到影响。事后查明，乌克兰电力系统感染了名为 Black Energy（黑暗力量）的恶意软件，该软件不仅能够关闭电力设施中的关键系统，还能让黑客远程控制目标系统。实际上，全球每年发生的大型工业网络安全事件数量居高不下，雷诺、日产等汽车制造厂商都曾遭受网络安全威胁，多国能源、通信等重要行业遭受损失，我国教育、能源、通信领域也受到过波及。

三是，互联网垄断和不正当竞争成为新问题。近年来，数字经济竞争态势愈发激烈，然而在正常的竞争秩序之余，也滋生了网络制假售假、虚假广告、流量劫持、刷单炒信、大数据杀熟、平台“二选一”等新型违法违规行为，严重影响互联网行业生态，侵蚀公众的个人数据安全，成为平台治理亟待解决的新问题。在数据垄断方面，平台企业独占数据的趋势明显，因为平台企业拥有庞大的用户规模，而用户所有的行为均被记录下来，因此形成了海量数据，这里面有合法的商业数据，也存在处于灰色地带和监管边缘的越界索权、过度收集信息，涉及侵犯公民个人隐私问题，海量的敏感用户数据是盈利的重要来源，也成为平台垄断问题的根本原因。在算法垄断上，平台拥有强大的技术操控权，率先确立以企业利益为中心的算法规则，且以商业秘密为由选择不透明不公开算法，即使是向社会公开算法，由于强技术和数据特征，普通公众也根本无法认知和看透算法，形成“算法黑箱”，而政府部门本身的技术弱势也导致对其监管和违法调查存在困难。

四是，互联网直播与网红行业乱象丛生。自网络直播诞生以来，直播乱象一直伴随着网络直播行业的越轨式发展。尤其是近年来，随着“网红经济”的高速发展，在巨大利益的诱惑和驱动下，一些平台、网络主播打起“擦边球”，商品质量难以保证、售后难以保障、直播数据造假、虚假宣传，直播“翻车”事件频发。除了以商品交易为特征的直播平台外，还有大量直播平台以社交和娱乐为属性，部分直播“网红”衣着暴露、搔首弄姿，低俗化倾向明显，甚至违法违规和违反社会公序良俗原则，严重侵害青少年心理健康，严重扰乱网络生态秩序。网络直播行业点多面广、野蛮生长、乱象丛生。

五是，个人隐私泄露与数据安全日益凸显。用户信息在助力行业创新与社会发展中的作用日益凸显，互联网企业基于对价值利益的追求，个人信息收集和使用的边界不断被拓展，通常被视为具有私人属性的信息往往也被应用于商业目的，甚至为了收集个人隐私，强制绑定、强制关注、隐性收集，从 Facebook 大规模数据泄露风波到支付宝年度账单的隐私争议，个人隐私泄露和信息保护问题置于社会焦点。此外，由平台公司数据交易管理带来的数据跨境流动更具复杂性和敏感性，共享单车、共享汽车、餐饮外卖等平台公司收集了我国土空间全时空数据，一旦流动到国外，将会对国家安全造成重大威胁。

四、网络意识形态斗争日趋激烈复杂

世界百年未有之大变局加速演进，全球政治经济格局发生深刻变革，某些西方国家为遏制中华民族伟大复兴的进程，凭借着自身的资本优势与技术优势，利用互联网加紧对我国进行渗透、颠覆、破坏。随着我国关于网络安全管理体制机制的完善，意识形态所处的环境以及所呈现的方式均发生了深刻变化，西方敌对势力不断变换噱头外衣，隐藏在虚假外衣内的网络意识形态斗争更加激烈复杂。

（一）西方意识形态话语权主动攻势强烈

中国建设发展取得了举世瞩目的历史成就，但是这些成就在西方解读框架下就走了样、变了味，一些西方国家将我国意识形态置于西方文明中心论视角中进行解读，将我国倡导的社会主义自由、民主、公正、法治等价值观视为西方文化的逻辑推演。传统的“人权”、“民主”、“自由”等话题的舆论吸引力正在下降，西方敌对势力正在制造新的话题切入点，涵盖经济发展、生活模式、人权保障、国家主权等各领域。各种错误思潮在西方国家成功发挥了转移其内部民众视线、释放社会压力的作用，并不断通过互联网向我国进行渗透，进而加深西方人民对中国的偏见。

尤其是争议性网络公共议题导致非理性话语泛滥，撕裂价值共识。网络意识形态因其政治属性更容易引起民众争议，尤其是缺少完整信息或解释不到位时，涉及意识形态的对立性谩骂、嘲讽、抹黑、诽谤、恐吓等言论与情绪不断蔓延，表面上看，围绕争议性公共议题的粗言恶语，在某种程度上使网民的愤怒情绪得以宣泄，完成了所谓的反击或正义审判，但却导致阶层对立、政府公信力下降、报复情绪滋长，一定程度上弱化了我国主流意识形态影响力。①特别是在人们的认知空窗期，抛出一些所谓“解渴”的论调，容易误导人们的认知，进而危害我国意识形态安全。

（二）以社会舆情为切入点的搅局意图明显

很多问题本来只是民生、经济、社会问题，但有人就是想借炒作这些问题在党和人民之间打下楔子，消解党和政府公信力，消蚀党的执政基础。习近平总书记指出：“事实证明，网上发生的一些重大事件以及由此引发的重大社会事件，从来都不是个别人一时心血来潮搞起来的，而是各路角色粉墨登场、联手行动的结果，是有选择、有预谋、有计划、有组织的。”②敌对势力不放弃任何

① 参见李江静、徐洪业：《准确把握互联网意识形态话语权争夺的新形势》，《红旗文稿》2015年第22期。

② 中共中央党史和文献研究院编：《习近平关于网络强国论述摘编》，中央文献出版社2021年版，第56页。

以社会问题、经济问题为切入点的搅局，企图将其粉饰为“政治问题”，社会舆情泛意识形态化风险加大。

（三）资本对主流意识形态的渗透态势加剧

随着媒介市场化改革推进，资本的逐利冲动使其通过各种方式进入网络虚拟空间。必须看到，资本与互联网的结合催生了更多互联网产品形态，更加适合现代人生活的品味和步伐，确实激发了人们参与虚拟活动的热情，而且以高效的配置效率和强大的推广能力，推动了数字经济的迅猛发展。但在此过程中，资本的“经济人”属性过度彰显，致使网络市场秩序混乱，衍生影响意识形态安全的风险。

境外资本将其触角扩展至我国意识形态领域，通过社交平台等操控舆论，将一些纯粹的民生事件推至热搜榜，并指向政府管理和运行，控制网民的政治意识、价值观念、道德思维、审美能力。有的通过参与我国境内大型互联网公司的发展经营，参与互联网企业的发展决策，制造话题，意图掌握意识形态舆论的走向。有的以所谓“基金会”、“研究会”、“培训中心”等名义打造民间机构，接受境外资金资助，通过网络营销、网络水军、网络“大V”等渠道，宣传西方所谓“普世价值”理念。部分掌握互联网管理权的国家，还试图利用其舆论管控力，持续升级舆论战、叙事战、认知战态势，意图消解社会主义核心价值观。

（四）算法传播潜藏着意识形态安全风险

我国高语境文化中蕴含着复杂的语言系统、隐晦的情感表达，历史虚无主义等往往通过反讽、暗喻、联想等方式渗透价值观念，大数据算法“嗅”不到这种藏于文字字面意思背后的异味腐味，甚至还将其解读为正常的话语表达并置于信息推荐的队列之中，最终算法推荐为历史虚无主义、自由资本主义等异化意识形态“背书”。算法推荐帮助用户从信息海洋中筛除冗余、过滤噪音，表面看似为用户创造更好的信息获取体验，但算法在不断地捕捉用户数据、不断地替用户作出信息选择的过程中，潜在地控制了数据流向，抑制了用户信息接触的范畴和深度，悄然间规训和形塑着用户的认知，在看似轻松的生活方式之下影响着用户作出复杂判断和决策的能力。

算法先天的技术性特质为其披上“科学”、“客观”、“中立”的工具外衣，然而算法的设计者、使用者却是有价值观偏好和意识形态属性的活生生的个体，加之当前资本逻辑的嵌入、流量至上的市场运作模式，算法的意识形态属性愈发彰显，算法黑箱、算法偏见、隐私侵犯等给主流意识形态的传播带来挑战和风险。

（五）自媒体野蛮生长抢夺意识形态话语权

在传统媒体主导的时代，政府一般通过控制传媒、运用内容和目标导向来形成统一的舆论，以此来主导社会意识形态；或通过控制信息，有意识地利用大众传媒来影响公众的认知和判断。① 然而，新媒体时代庞大的自媒体消解了主流媒体传播力影响力，占据了公众获取信息的渠道，微信公众号、微博、抖音等个人用户平台所发布的信息聚合起来的社会影响力，分散了报纸、电视、广播等媒体的信息传播能力。

意识形态话语权正由传统的党政宣教部门、舆论传媒机构和高层理论学者向网络传媒大亨、网络“意见领袖”和自媒体转移，政府不再是网络意识形态的完全操控者。必须要注意到，部分网络“意见领袖”以“社会公器和公共利益代言人”的角色出现，频繁炒作政治敏感信息和话题，对社会问题进行别有用心的解读，是有害信息传播的推波助澜者。②

---

①　参见朱效梅、谢萌：《网络意识形态话语权建构研究》，《社会主义核心价值观研究》2016年第3期。

②　参见徐海燕：《中国政务舆情：格局、挑战及回应机制》，《贵州社会科学》2020年第6期。

（六）主流意识形态话语权整合能力不足

新时代我国网络意识形态话语权还存在整合能力不足、创新滞后问题。从话语内容上看，对马克思主义理论的创新力度不够、解释力度不足，回应现实问题不及时、不全面，导致网络意识形态话语内容相对枯燥、抽象，且局限于宏大叙事。从传播方式来看，由于话语传播方式缺乏创新，对当前新媒体传播特点研究与借鉴不足，导致网络意识形态话语传播方式单一、封闭，靠一个腔调、一种风格包打天下。从话语表达来看，话语表达政治化、空泛化，尚未将抽象性、理想化的主流意识形态内容转化为生动、形象的语言形式，“说教色彩过于浓厚，灌输痕迹过于明显”。从传播理念来看，传统意识形态话语权“宏大叙事”采用“自上而下”的传播，这样的传播方式难以适应网络社会“扁平化”的需要，网络意识形态话语权的整合能力还不足。①

列宁曾经指出：“谁的后备多，谁的兵源足，谁的群众基础厚，谁更能持久，谁就能在战争中取得胜利。”②网络意识形态斗争是一场看不见硝烟的战争，激烈斗争的背后是为了争夺网络大众的思想认同，只有掌控“舆论”控制权，才能真正获得有民众支持的“更高质量”的权力，③否则就要犯无可挽回的历史性错误。

五、提升党员干部媒介素养迫在眉睫

习近平总书记指出，“人在哪儿，宣传思想工作的重点就在哪儿”④。群众都上了网，民意也就上了网，网络空间应该成为我们党凝聚共识的新空间。党中央、国务院从顶层设计的高度部署谋划，意在做好政务公开、民意沟通工作，

① 参见李豪男：《新时代我国网络意识形态风险防范及实践路径》，《上海理工大学学报（社会科学版）》2022 年第 1 期。

② 《列宁全集》第 37 卷，人民出版社 2017 年版，第 233 页。

③ 徐海燕：《中国政务舆情：格局、挑战及回应机制》，《贵州社会科学》2020 年第 6 期。

④ 《习近平谈治国理政》第三卷，外文出版社 2020 年版，第 318 页。

进而提升政府形象和公信力。

2016 年 8 月，国务院办公厅印发的《关于在政务公开工作中进一步做好政务舆情回应的通知》（国办发〔2016〕61 号），明确了政务舆情回应责任，明确了需要重点回应的五大类政务舆情，并对舆情回应时间、方式、态度、内容等提出了要求，为党员领导干部做好政务公开和舆情回应提供了遵循。

特别需要指出的是，这是首次在官方文件中提"政务舆情"，以前更多使用"网络舆情"、"社会舆情"这样的表述，使用"政务舆情"是国家治理对于舆情的重视和重大舆情升级理念。网民就是人民，舆情就是民意，民意背后是国家治理，从表述的转变上可见党委和政府的严肃理念和担当意识。自古以来，我国就有"以观风俗，知得失"的传统，有着丰富的舆情治理的历史实践与制度智慧，对于"以人民为中心"的中国共产党人来说，重视舆情，研究舆情，及时回应舆情关切，更是题中应有之义。

通过一系列部署安排，各地区各部门政务公开、舆情回应、意识形态工作取得较大进展，发布、解读、回应衔接配套的政务公开工作格局基本形成，舆情回应意识进一步增强，引导能力也得到大幅度提升，在突发事件、政策误解误读、人民重要关切面前，能够做到"有回应"、"快回应"，处置工作和引导效果逐渐显现。

但是与互联网对政府治理的要求相比，与人民群众的期待相比，一些地方和部门舆情处置和引导效果不尽如人意，甚至出现政府回应失效现象，体现为许多舆情在短暂平息后又死灰复燃，导致政务网络舆情与政府回应长期处于巨大的矛盾张力之中，形成久治难愈的"溃疡面"，甚至正是由于政府的回应才点燃了舆情，导致舆情发酵甚至失控，严重牵扯政府注意力，严重影响政府公信力，甚至还会陷入"塔西佗陷阱"的危险。

互联网日益成为意识形态斗争的主阵地、主战场、最前沿，如何做好舆情处置工作、舆论引导工作，如何有效敏捷治理网络环境，是政府职责所在，也是党员领导干部必须勇挑的重担。党的十八大以来，习近平总书记多次强调党员要增强运用新媒体的能力，不断提高媒介素养，解决好“本领恐慌”问题，不仅关涉党和政府治理能力的强弱与治理效能的优劣，也是影响党和国家事业长远发展的关键因素。

本章小结

本章重点阐释了新媒体环境给治国理政带来的变化与挑战。新媒体环境下舆论关注的对象发生了转变，话语权力发生了转移，治理风险发生了转化。

从关注对象上看，全体党员干部都已经受到新媒体环境下舆论的审视。党员干部群体在媒介环境中扮演多重角色，是媒介信息的使用者，是媒体报道的信息源，是舆论监督的重要对象，还是媒介环境的管理者和维护者。既往研究较多关注“领导干部”群体，实务界也较多将“领导干部”作为培训的主要对象，但是基层干部或普通党员，在舆论监督的“共景监狱”中上演着“雷言雷语”乱象，严重损害党和政府形象。

从技术形态上看，新媒体推动社会话语权力转移。新媒介技术的发展催生了自媒体、平台媒体、社交媒体等丰富样态，传统的政府和主流媒介主导的“中心化”舆论格局被打破，形成了“去中心化”的格局，传统社会话语权力体系被解构，并让渡话语权力。然而，这种解构和让渡并没有带来网络意识形态话语权的平权化，而是在信息生产与传播交互中，形成了话语权力的“再中心化”，话语权力向少数人手中集中，催生了网络“意见领袖”。政府、传统媒体、网络“意见领袖”等多元主体共同争夺新媒介环境下的网络话语权。

从社会治理上看，百年未有之大变局带来风险挑战。“大变局”下社会结构性矛盾凸显，人们的利益诉求激增，权利意识、法治意识不断觉醒，对国家和社会治理有更高期待，网络新媒体成为利益相关者将诉求闹大的重要途径，舆情日益成为经济社会发展的“伴生物”，并在其演化发展的过程中发生勾连转化，复杂性危害性加剧。不仅如此，网络空间谣言与虚假信息肆虐，网络安全威胁和风险不断，互联网垄断与不正当竞争频发，互联网直播与网红乱象丛生，个人隐私泄露与数据安全问题凸显等，网络生态失范失序越轨问题亟待治理。敌对势力为遏制中华民族伟大复兴的进程，凭借其资本优势与技术优势，利用互联网加紧对我国进行渗透、颠覆、破坏，网络意识形态斗争日趋激烈复杂。

面对汹涌的网络舆论环境，党员干部存在“本领恐慌”问题，导致舆情处置不好、舆论引导不佳，舆论斗争还不彻底，利用媒介进行国家和社会治理还不充分。习近平总书记多次强调，过不了互联网这一关，就过不了长期执政这一关。要解决好“本领恐慌”问题，迫切需要深入研究党员干部媒介素养的理论内涵，提出媒介素养的评测标准，用理论的高度引领实践，用实践的效能检验理论，从党和国家事业发展的高度切实提升全体党员干部媒介素养能力和水平。

第三章　党员干部媒介素养的新要求、概念内涵及特征

党员干部媒介素养关涉党的执政能力、国家治理效能，是掌握意识形态工作领导权的重要着力点，是坚决打赢网络意识形态斗争的关键要素。网络舆情处置不好、网络舆论引导不佳，往往指向“党员干部媒介素养不高”，党员干部媒介素养也因此成为承接负面效能的“原罪”，但具体是哪方面的问题并没有说清楚。这背后的原因是党员干部媒介素养的概念内涵尚且语焉不详，框定内容的研究也付诸阙如，更少有对其评价指标的深度研究，影响党员干部媒介素养研究向纵深发展。本章内容根据新时代习近平总书记对党员干部媒介素养提出的新要求，着重对党员干部媒介素养的概念内涵、鲜明特征等基本问题进行剖析阐释。

第一节　新时代党员干部媒介素养新要求

党的十八大以来，习近平总书记高度重视互联网建设和治理，亲自主持召开全国宣传思想工作会议、党的新闻舆论工作会议、网络安全和信息化工作会议，就网络强国重要战略、全媒体时代和媒体融合发展、加强国际传播能力建

设等进行中央政治局集体学习，在吸收借鉴中国共产党关于干部媒体能力建设经验与思想的基础上，对党员干部提出要善于运用网络了解民意、走好网络群众路线、提高对网络舆论的引导能力、增强同媒体打交道的水平、提高用网治网水平等新思想新观点新要求。这些新思想新观点新要求，是新时代党员干部提升媒介素养所需遵循的基本要求。深入研究习近平总书记的重要指示要求，有利于从理论高度丰富和把握党员干部媒介素养的内涵，有利于指导党员干部媒介素养研究的实践方向。

一、通过网络走群众路线

要实现“两个一百年”奋斗目标，实现中华民族伟大复兴的中国梦，需要全社会方方面面同心协力，需要全国各族人民心往一块想、劲往一块使。全社会范围凝聚共识工作不容易做，人心是最大的政治，就是要在最大范围内争取人心。古今中外，优秀的政治家莫不以民为本，体民情、抚民心、顺民意。[①] 互联网时代，老百姓上了网，民意也就上了网。网络空间已经成为人们生产生活的新空间，也就应该成为我们党凝聚共识的新空间，需要构建网上网下同心圆。

2016 年 4 月 19 日，习近平总书记在网络安全和信息化工作座谈会上发表重要讲话，他指出，“各级党政机关和领导干部要学会通过网络走群众路线，经常上网看看，潜潜水、聊聊天、发发声，了解群众所思所愿，收集好想法好建议，积极回应网民关切、解疑释惑。善于运用网络了解民意、开展工作，是新形势下领导干部做好工作的基本功。”[②]2018 年 4 月 20 日，习近平总书记在全国网络安全和信息化工作会议上再次强调：“各级党政机关和领导干部要学会通过网络走群众路线，提高通过互联网组织群众、宣传群众、引导群众、服务

① 参见董根洪：《论王阳明的治国理政思想》，《贵州大学学报(社会科学版)》2015 年第 2 期。

② 《习近平谈治国理政》第二卷，外文出版社 2017 年版，第 336 页。

群众的本领，让互联网成为我们同群众交流沟通的新平台，成为了解群众、贴近群众、为群众排忧解难的新途径，成为发扬人民民主、接受人民监督的新渠道。”①

群众路线是党的根本工作路线和根本工作方法，是党的三大作风之一，无论在什么形势下都要毫不动摇地坚持，互联网时代依然要与时俱进走好群众路线。当前，互联网已成为公众行使知情权、参与权、表达权和监督权的重要渠道，成为群众表达意见建议、党和政府服务群众的重要平台，许多重大的公共决策，正在不断通过网络了解民意、汇聚民智。党员干部要善于运用网络了解民意、开展工作，利用网络问政于民、问需于民、问计于民，逐步推动深入了解民情、充分反映民意、广泛集中民智、切实珍惜民力的决策机制发展完善。

首先，通过网络走群众路线，是厚植网络空间群众基础的必然要求。互联网空间为群众开诚布公发表意见提供了契机，网络民意资源的聚集为党和政府的决策提供了成本低廉的管理优势。网络民意作为一种原生态民意，在反映不同群体的利益诉求时，鱼龙混杂、真假难辨。对待网络民意，各级党政干部要洞悉网络空间的民意价值，通过互联网接纳、吸收网络群众的有效意见，秉承“兼听则明、偏听则暗”的原则，用好民智，为党和国家的大政方针不断充血补钙。

其次，通过网络走群众路线，需要树立正确理念和包容心态。网民大多数是普通群众，来自四面八方，各自经历不同，观点和想法肯定是五花八门的，不能要求他们对所有问题都看得那么准、说得那么对。民众在表达公共意见热情的同时，也可能衍生出一些“刺耳的”甚至是批评、不和谐的声音。对网上那些出于善意的批评，对互联网监督，不论是对党和政府工作提的还是对领导干部个人提的，不论是和风细雨的还是忠言逆耳的，不仅要欢迎，而且要认真

---

① 中共中央党史和文献研究院编：《习近平关于网络强国论述摘编》，中央文献出版社2021年版，第12页。

研究和吸取。① 善于从各种各样的声音中甄别民意，对建设性意见要及时吸纳，对困难要及时帮助，对不了解情况的要及时宣介，对模糊认识要及时廓清，对怨气怨言要及时化解，对错误看法要及时引导和纠正，善于从网络民意中汲取养分完善工作。

最后，通过网络走群众路线，还需要相关制度规范的保驾护航。落实重大事项相关议事规则，对一些事关国计民生的重大项目或重大问题，要通过网络进行群众调研，做好舆情调研评估工作。舆情调研评估可以是正式的也可以是非正式的，可以是小范围的也可以是大范围的，主要的目的是试探舆论、探察民意、衡量决策，力争做到不通过网络了解群众情绪不决策，不通过网络征求群众意见不决策，不通过网络汲取群众智慧不决策。② 2022 年初，浙江省卫健委发布《3 岁以下婴幼儿养育成本调查问卷》，其中有一个题项“假设政府每个月给生二孩/三孩补贴 1000 元，您是否愿意生育二孩/三孩?”引起网民热议，在生育率下降、生育意愿下降大背景下，出台怎样的措施能解决民众的实际问题，能真正激发生育意愿，各地都有一些探索。在出台政策之前，浙江卫健委的做法实际就是在调研每月发 1000 元补贴是否能够真正激励大家生育二孩三孩，这是网络调研和民意调研的好做法。

二、提高对网络舆论的引导能力

新媒体环境下舆论参与主体多元、舆论表达内容丰富，网络舆论场呈现复杂性、冲突性、难控性等特点。网络新媒体成为社会热点事件曝光的主场地，成为舆论产生和发酵的主阵地，党员干部在舆论引导方面面临诸多机会和挑战，能否把握正确舆论导向，引导舆论朝着正确的方向前行，成为衡量党员干部舆论引导能力的重要标准。

---

① 参见习近平:《论党的宣传思想工作》，中央文献出版社 2020 年版，第 196—197 页。

② 参见王守光:《加强网络环境下民主执政对策研究》，《理论学刊》2009 年第 12 期。

2016年10月9日,习近平总书记在十八届中央政治局第三十六次集体学习时发表重要讲话,他指出:“各级领导干部要学网、懂网、用网,不断提高对互联网规律的把握能力、对网络舆论的引导能力、对信息化发展的驾驭能力、对网络安全的保障能力,把网络强国建设不断推向前进。”①2018年8月21日,习近平总书记在全国宣传思想工作会议上强调“要把握正确舆论导向,提高新闻舆论传播力、引导力、影响力、公信力,巩固壮大主流思想舆论”②。互联网新媒体环境下,舆论态势复杂多变,如果我们不主动、正确引导,别人就可能先声夺人,抢占话语权。必须要深刻认识和理解舆论引导的重要性,增强主动性、掌握主动权、打好主动仗,深入开展网上舆论斗争,牢牢掌握网络意识形态工作领导权。

(一)增强阵地意识,提高政治敏锐性与政治鉴别力

党和政府主办的媒体是党和政府的宣传阵地,互联网、数字媒体等新媒体是意识形态工作的新阵地,必须坚守、筑牢这些阵地,净化网络生态,营造清朗网络空间。党员干部要全面、深刻地理解习近平总书记提出的“天下并不太平”这一重要论断在网络世界中的各种体现和反映。清醒地认识舆论斗争敌强我弱的格局,这种格局短时间内还无法改变;清醒地认识西方敌对势力妄图利用互联网西化分化我国的政治图谋;清醒地认识网络意识斗争的复杂性、艰巨性。坚决防止和克服嗅不出敌情、分不清是非、辨不明方向的政治麻痹症。

要从讲政治的高度、从维护国家和社会稳定的角度,认真分析坚定各种网络舆情舆论,对各种政治性、原则性、导向性问题必须要敢抓敢管、敢于亮剑,旗帜鲜明地反对和抵制错误思潮,引导广大人民群众处理好局部真实与整体

---

① 中共中央党史和文献研究院编:《习近平关于网络强国论述摘编》,中央文献出版社2021年版,第6页。

② 《论党的宣传思想工作》,中央文献出版社2020年版,第340页。

真实、细节真实与本质真实的辩证关系，帮助澄清模糊认识、划清是非界限，不能给恶意攻击党的领导、攻击社会主义制度、歪曲党史国史、造谣生事的言论以可乘之机，对人民群众关心、关注的热点问题尽早讲、持续讲、准确讲、反复讲，对污蔑抹黑、造谣生事、恶意攻击等言行及时揭露和制止，消除生成网上舆论风暴的各种隐患。不仅是宣传部门、媒体要做思想舆论工作，全体党员干部面对危机时刻、面对歪风邪气，都要敢于斗争、善于斗争。

（二）秉持开放态度，转变舆论引导理念

党员干部要正确看待“舆论一律”与“舆论不一律”的关系。1955 年，毛泽东提出非常著名的论断：“我们的舆论，是一律，又是不一律”。“舆论一律”和“舆论不一律”是相辅相成的辩证关系：有矛盾存在就是不一律。克服了矛盾，暂时归于一律了；但不久又会产生新矛盾，又不一律，又须克服。毛泽东认为将“舆论不一律”当作一种必然现象和通往“舆论一律”的桥梁。社会本身就是在舆论不一律和舆论一律的矛盾中前进，是一致性与多样性的统一，这符合马克思主义辩证唯物主义认识论。

互联网时代，“舆论一律”与“舆论不一律”的矛盾运动关系仍然存在，党员干部的工作重点在于如何使不一律的舆论达到某种程度的一律，引导舆论朝着共同的目标和方向努力，汇聚起舆论正能量的影响力，使它服务于中心工作。习近平总书记指出，网民大多数是普通群众，来自四面八方，各自经历不同，观点和想法肯定是五花八门的，不能要求他们对所有问题都看得那么准、说得那么对。① 网络空间没有共同价值观、共同价值目标，乌烟瘴气、乱作一团，是无法成大事的。同时，新媒体环境中，人人都是自媒体，人人都有传播信息的权利，自上而下的垂直的信息结构体系被打破，集中管控的思维理念已经难以适应新媒体时代的众声喧哗，开放多元、协同治理和底线意识将是舆论引

① 参见中共中央党史和文献研究院编：《习近平关于网络强国论述摘编》，中央文献出版社 2021 年版，第 70 页。

导的重要原则。形成良好网上舆论氛围,不是说只能有一个声音、一个调子,而是说不能搬弄是非、颠倒黑白、造谣生事、违法犯罪,不能超越了宪法法律界限。①

秉持开放态度是推动网络参与合理有序的根本保障。要正确对待舆论舆情的多样性,对于理性的评论,要予以强调和扩散,增强影响力;对于善意的批评,要欢迎且认真研究和吸收,在包容和吸纳多样性的基础上,适时进行针对性的引导,增进一致性,通过耐心细致的工作找到最大公约数,最大限度促进和凝聚共识,调动各方面积极性,为实现中华民族伟大复兴的中国梦提供广泛力量支持。转变舆论引导理念,明晰舆论引导的本质是争取人心,构建网上网下同心圆。作为党员领导干部,对待汹涌而来的舆情,不能简单地当作敌情,进行封堵压,简单地平息事态。网络舆情是社会的减压阀,透过偏激、情绪化、甚至荒谬的舆情看到问题和矛盾所在,看到民心所向,进而在这种人心所向下因势利导做出相应的矛盾化解和问题处理,争取到更多的人心,争取到更多人对党和政府的亲近和认同,积累起民众对党和政府的价值和主张认同,进而升华到情感认同上。

(三)把握好"时度效",提高舆论引导质量

遵循新闻传播、网络传播的内在客观规律,是提高舆论引导质量的重要前提。1989 年,习近平在《把握新闻工作的基点》中指出"既要强调新闻工作的党性,又不可忽视新闻工作自身的规律性"②,忽略新闻规律,完全单纯强调新闻的工具性,会使媒体功能被异化,是不科学的,也是无法管理和运用好媒体的。2016 年 2 月 19 日,习近平总书记主持召开党的新闻舆论工作座谈会,他鲜明指出:"党的新闻舆论工作是一门科学,必须按照规律办事。时度效是检

---

① 参见中共中央党史和文献研究院编:《习近平关于网络强国论述摘编》,中央文献出版社 2021 年版,第 72 页。

② 《摆脱贫困》,福建人民出版社 2014 年版,第 84 页。

验新闻舆论工作水平的标尺。不管是主题宣传、典型宣传、成就宣传，还是突发事件报道、热点引导、舆论监督，都要从时度效着力、体现时度效要求。”①时度效要求是对新闻舆论工作内在规律的尊重和掌握，是运用辩证唯物主义和历史唯物主义看待和分析问题的重要成果，为新闻舆论工作指明了方向，也成为衡量新闻舆论工作是否精准有力的重要标尺。

正面宣传要把握时度效。网络新媒体崛起并发展壮大，广大人民群众都上了网，以分众化、圈层化的形式进行网络生活。新闻媒体做正面宣传，要针对各类群体网上阅读习惯和接受心理，注重个性化处理，运用群众的语言风格讲群众自己的故事，将中国道路、中国理论、中国精神寓于其中，通过“看得见的宣传”与“看不见的宣传”相结合，做到小而美、多而精，真正让群众爱听爱看、产生共鸣。

突发事件应对处置要把握时度效。发生突发事件时，正是各方关注、需要提供权威信息发布、引导网上舆情的时候，决不能失语失声，要坚持网上网下相结合，宣传部门与涉事责任主体相协同，强化主动思维，主动关照当事群体利益诉求，主动回应网民核心关切，既要早发声、多发声，还要准发声、发实声，以对党和人民高度负责的态度，抢占议程设置主动权，塑造党和政府良好形象。

舆论监督也要把握时度效。新闻媒体要保持人民情怀，真正从反映人民心声、维护人民利益、改进人民生活角度出发，保证新闻报道真实性。既准确报道个别事实，又从宏观上把握和反映事件或事物的全貌，在角度取舍、力度把握、时机选择上拿捏分寸火候，因地制宜、因时制宜，用事实和依据助推地方改进工作、改善治理，在激浊扬清、正本清源中宣示人民立场。

实践证明，“时度效”是实现正确舆论导向、实现高质量舆论引导的关键。把握好“时度效”，舆论引导便有“吸引力和感染力”，而这样的舆论导向也就

① 中共中央文献研究室编：《习近平关于社会主义文化建设论述摘编》，中央文献出版社2017年版，第46页。

能实现良善效果，相反一些政府和媒体舆论引导上出现问题，也往往是在把握“时度效”上存在偏差和失误。“时度效”揭示了网络传播、网上舆情生成演化的内在规律，是对新形势下舆论引导工作的新概括和新要求，需要党员领导干部提高认识，精准把握，认真践行。

（四）运用数字媒体技术，提升舆论引导势能

大数据、云计算、人工智能、5G 等新技术向信息传播的深度融合，为信息传播开启了一个更广场域、更具深度的媒体时代。“算法”作为主要驱动力，深刻嵌入到信息生产、分发、反馈的各个环节，重构了当代信息传播的结构与生态；“虚拟现实”技术引领用户进入场景体验具有全知叙事、在场体验的传播效能。“全媒体”技术把报、刊、网、端、微、屏协同融合起来，使得党中央、国务院的决策部署能够及时触达各级党委、政府以及广大人民群众。数字媒体技术的发展与应用为舆论引导提供了新的传播手段和技术保障，在强化公众参与意识、增加情感共鸣、消解偏见等方面具有巨大作用，能够为提升舆论引导势能带来新的契机。①

数字媒体场域大数据算法的加持使得用户需求以鲜明的形态浮出水面，算法通过聚合全网文本、有效数据抓取、自动语义分析等，可以精准识别不同群体理论和实践中的盲点、堵点和痛点，分析定位民众特定阶段对理论需求的侧重点，理论传播以可视化、数据化的网民需求图谱为依据，指导选题策划、作品设计和内容生产，舆论引导由传统“大水漫灌”的传播模式转向用户中心的“精准滴灌”。②

数字媒体场域虚拟现实技术的运用能够巧妙、纵深地呈现重大公共事件的背景、发展阶段、结果等，帮助公众理解事件背后的价值与意义。沉浸式体验突破了传统报道的条线叙事结构，采用一种全方位、多层次、互动式

---

① 参见付翔：《“5G+VR”为新闻舆论引导带来新契机》，《人民论坛》2020 年第 18 期。
② 参见冀翠萍：《如何在智媒场域做好理论传播》，《学习时报》2021 年 8 月 2 日。

的叙述形态，为公众提供情景化的信息接触体验，强化代入感，促使公众积极投身到相关事件议题的思考与讨论中。全身心沉浸在内容报道场景中，感受事件发生的环境背景、人物命运等，增强用户的情感认同，有利于中华优秀传统文化的扩散和传播。特别是以社会主义核心价值观为引领，积极制作宣传中华传统美德、优秀传统文化的虚拟现实作品，在确保文化正能量和思想深度的前提下，推动中华优秀传统文化在当代的创造性转化与创新性传播。

数字媒体场域全媒体技术的运用构建了信息无处不在、无所不及、无人不用的信息空间。习近平总书记指出"构建全媒体传播格局，不断提升传播力、引导力、影响力、公信力"①，要求我们抓住媒体融合发展的重要机遇，拓展新渠道新平台，用好新媒体新技术，推进主渠道和新阵地的深度融合，不断扩大主流价值影响力版图，覆盖最大数量和最丰富层次的理论传播受众。② 要求我们充分利用全媒体技术，突破单一信息传播的局限，融合多媒体信息形态，为用户打造全新的视听盛宴，实现内容创作上的创新。同时，注重以用户体验为基准，以用户需求为重点，进一步提高个性化、人性化，讲究易用性、可用性，改进界面交互方式，增加互动、反馈渠道。③

三、增强同媒体打交道的能力

与媒体打好交道是党员领导干部执政的常态，也是党员领导干部的"必修课"。2009 年 3 月 1 日，时任中央党校校长的习近平在中央党校春季学期开学典礼上强调，"各级领导干部要提高同媒体打交道的能力，尊重新闻舆论的传播规律，正确引导社会舆论，要与媒体保持密切联系，自觉接受舆论监督"④。党的

① 习近平：《加快推动媒体融合发展构建全媒体传播格局》，《求是》2019 年第 6 期。

② 参见熊若愚：《理论传播效果评估研究述要》，《党政论坛》2020 年第 12 期。

③ 参见路鹃等：《政务新媒体用户体验与发展对策研究——以国务院 APP 为例》，《中国出版》2019 年第 13 期。

④ 习近平：《领导干部要加强党性修养提高综合素质》，《人民日报》2009 年 3 月 2 日。

十八大以来，习近平总书记又先后在2016年党的新闻舆论工作座谈会和2019年十九届中央政治局第十二次集体学习时指出，“领导干部要增强同媒体打交道的能力，善于运用媒体宣讲政策主张、了解社情民意、发现矛盾问题、引导社会情绪、动员人民群众、推动实际工作”①以及“各级领导干部要增强同媒体打交道的能力，不断提高治国理政能力和水平”②。从习近平总书记强调提高同媒体打交道的能力来看，每一次所关注的侧重点均有所不同，给予的期望也越来越高。③

（一）领导干部要自觉主动接受媒体舆论监督

习近平总书记关于新闻宣传的论述里深深嵌入自觉接受舆论监督的基因。1989年，在福建宁德担任地委书记期间就曾提出：“各级党组织和政府应欢迎新闻工作者报喜也报忧，拿起舆论监督武器，对自己工作中的问题和各种腐败现象进行揭露批评。各级党政领导要正确对待新闻监督，要树立开放、开明的态度，对记者不应求全责备，要与新闻记者交朋友，把新闻监督看作对地方工作的支持，为新闻监督创造一个良好的政治环境。”④2004年，在浙江担任省委书记期间，又强调领导干部要欢迎舆论监督，他指出“我们的权力是人民赋予的，领导干部作为人民的公仆，必须自觉接受监督”，“各级领导干部都要欢迎舆论监督，主动接受舆论监督，通过运用舆论监督，改正缺点和错误，努力把工作做得更好。”⑤

2009年前后的一段时间，社会上发生了“躲猫猫”、温州“购房门”、邓玉娇等多起影响恶劣的舆情事件，而负责信息公开的领导干部却是“畏首畏尾、

① 《习近平谈治国理政》第二卷，外文出版社2017年版，第334页。

② 《习近平谈治国理政》第三卷，外文出版社2020年版，第320页。

③ 参见陈雪丽：《新时代领导干部提升媒介素养的现实逻辑与实践路径》，《中国井冈山干部学院学报》2022年第2期。

④ 《摆脱贫困》，福建人民出版社2014年版，第86—87页。

⑤ 《之江新语》，浙江人民出版社2007年版，第55页。

躲躲闪闪"不敢面对公众，[①]更是出现了"危机事件因媒体而存在"，"防火防盗防记者"的错误认知。值得注意的是，"应对媒体"或"媒体应对"成了当时一些干部培训班的热门课程。"应对媒体"这样的提法，直接体现出领导干部面对媒体的心态是被动而不是主动开放，也从侧面反映出领导干部与媒体打交道的心理恐慌。[②]

党员领导干部要正确面对舆论监督。新媒体环境下，媒体的监督意识、公众的权利意识不断增长，许多不适应媒介环境的党员领导干部应声落马。在舆论监督之下，这是社会现实也是媒介社会发展的必然态势。党员领导干部不能回避也无处躲藏，要以开放的心态尊重媒体、对待媒体，要有主动接受监督的意识和心理准备，正确面对和坦然接受舆论监督，"把舆论当回事"，适应在"聚光灯"、"显微镜"、"放大镜"下生活，多拿舆论当镜子，通过舆论监督及时发现问题和不足，通过监督改进工作、提升效能。

（二）领导干部要善于运用媒体推动实际工作

我们党历来重视运用媒体推动实际工作，在革命、建设和改革各个时期，利用报纸、广播、电视等"深入地宣传解释党和政府的政策"，将媒体视为"组织和领导工作的极为重要的工具"，"通过报纸加强党和群众的联系"，媒体要"贴近实际、贴近生活、贴近群众"，这些是新形势下党员领导干部运用媒体的重要理论来源。习近平总书记在各个工作时期都十分重视运用媒体推动实际工作，给各级领导干部作出表率，他在福建宁德地区接受新华社福建分社记者的采访时指出，"善于运用新闻推动工作，实际上是一种领导水平和现代工作方法的表现"[③]。他认为，运用新闻推动工作，把党委政府各项重要工作公开

---

① 参见翟霞、冀翠萍：《我国领导干部媒介素养研究的现状分析》，《理论学刊》2018 年第 1 期。

② 参见王彩平：《领导干部提升媒介素养之道》，《学习时报》2014 年 12 月 15 日。

③ 《摆脱贫困》，福建人民出版社 2014 年版，第 85 页。

化、透明化，既能增进人民对于党和政府的信任，也能让“权力在阳光下运行”，更有效地推进各项改革建设，还提出了明确的学习运用现代传媒新手段新方法的内行标准与目标，[①]在信息传播渠道空前发达和网络传播乱象丛生的背景下，党员领导干部运用媒体及时发现问题、有效引导情绪和全面动员群众，这对于维护经济社会稳定发展至关重要。

要发挥媒体“喉舌”功能和“放大器”作用。各级党委政府在执政过程中产生和掌握的信息，是形成引导和影响舆论的重要资源。领导干部要善于用好这一施政资源，采用多种方式、多种渠道披露这些媒体公众关心的信息，而不是“千呼万唤始出来，犹抱琵琶半遮面”，信息的披露过程就是影响和引导媒体和公众的过程，让党委政府的政策方针和决策部署广为人知、深入人心。要重视和运用好媒体的民意桥梁作用，通过来自基层的新闻报道，通过深入调研的深度报道，真实了解社情民意，知悉群众的所思所盼所想，从媒体报道中对标先进找差距，明确自己的施政方向。

要发挥媒体对于社会情绪的纾解作用。正确的新闻舆论不仅可以鼓舞群众的士气、激发群众的热情、凝聚群众的力量，还可以引导社会情感、调适社会心理、化解负面情绪。媒体作为社会重要力量，需要承担起引导社会价值取向与推动社会文明发展的重任，特别是非理性情绪面前，媒体扮演着社会心理按摩师的角色，其积极引导作用不容忽视。2020 年新冠疫情袭来，慌乱、未知等情绪充斥于网络，大量主流媒体积极传递正能量，纾解焦虑情绪，增强公众信心，彰显人文关怀，促进政府、专家与公众良性对话，给公众营造积极、健康的社会氛围。

（三）领导干部要运用媒体提高治国理政能力和水平

新形势下党员领导干部治国理政，需要应对长期执政的考验、改革开放的

---

① 参见刘光牛：《当代中国新闻理论的重要创新与发展——习近平新闻舆论观阐述分析》，《中国出版》2016 年第 7 期。

考验、市场经济的考验和外部环境的考验，需要破解精神懈怠的危险、能力不足的危险、脱离群众的危险和消极腐败的危险，需要协调推进“四个全面”战略布局，需要推进中国特色社会主义伟大事业、中华民族复兴伟大梦想、党的建设新的伟大工程、具有许多新的历史特点的伟大斗争，需要面对我国发展起来以后面临的人与自然矛盾的挑战、人与社会矛盾的挑战、人与人矛盾的挑战以及人的身与心的矛盾的挑战，迫切需要党员干部努力提升战略思维能力、持续学习能力、改革创新能力、法治思维能力、统筹兼顾能力、运用媒体能力、驾驭复杂局面能力等。①

习近平总书记对党员干部运用媒体能力提出要求时，落脚点就定位在提高治国理政能力和水平，蕴含着更为丰富的意涵，是对领导干部日常工作中涉及与媒体接触时各个方面综合能力提出的层次更多、定位更高的要求，是衡量领导干部治国理政能力的一项重要指标，是领导干部终身均须不断提升的能力与素养。这表明新闻舆论工作与治国理政能力有密切关系，马克思主义的立场、观点、方法是新闻舆论工作的根本出发点，国家治理现代化又需要新闻舆论工作、媒体建设工作守正创新，为推进治理提供平台支撑、舆论支撑和环境支撑，可从以下几个方面来看。

一是，运用媒体搜集社情民意的能力。真切了解社情民意，是做好群众工作的前提和基础。利用媒体等渠道联系群众，倾听群众呼声，是我们党始终保持同人民群众血肉联系的一条重要经验。1944 年中外记者参观团访问延安，毛泽东在同英国记者斯坦因谈话时就指出：“我们十分注意倾听人民的意见”、“通过各种会议、报纸和群众的来电来信等等一切能听到人民呼声的渠道，总是能发现群众的真正的意见”。② 2016 年，《关于新形势下党内政治生活的若干准则》明确提出利用传统媒体和互联网等各种渠道了解社情民意，既体现了我们党的优良传统，又反映了鲜明的时代

① 参见倪邦文：《学悟核心能力　增强看齐意识》，《光明日报》2016 年 3 月 23 日。

② 《毛泽东文集》第三卷，人民出版社 1996 年版，第 189 页。

要求。这就要求我们既要发挥好传统媒体的优势，又要充分利用好互联网等新媒体，以更加立体、全面地了解社情民意，对掌握的社会各方面信息作冷静科学的分析，去粗取精、去伪存真，注重发现那些带普遍性倾向性的问题，做到科学决策与民主决策，做到民有所呼、我有所应，不断提高治国理政能力与水平。

二是，运用媒体应对突发事件的能力。当有突发事情发生时，党员领导干部能否在突发事件中理性看待新媒体舆论，正确处理突发事件，给予公众满意答案，化解政府舆情危机，这是影响治国理政水平的关键。运用媒体应对突发事件的能力包括突发事件快速反应和处理能力，它要求党员干部不仅具备日常政务中对媒体的引导和管理，更要具备在突发事件中的冷静、有效应对的能力①，如突发事件现场的风险识别能力、媒体沟通能力、持续的信息收集和舆情研判能力、第一时间信息发布和持续更新能力、介入事故调查的快速反应能力、处置负面报道不实消息的能力、及早公布调查结果的能力。“谁能在第一时间发布信息，谁就能吸引网民的注意力，就能获得网民的共鸣，谁在信息上占据了主动地位，谁就能在网络世界拥有话语权”②。

三是，运用媒体进行有效传播的能力。党员干部迫切需要采取恰当的传播形式、传播内容、传播渠道和媒介互动，迅速精准且有效触达手中，进而达到舆论传播与引导的目的。有效传播是传播学关注的重点内容，党员干部的传播行为不仅要发生，而且要推动高质量效果，因此，有效传播能力与传播内容生产、传播渠道的把控、受众的分析与研判等密切相关，有效传播能力的评估评价与舆论引导效果有关，引导效果好，说明有效传播能力强；反之，则说明有效传播能力还比较弱，需要对舆论引导效果的评测来修正传播策略与方案，进而提升有效传播能力。

---

① 参见赵春丽、付捷：《新媒体时代政府舆论引导能力体系结构初探》，《湖北社会科学》2013 年第 11 期。

② 谢金林：《政府要有效引导网络舆论》，《理论探索》2010 年第 2 期。

四是,运用媒体提升政府形象的能力。在传统主流媒体的舆论工作中,政府以公共权力身份,通过单一化和组织化的信源发布渠道,树立政府形象,获得较高的政府公信力。但是新媒体环境中,政府不再是唯一的信息来源,需要与自媒体、社交媒体等争夺话语权。由于部分地方政府、部分党员干部在舆情舆论、社会治理过程中的不当言行和作为,一定程度上损害了政府公信力,损害了党和政府的形象,党员干部运用媒体塑造形象的形式还不多、水平还不高,运用媒体提升政府形象是党员干部面临的迫切需求,也是亟待加强和关注的领域。

四、提高网络综合治理能力

网络治理能力是中国共产党运用媒体能力的重要向度之一。以习近平同志为核心的党中央高度重视网络空间治理,进行顶层设计,部署重大决策,实施重要举措。党的十九大首次提出“网络综合治理”概念,习近平总书记在2018年全国网络安全和信息化工作会议上明确提出“必须要提高网络综合治理能力”,“形成党委领导、政府管理、企业履责、社会监督、网民自律等多主体参与,经济、法律、技术等多种手段相结合的综合治网格局。”①党的十九届四中全会通过了《中共中央关于坚持和完善中国特色社会主义制度 推进国家治理体系和治理能力现代化若干重大问题的决定》,明确强调要“全面提高网络治理能力,营造清朗的网络空间”,明确将网络综合治理能力放在国家治理现代化的高度。网络综合治理不仅是传统意义上的互联网技术治理,更是包含了构筑在互联网之上的社会空间的治理②,涵盖领导管理、正能量传播、内容管控、社会协同、网络法治、技术治网等各方面。

---

① 中共中央党史和文献研究院编:《习近平关于网络强国论述摘编》,中央文献出版社2021年版,第56—57页。

② 参见崔保国、刘金河:《论网络空间中的平台治理》,《全球传媒学刊》2020年第1期。

(一)健全多元主体参与的共治格局

在网络综合治理主体中,党委领导是关键要素,党委对网络综合治理发挥着总体设计和统揽全局的作用,是"党管媒体"的根本保障。"党管媒体"强调党委对媒体政治方向的正确引导,对意识形态话语权的绝对把握,对舆论表达边界的明确要求,对网络发展与安全的总体规范。

以互联网为代表的新媒体正在不断解构原有社会结构和社会秩序,网民规模庞大,现实社会中的问题映射到网络社会之中,使得网络社会中问题集聚,需要动员多方力量,协同参与进而发挥整体优势。政府应发挥好政策引领作用,通过法律法规、规章制度、重要行动等保障和规范新媒体发展轨道;市场主体尤其是互联网企业应积极主动承担主体责任,不能成为传播有害信息、造谣生事的平台;社会组织应发挥好沟通协调作用,加强互联网行业自律,调动网民积极性,动员社会各方面的力量,形成协同效应。

(二)坚持法治思维依法管网治网

随着网信管理领导机制、管理机制的确立,网信管理相关法律法规、部门规章、规范性文件等也在逐步完善中,网络治理法治化程度不断增强,为依法管网治网打下坚实基础。

2016 年 11 月《网络安全法》作为我国第一部全面规范网络空间安全管理方面的基础性法律,明确了"网络空间主权"、"网络安全与信息化发展并重"、"共同治理"三条原则;2021 年 9 月 1 日,《数据安全法》正式施行,明确规定国家建立数据安全审查制度。2021 年 8 月 20 日,历经 10 余年的《个人信息保护法》经第十三届全国人民代表大会常务委员会第三十次会议通过,并于 2021 年 11 月 1 日起正式施行,这是国内首部个人信息保护方面的专门法律,其对一般个人信息、敏感个人信息、国家机关处理个人信息作了分类规定,对个人在信息处理活动中的权利,以及个人信息处理者应该履行的义务等做了明确界定。

同时，多项系列配套的规范性文件也陆续密集出台。2020 年 3 月 1 日起施行的《网络信息内容生态治理规定》，重点对网络信息内容生产者、网络信息内容服务平台、网络信息内容服务使用者以及网络行业组织在网络生态治理中进行规范，这是我国网络信息内容生态治理法治领域的第一份文件。2020 年 4 月出台的《网络安全审查办法》，重点评估采购网络产品和服务可能带来的国家安全风险，在 2021 年 6 月滴滴赴美上市中发现审查的监管的漏洞，于是在 2021 年 12 月紧急对该办法进行修订，规定超过 100 万用户个人信息的网络平台运营者赴国外上市时必须申报网络安全审查，通过敏捷治理随时应对数字经济发展中可能出现的各类风险。2022 年 3 月 1 日起施行的《互联网信息服务算法推荐管理规定》要求互联网企业要建立算法分级分类安全管理制度，对于具有舆论属性或者社会动员能力的算法推荐服务要开展安全评估。

（三）数字技术赋能网络治理

大数据、云计算、人工智能、区块链、5G 移动通信等互联网最新技术的发展与应用，带来了新媒体时代舆论生态紧张化、舆论话语权扩张化、舆论主体去中心化、社群化和低龄化、舆论生成机制多元化、舆论产品泛娱乐化等诸多新问题。面对这些问题，亟须管理者转化视角、改变思路，运用跨学科知识和互联网思维，寻求综合解决之道。

运用最新技术手段加强网络综合治理，提升技术治网能力和水平，规范数据资源利用，防范大数据等新技术带来的风险，提升治理的针对性和有效性。安徽省等地区牵头组建区块链发展统筹协调机制，启动省级网络综合治理大数据平台建设，稳步夯实技术管网治网基础。加强信息基础设施网络安全防护，加强网络安全信息统筹机制、手段、平台建设，加强网络安全事件应急指挥能力建设，积极发展网络安全产业。

第二节　党员干部媒介素养概念再定义

媒介素养作为一个上位概念，泛指公众媒介素养，但是面向不同行业职业群体时，其内涵与外延又有所区别。陈力丹认为，媒介素养可分为：公众对于媒介的认识和关于媒介的知识，传媒工作者对自己职业的认识和职业精神。① 丁柏铨指出主政者是媒介素养关涉的重要群体，他们掌管着党务、政务、权力，是受众又不是一般的受众，主政者的媒介素养应该被单独考察。② 彭兰认为，公众、传媒业者以及政府机构与官员的媒介素养三者既相互区别又相互依存。党员领导干部作为国家治理的“领头羊”，是公众又不是普通公众，需要承担起媒介参与、媒介生产、媒介引导、运用媒介等重任，党员领导干部媒介素养的概念内涵应该在公众媒介素养的基础上，结合党员领导干部群体所承担的媒介角色，被单独考察和研究。③

一、回顾公众媒介素养概念与内涵发展

媒介素养作为一个研究领域，近年来在世界学术界蓬勃发展。媒介素养理论伴随着人类接触媒介、理解媒介，伴随着媒介形态的不断衍生，通过媒介素养教育实践的深入而发展起来。梳理和分析媒介素养概念发展演变的过程，以及媒介素养与其他素养之间的交叠关系，有助于深入理解媒介素养概念内涵，也使得我们可以更深入地从素养这个层面来理解其构成和影响因素。

---

① 参见陈力丹：《关于媒介素养与新闻教育的网上对话》，《湖南大众传媒职业技术学院学报》2007 年第 2 期。

② 参见丁柏铨：《主政者媒介素养刍议》，《当代传播》2009 年第 5 期。

③ 参见彭兰：《社会化媒体时代的三种媒介素养及其关系》，《上海师范大学学报（哲学社会科学版）》2013 年第 3 期。

（一）媒介素养理念的演进

从20世纪20年代开始，随着报刊的进一步大众化，广播和电影等也相继出现，报刊、广播走进家庭，爵士音乐在街头随处可见，显示了媒介娱乐功能的重要性，①而这些大众媒介却极大冲击了精英阶层的价值观念。1933年，英国文学批评家ER.利维斯（Frank Leavis）和他的学生汤普森（Denys Thompson）出版了《文化和环境：培养批判意识》一书，首次就学校引入媒介素养教育的问题作了专门的阐述，认为大众报刊是文化环境的塑造者，"媚俗化"倾向非常严重，这带来了"低水平的满足"，青少年需要一种文字能力，以此来抵御大众报刊对于青少年的侵蚀。② 因此，教育界呼吁要培养青少年的媒介批判意识，使其能够辨别和抵御大众传媒的不良影响。这一阶段的媒介素养强调"免疫"范式，鼓励大众要甄别和抵制媒介的欺骗，尽可能防止青少年接触，避免大众媒介及其道德文化的侵蚀。

20世纪五六十年代，媒介素养理念以及教育理念逐渐发生变化，人们逐渐意识到媒介是人们获取信息的重要途径，不再简单排斥和盲目批评媒介，开始强调理解、判断和欣赏媒介。英国文化研究学派斯图尔特·霍尔（Hall Stuart）等人，通过对电视电影等媒介产品的用户分析，认为用户并非被动地接收知识，而是能够积极地创造自我认知③，因此，不加选择地批判大众媒介是不合适的，要兼顾到个体媒介接触中的能动性与自主思考能力。为了更好地获取媒介信息，个体必须对媒介有所了解，以此判定媒介信息是否符合事实，认识媒介信息产生的社会和政治背景，辨别媒体的意图和政治观点等。④ 这

---

① 参见[美]迈克尔·埃默里、埃德温·埃默里、南希·罗伯茨：《美国新闻史：大众传播媒介解释史》，展江、殷文译，中国人民大学出版社2001年版，第307页。

② 参见F.R.Leavis，Denys Thompson，*Culture and environment：the training of critical awareness*，London：Chatto & Windus，1933，p.35。

③ 参见Stuart Hall，"Encoding and decoding in the television discourse"，In *CCCS selected working papers*，Routledge，2007，pp.402-414。

④ 参见陈力丹：《提升媒介素养》，《东南传播》2017年第8期。

一阶段的媒介素养教育转向“解码”范式，强调要培养个体的媒介分析与鉴别能力，以此推动个体更好地获取和利用信息。

20 世纪七八十年代，媒介研究发现，媒介信息对个体的影响是存在差异的，要理解这些差异，就必须要理解媒介信息生产机制，而大众媒介具有很强的封闭性，普通用户难以建立起关于媒介生产的直接经验，这就增加了媒介内容生产的“神话化”。① 媒介素养研究的重要议题就是要解构这种神话，符号学成为新工具，学者们认为大众媒介的内容是通过符号编码而来，在编码过程中夹杂了社会、政府、权力各种因素的作用，用户作为主动的个体，被期望能够自主探索和解码，因此，即使面对相同的事实，不同个体对待事实的认知也就存在多种可能。这一阶段的媒介素养，强调要培养公众对媒介“建构现实”功能的“解码”能力，转向“批判”范式。20 世纪 80 年代后期，媒介素养作为一门独立的课程被纳入正规课程教育系统中，受教育者被要求分辨来自媒体的各种风险以及判断信息的可信度，对新闻所包含的建构属性进行批判，②从对媒介信息的质疑和批判性思考中，形成自我知识。

研究者们最初担忧大众媒介会侵蚀精英文化，因此采取了拒绝接触媒介的态度。但是，如果大众媒介铺天盖地地袭来，在拒绝不能奏效的情况下，用户个体到底该如何使用媒介、接触媒介。20 世纪中后期的文化研究中包含着强烈的批判思想，而这种思潮也指导了媒介素养研究的进路。

20 世纪 90 年代，互联网开始走进社会生活，带来了新的社交情境，改变了媒介格局，成为媒介素养研究的重要里程碑。媒介素养的研究发生了转向，一方面，互联网中的知识不是个体意义上的存在，而是个体被卷入互联网络，群体在不断的碰撞中共同建构的知识。另一方面，信息不再只是媒体生产，个

---

① 参见曾庆香：《媒介神话化——从〈泰坦尼克〉神话看传播致效》，《新闻与传播研究》2002 年第 2 期。

② 参见王贵斌：《媒介素养认知模式的迭代更新》，《现代传播（中国传媒大学学报）》2020 年第 6 期。

体也是生产信息的重要主体，改变了传统的媒介生产逻辑，网络社交技术也不仅构成了个体之间相互交流的方式，实际上已经影响了学习者的思维过程和未来意识的发展①。这一阶段，社会个体不仅是信息的消费者，还会生产信息，是信息生产消费者，积极践行消费、生产、传播等参与行为，“参与”范式是理解和解释媒介素养的重要框架。

直到 1992 年美国媒介素养研究中心给媒介素养作出定义：媒介素养是指人们对于媒介信息的选择、理解、质疑、评估的能力，以及制作和生产媒介信息的能力。这一定义将媒介素养教育思想从认识媒介转向了人的能力培养方面，成为一个有层次、多方面的概念，这一概念得到认可和引用。

中国社科院的卜卫副研究员 1977 年将媒介素养概念引入国内，提出要建立讯息批判的反应模式、发展关于媒介的认识和思想、提高对负面信息的批判和反省能力。② 之后，国内学者也纷纷开展对媒介素养的聚焦研究，对媒介素养的概念进行了本土化发展，张开将媒介素养表述为“人们获取、分析、传播和运用各种形式媒介讯息的能力”③，张志安、沈国麟将其发展为“人们对各种媒介信息的解读和批判能力，以及使用媒介信息为个人生活、社会发展所用的能力”④。媒介素养研究从媒介使用、媒介处理发展到媒介参与，用户也从被动接收转向了主动处理和积极参与，用户的主动性进一步增强。

（二）跟随媒介技术迭代的发展演变

进入 21 世纪之后，以互联网为代表的新媒体凭借强大的交互技术、即

---

① 参见 Lisa Dawley，“Social network knowledge construction：emerging virtual world pedagogy”，*On the Horizon*，Vol.17，No.2(2009)，pp.109-121。

② 参见卜卫：《论媒介教育的意义、内容和方法》，《现代传播—北京广播学院学报》1997 年第 1 期。

③ 张开：《媒介素养概论》，中国传媒大学出版社 2006 年版，第 66 页。

④ 张志安、沈国麟：《媒介素养：一个亟待重视的全民教育课题——对中国大陆媒介素养研究的回顾和简评》，《新闻记者》2004 年第 5 期。

时技术创造了一种全新的媒介景观，媒介充斥在社会生活的每个角落，并且成为当今世界的文化中心。媒介与用户、媒介与社会的互动愈加频繁，人们的日常生活也因此越来越多的受到互联网、数字媒介等潜移默化的影响和渗透，日益呈现出媒介化生存的特征。① 在媒介化社会不可逆转的潮流下，公众感受到了实实在在的实惠，无处不在的连接、即时的信息推送、精彩纷呈的在线直播等，但同时虚假信息的泛滥、个人隐私的泄露、媒介权威的盲从等隐忧弊端也暴露出来，迫切需要提升公众的媒介素养，媒介素养成为和科学文化素养一样的重要公民素养，媒介素养的内涵与外延因此也得以进一步拓展。

2005 年，美国新媒介联合会发布《全球性趋势：21 世纪素养峰会报告》，提出“新媒介素养”概念并给出定义，新媒介素养是由听觉、视觉以及数字素养相互重叠共同构成的一整套能力与技巧，包括对视觉、听觉的理解能力，对这种力量的识别与使用能力，对数字媒介的控制与转换能力，对数字内容的普遍性传播能力，以及对数字内容进行再加工的能力。② 詹金斯（Henry Jenkins）认为：“新媒介素养应该被看作是一项社会技能，更注重不同场域中的互动，而不是简单的个人信息输出。”③社交媒体的发展推动了参与式文化环境的创建，新媒介素养更加注重在数字化媒介环境中的网络社区互动交往能力，认为新媒介素养核心能力有以下 11 个维度：游戏能力、表现能力、模拟能力、挪用能力、多重任务处理能力、分布式认知能力、集体智慧能力、判断能力、跨媒介导航能力、网络能力、协商能力。④ 如图 3-1 所示。

---

① 参见蔡骐：《媒介化社会的来临与媒介素养教育的三个维度》，《现代传播（中国传媒大学学报）》2008 年第 6 期。

② 参见 New Media Consortium，A Global Imperative：The Report of the 21st Century Literacy Summit，http://www.nmc.org/publications/global-imperative，2005-08-01/2011-05-08。

③ Henry Jenkins，“Convergence Culture.Where Old and New Media Collide”，*Revista Austral de CienciasSociales*，Vol.20（2011），pp.129-133.

④ 参见 Henry Jenkins，*Confronting the challenges of participatory culture：Media education for the 21st century*，Boston：Mit Press，2009.p.45。

图 3-1　Jenkins Henry 新媒介素养概念框架

能力要素	要求	能力示例
游戏	同环境一起做实验并将其作为一种解决问题的方式	通过拆装来了解某物体是如何工作的
表现	为了发现和即兴表演而采用其他身份的魅力	为了体验新事物或者解决问题而采用不同的身份，例如在线游戏、角色扮演
模拟	解释和构造真实世界的动态模型能力	喜爱类似 FIFA 足球，模拟城市等模拟游戏
挪用	抽取有意义的媒体内容，进行内容的重新混合	综合他人的公开作品来完成自己的创作，如混合音轨、艺术拼贴、视频剪辑
多重任务	洞悉周围环境，根据需要转移注意力	听音乐的同时能够把功课做好
分布式认知	与能够扩展自己智力的工具进行有意义的交互的能力	在想了解更多关于这个主题时，通常都知道该怎么做或者向谁咨询
集体智慧	与他人一起朝着一个共同的目标探索并切磋知识的能力	乐于同其他人一起工作
判断	判断不同信息源的信度和效度	能够有限决定通过网络获取的信息是否正确和可靠
跨媒介导航	在多模式中跟随故事情节和信息的能力	能够在不同平台（TV、杂志、网络、社交媒体）上跟随自己喜爱的节目、演员、音乐家
网络	查找、综合和传播信息的能力	乐于在社交网络上分享喜爱的链接或者有创新的作品
协商	在不同的社区间穿梭，挑战和尊重多种视角，把握和遵守规范	通过上网、在线游戏、参加在线社区或论坛学习有关其他文化的新知识

霍布斯（Renee Hobbs）认为在数字时代，互动和分享是数字媒介区别于传统媒介的本质特征，媒介素养的概念应该扩展，并提出了“数字与媒介素养”的概念，将其定义为“获取、分析、评估和传播各种形式信息的能力”，研究框架主要包括五个方面：（1）媒介接触：媒介工具和技术的应用能力；（2）分析评价：批判性思考和分析能力；（3）媒介创作：信息采编与创作实践能力；（4）反映：参与和交往行为中道德思考的能力；（5）行动：团队协作和合作积极参与能力。[①] 数

① 参见 Renee Hobbs，“Digital and Media Literacy：A Plan of Action”，*The Aspen Institute*，Vol.70，No.7（2010），pp.97-109。

字化转向的媒介素养从传统的强调“媒介批判”转向了强调利用、思考、分析的“媒介参与”，在这一点上，詹金斯与霍布斯的研究是相通的。

我国学者蔡琪、李玲认为，随着信息过载时代的来临，媒介素养已经演变为新媒介素养，其重点应该从媒介批判能力转向信息管理能力，而信息管理能力又包括筛选能力、甄别能力、整合能力。①

除了新媒介素养概念外，网络素养、信息素养、数字素养等概念层出不穷。数字技术推动了网络媒介的丰富和发展，网络媒介利用数字技术使其得以实践和具象化，在这一过程中，强调公众与媒介互动的媒介素养，与强调信息检索利用的信息素养，都是公众工作生存的必备技能，两者融合的态势愈加明显。2013 年，联合国教科文组织将媒介素养和信息素养的概念进行了整合，倡导更具包容性和开放性的“媒介与信息素养”②（MIL）的概念，并提出其评估框架。“媒介与信息素养”评估体系包括了获取、评估、创建 3 项一级维度、12 项二级维度和 113 项具体表现准则，组成 MIL 三级能力矩阵。MIL 详尽阐述了每项能力的意涵，为后来的理论研究和实证研究奠定了基础。我国学者李金城就是在借鉴 MIL 框架和具体标准的基础上，聚焦我国媒介素养研究所关注的评估与创建维度，构建了公众媒介素养的测量量表，并以大学生群体为样本进行了实证检验。③

（三）媒介素养概念内涵的发展路向

由上可见，公众媒介素养的内涵丰富，从最初的认知媒介、使用媒介发展到参与媒介的各种批判性反思、理解和行动能力，且外延广泛。我国学者在深化认识和推动实践的过程中，结合我国传播环境和国情需求，不断探索媒介素

① 参见蔡骐、李玲：《信息过载时代的新媒介素养》，《现代传播（中国传媒大学学报）》2013 年第 9 期。

② UNESCO, Global Media and Information Literacy Assessment Framework: Country Readiness and Competencies, https://unesdoc.unesco.org/ark:/48223/pf0000224655_chi, 2014-07-08.

③ 参见李金城：《媒介素养测量量表的编制与科学检验》，《电化教育研究》2017 年第 5 期。

养的内涵与外延。彭兰认为以往媒介素养的定义更多是针对传统媒体时代的受众，也就是作为纯粹的消费者的受众。但是，在社会化媒体时代，受众不仅是消费者，更是内容的生产者，是媒介活动的积极参与者，社会化媒体时代的公众素养应该包括媒介使用素养、信息消费素养、信息生产素养、社会交往素养、社会协作素养、社会参与素养，媒介素养的概念内涵应该被发展，其目标是帮助个体建立良好的辨识力、交往理性以及社会责任感。① 推动公众利用媒介发出自己的声音，并且通过价值导向、社会责任意识等规范其在网络空间的交往和协作，这是当前的主要任务。

更重要的是，大数据技术的快速发展将我们带入智能传播时代，为了满足用户个性需求、增强用户黏性，媒介可以向用户提供更加个性化、精准化、定制化的信息氛围，由此产生了“数字劳工”、“机器人社交”、“信息茧房”等现象。面对媒介环境的新变化，媒介素养围绕“如何满足人的生存需求”这个本质属性没有变，变的是能力与能力背后的知识与内涵，②媒介素养的概念和内涵也需要适时更新和丰富。界定与评估媒介素养依然是需要根据传播环境的变化而不断调适的动态过程，但无论媒介素养的内涵与称谓如何变化，媒介素养研究及教育实践的问题意识始终是明确的，即关注身处被媒介高度中介化的信息环境中，媒体生产者、使用者与信息之间的关系。

二、关于党员干部媒介素养概念内涵的多元讨论

学术界对党员干部这个群体存在多种表述，“官员”、“公务员”、“领导干部”、“基层干部”等，这些对象和表述统一考察既有研究的范畴。

---

①　参见彭兰：《无边界时代的专业性重塑》，《现代传播（中国传媒大学学报）》2018 年第 5 期。

②　参见张开、丁飞思：《回放与展望：中国媒介素养发展的 20 年》，《新闻与写作》2020 年第 8 期。

（一）党员干部媒介素养概念内涵的讨论

2009年前后的一段时间，由党员干部言行举止等引发的舆情事件频发，传播者在党员干部媒介素养问题研究上倾注了较多精力，单从党员干部媒介素养概念内涵的研究上来看，产出了一系列高质量的学术研究成果。

在网络新媒体无处不在的环境中，党员干部无论从事什么工作都与媒体发生着密切联系，这就需要党员干部充分认识媒介环境和媒介规律。骆正林认为党政干部媒介素养包括对媒介的认知系统和对媒介的运用系统两部分。[①] 张品良认为，领导媒介素养是指正确全面地认识、了解媒介与政治、经济、社会、文化的关系与作用，了解传媒的传播特点与传播规律，知道评判媒体的标准。媒介素养充分反映出领导干部对媒介的认知力、理解力、思辨力和应用力，是领导干部的一种执政能力。[②]

对党员干部来说，其媒介素养应当包含媒介素养的普遍规律，具有一般规定性之外，还应重点突出党政领导干部的特殊内涵和意义。胡瑞庭阐释了领导干部区别于一般受众的三重角色，作为受传者、媒介使用者、媒介管理者所需的不同的素养要素。班允凤认为政府领导干部的媒介素养主要体现在对媒介知识的认知程度以及运用媒介为政府行政服务的能力。[③] 李军凯提出党政领导干部应该能够正确认识传媒的性质和功能，对媒介信息具有批判意识和解读能力，能够有效利用媒介信息提高执政能力。[④] 周大勇认为官员的媒介素养是指认识和使用媒介、运用媒介进行舆情分析、管理公共事务、塑造政府形象等能力。[⑤] 在

---

① 参见骆正林：《党政干部的媒介素养与执政能力建设》，《岭南学刊》2010年第2期。

② 参见张品良：《新网络环境下领导干部媒介素养的提升》，《求实》2010年第6期。

③ 参见班允凤：《政府领导干部媒介素养的内涵与提升途径》，《传媒》2011年第9期。

④ 参见李军凯、李慧宁：《新媒体环境下党政领导干部的媒介素养研究》，《传媒观察》2013年第10期。

⑤ 参见周大勇、王秀艳：《官员的媒介素养与政府形象传播》，《中共中央党校学报》2013年第4期。

以数字技术、网络技术、移动技术为载体的各类新兴媒体时代，领导干部媒介素养内涵应该有新的发展和变迁，柯晓兰强调要在传统信息读写和接受能力的同时，更强调的是信息的参与能力、研判能力、引导能力与生产能力。①

综合来看，多数研究提到了党员干部媒介素养与普通公众媒介素养的区别，部分研究提出了党员干部媒介素养的概念，但仅有极少数研究如骆正林的研究，对其内涵、外延进行了论述，大多停留在对存在问题的分析和路径对策建议。

（二）党员干部媒介素养的具象化研究

党员干部媒介素养的理论研究持续深化，应对媒体力②、舆论引导力③、舆情回应力④、媒体领导力⑤等都是在特定社会背景下的具象化"指称"。

21 世纪初，随着媒介形式的多样化，媒体已经从传统意义的"宣传工具"发展为"传播工具"和"交流平台"，舆论监督作用日渐发挥，披露最牛"钉子户"事件、瓮安事件、邓玉娇事件等社会问题和矛盾，在媒体聚焦下，地方政府被推到了风口浪尖，党员干部的任何行为都会被放大、被挑剔，公信力遭遇巨大挑战。如何面对媒体就成了各级党政部门和干部面临的一个新课题。程曼丽等研究指出，领导干部如何对待媒体、运用媒体，这影响到塑造与传播自身形象，影响到政党对舆论阵地的主导作用。⑥ 党员干部媒介素养应该侧重于掌握与媒介的交往、懂得合理地运用媒介完善自我、服务自我，着力提升善待

---

①　参见柯晓兰：《全媒体时代领导干部媒介素养研究——基于 A 省的调查》，《中共成都市委党校学报》2019 年第 4 期。

②　参见顾杰：《着力提高领导干部应对新媒体的能力》，《武汉科技大学学报（社会科学版）》2010 年第 2 期。

③　参见赵成斐：《多元舆论场中党的舆论引导能力研究》，《政治学研究》2014 年第 1 期。

④　参见赖胜强等：《政府部门网络舆情回应能力的构建》，《电子政务》2017 年第 7 期。

⑤　参见黄楚新：《论中国共产党的媒体领导力》，《甘肃社会科学》2019 年第 4 期。

⑥　参见程曼丽：《大众传播与国家形象塑造》，《国际新闻界》2007 年第 3 期。

媒体、善用媒体和善管媒体的能力。[①] 这一时期的研究,已经关注到党员干部要处理好与媒体关系,根据当时频发的舆情事件和社会问题,党员干部媒介素养研究更多带有"应对媒体"[②]的色彩。

党员干部不仅要"应对媒体",更重要的是要在同媒体打交道的过程中,引导公众围绕特定社会问题达成社会共识,形成社会发展的同心圆,需要关注舆论引导能力的提升问题。2008 年 6 月 20 日,胡锦涛总书记视察人民日报社时强调要把提高舆论引导能力放在突出位置,有研究者指出关于能起舆论引导作用的有多股社会力量,不仅有大众传媒及从业者,还有领导者及管理者、有关社会组织、团体、民间的"意见领袖"等。[③] 2018 年 4 月,习近平总书记在全国网络安全和信息化工作会议上强调,各级领导干部特别是高级干部要不断提高对网络舆论的引导能力。赵宬斐、夏志有等指出舆论引导力作为一种综合能力,涵盖多个方面,在面临公共危机事件时,党员领导干部要具有快捷准确的舆情收集和研判能力,要在社会多元表达平台上更好"发声"[④]和引导,从舆论引导的进程来看,包括舆情监控力、议程设置力、演化传播力和效果影响力。[⑤] 舆论引导力是党员干部媒介素养的重要表现。

我国是典型的"大政府、小社会"结构模式,尤其在网络舆论场中,政府往往扮演着"兜底"角色,舆论场中的最终诉求都指向政府。各级政府和党员干部迫切需要加强舆情回应能力建设。赖胜强等的研究指出,舆情发展具有阶段性,在不同的阶段所要求的能力重点是不相同的,萌芽期需建设舆情判断能力,发展期需建设舆情沟通能力,爆发期需建设事件处置能力,消退期需

---

① 参见张海燕:《对提高领导干部媒介素养的思考》,《岭南学刊》2006 年第 5 期。

② 周大勇、王秀艳:《官员的媒介素养与政府形象传播》,《中共中央党校学报》2013 年第 4 期。

③ 参见丁柏铨:《新形势下提高舆论引导能力研究论纲》,《当代传播》2009 年第 3 期。

④ 夏志有:《反思与重构:网络舆情视域下地方政府公信力研究》,《山东社会科学》2014 年第 8 期。

⑤ 参见刘肖、董子铭:《舆论引导力的学理解读》,《当代传播》2012 年第 3 期。

建设调查评估能力和修复能力，最为关键的能力是网络舆情价值观，它直接影响党员领导干部的回应意愿、态度和行为。① 人民网舆情监测室较早开展舆情回应的研究，用“官方响应、信息透明、地方公信力”三项常规指标和“动态反应、官员问责、网络技巧”三项特殊指标对地方政府的舆情回应能力进行评估。②

习近平总书记在涉及新闻舆论工作、媒体工作、网络信息化与安全工作的多个场合多次强调“党管媒体”、“牢牢坚持党性原则”。在中国共产党百年波澜壮阔的革命、建设、改革过程中，新闻媒体始终是冲锋“号角”、得力“喉舌”和坚实“后盾”，新闻舆论工作“事关党和国家前途命运”。黄楚新等研究指出，中国共产党新闻舆论工作的顺利开展，离不开其驾驭媒体的能力，即党的媒体领导力，党的媒体领导力是党指导媒体、管理媒体以及运用媒体的能力组成。③ 随着媒体环境的发展特别是网络新媒体等的发展，“党管媒体”不仅仅是管理传统主流媒体，还要管理新媒体，管理一切具有舆论动员属性的媒体，该研究团队将党的媒体领导力发展对党的新媒体领导力，包括党的媒体创新能力、舆论引导能力、媒体融合能力以及网络治理能力四个方面。④

（三）亟须界定党员干部媒介素养的概念内涵

从党员干部媒介素养既有研究的成果来看，对媒介素养的认知从“应对媒体”发展到“认知媒体”、“利用媒介”、“引导舆论”等，关注到党员干部要运用新媒体、社交媒体等处置突发事件、沟通群众、开展工作，部分地区还开设政务新媒体的技能课程，教授党员干部如何使用政务新媒体。但总体上来说，党员干部媒介素养研究一定程度上带有“工具性”色彩。

---

① 参见赖胜强等：《政府部门网络舆情回应能力的构建》，《电子政务》2017 年第 7 期。
② 参见李江波、翁士洪：《地方政府回应能力的结构模型》，《电子政务》2017 年第 4 期。
③ 参见黄楚新：《论中国共产党的媒体领导力》，《甘肃社会科学》2019 年第 4 期。
④ 参见田智辉等：《论中国共产党的新媒体领导力》，《出版发行研究》2021 年第 7 期。

彭兰指出,党员干部媒介素养应该表现为对媒体角色、功能的认知及相应权利的保障,对社会化媒体价值的认知及对公众相应权利的保障,信息公开渠道的建设与保障,与媒体及公众的交流意识和能力。这样的概念界定扬弃了“应对媒体”和媒介的“工具性”色彩,而是从意识、认知、技能等层面作出相对全面的概括性论述。彭兰教授更多关注的是媒介规律和公众媒介素养的研究,没有更多精力用在领导干部媒介素养问题的细化研究上。

媒介素养本质上是媒介技术与社会发展耦合关联而衍生的、对个体的一种文明要求,体现在个体如何看待媒介、利用媒介和治理媒介上。领导干部媒介素养概念的演化是一个动态的过程,随着媒介技术的不断发展以及普及程度的逐步提高,其内涵、外延也将不断丰富,这既是学术研究发展的结果,也是传播媒介发展的要求,在一定程度上体现了理论建构过程的复杂和漫长。但是,当前研究中还没有形成对党员干部媒介素养的共识性概念和内涵,没有达成研究共识,必然限制理论发展和理论生长,必然影响媒介素养教育的落地实施,所以无论是理论界还是实务界,都迫切需要建构新媒体时代党员干部的媒介素养的概念与内涵,并在此基础上进行深化研究。

三、提出新媒体时代党员干部媒介素养的重要内涵

本书在厘清党员干部媒介角色的基础上,充分吸收中国共产党运用媒体能力建设经验启示,吸收习近平总书记对党员干部运用媒体能力提出的新要求,吸收公众媒介素养研究的有益成果,吸收既有研究共识,提出新媒体环境下党员干部媒介素养的概念,期望能反映其核心指向。

本书认为,党员干部媒介素养是党员干部对不同媒介环境的接触、认知与评估的能力,对媒介信息的选择、理解、应用与创造能力,以及运用媒介工具沟通服务群众、管理公共事务、塑造政府形象和推动经济社会发展的能力。

（一）媒介价值是先导

新媒体环境开启了互动式的媒介景观，激发了公众的参与性意识，公众呈现出媒介化生存的特征。[①] 内容生产趋于低门槛、低准入，内容把关转向受众化、算法化，媒介平台特别是自媒体平台充斥着浅薄、低俗、无序、碎片等“泛自由化”倾向。每逢党和国家重大活动或重要时间节点，敌对势力和破坏分子往往会通过网络虚假演绎“社会事件”、夸张虚构“社会情景”混淆视听，在广大群众中煽动负面情绪；历史虚无主义者往往通过一些莫须有的“网络加工”和似是而非的“网络调侃”等，对历史进行所谓的“纠正”、“还原”，对广大民众政治观、价值观进行蚕食和渗透。[②] 这些看似漫不经心的“闹剧”和“插曲”，不是简单的调侃和戏说，而是包藏祸心的政治图谋和企图，稍不注意就会借助网络快车引发“燎原之势”，触发社会矛盾，引发群体事件，甚至动摇党执政基础。

党员干部必须要炼就“火眼金睛”，高度警惕，精准鉴别。从讲政治的高度、从维护国家和社会稳定的角度认识、分析和鉴别网络舆情舆论，不为网络谣言乱象所惑，不为网络杂言乱语所扰，把握主导、引导主流，始终坚持正确舆论导向，始终传播正能量，始终保持理性思辨，始终维护舆论秩序，始终占领舆论阵地。占领舆论阵地，还需要党员干部的信息传播要迎合网民的消费习惯，既要使用“网言网语”走“网上群众路线”，真正发挥舆情回应与舆论引导效用，又不能游走在法律与道德边缘，更要率先培育社会主流思想价值和道德，倡导主流网络意识形态，引导公众积极参与网络舆论。

---

① 参见蔡骐：《媒介化社会的来临与媒介素养教育的三个维度》，《现代传播（中国传媒大学学报）》2008 年第 6 期。

② 参见高建伟：《在网络舆情应对中站稳立场保持定力》，《中国纪检监察报》2018 年 10 月 12 日。

（二）媒介认知是基础

媒介认知是受众对媒介环境及信息价值与力量的内在评估，是受众控制性的重要指标。党员干部对媒介环境及信息的注意、选择、接触，并与自身知识经验、认知习惯、文化制度和社会环境等因素结合，在批判协商中完成理解、评估与接受。党员干部媒介认知能力表现为对媒介内容的积极处理、批判解读的能力，包括深度解读能力、批判质疑能力、独立思考能力和核实报道能力。[①]

党员干部要对主要不同媒介形态属性和功能、媒介用户群体、媒介生态和组织、媒介社会角色等有认识和把握，经常性地关注和使用公众常用媒介，对媒介传播规律、互联网发展规律、网络舆情发生发展特点等有清晰认识，对媒介事件发展可能带来的风险有清晰认识。现有研究显示，普通受众中中等收入群体的媒介认知能力较高，更相信党报和境外媒体，对于都市报、地方电视台等媒体较为不信任[②]，26—35岁的青年人深度解读能力、独立思考能力和核实报道能力最好[③]。

党员干部的"雷言雷语"、"神回复"事件发生，表面上看，是党员领导干部或者工作人员一时不慎，在言语上伤害民众，实质上看，这是官本位思想的暴露也是媒介接触的低级错误，说明深层次的媒介认知滞后在党员干部群体中还广泛存在。在媒介情境中，媒介认知水平的高低直接体现了媒介素养能力的高低。

（三）媒介参与是重点

媒介参与是受众通过媒介自我表达、介入媒介生产过程进而对媒介内容

① 参见龙思思：《广州中等收入群体媒介素养现状研究》，《新闻记者》2018年第8期。

② 参见杜骏飞：《中国中产阶层的传播学特征》，《新闻与传播研究》2009年第6期。

③ 参见周葆华、陆晔：《从媒介使用到媒介参与：中国公众媒介素养的基本现状》，《新闻大学》2008年第4期。

产生影响的自发行为，是体现受众主动性的重要指标。① 媒介参与改变了社会的整体生态环境和人们的一切社会活动，在内容传播的逻辑上成为重构社会政治经济生活的基础设施。党员干部的媒介参与内容广泛，从提供新闻、表达观点、到讨论经济社会发展问题，包括接收、处理媒介信息，以及参与媒介信息生产，利用媒介发出自己的声音，并对媒介内容施加某种程度的影响。实践中党员干部的媒介参与行为，有主动思考媒介信息并解读媒介信息之后带有表达个人情绪和意愿的浅度参与，如转发、点赞、关注等，也有深入关注社会热点事件，搜集各方面各层次材料，明确阐释个人态度和观点的深度参与，进行主动自我展示，如利用自媒体发表评论文章，进行社会热点事件的评论等。

党员干部媒介参与首先体现在媒体接触上，具体表现在信息传播渠道选择、信息内容选择、媒介使用偏好和时长等。② 现有研究普遍认为，用户的媒介使用行为很大程度由用户所处的社会结构和特定时空下的媒介结构因素所决定，即用户的媒介使用特征受其教育、收入、性别、社会地位等因素影响，同时也受一定时空条件下可获得的相对稳定的媒介渠道、选择空间和内容影响。

党员干部媒介参与还体现在内容生产与创造上。涉及本职岗位或工作范畴的领域，积极组织生产媒介信息，回应舆论关切。涉及事关民生、看不清辨不明的问题，党员干部也要主动作为，利用组织优势、资源和力量深度解析社会热点。例如，在 2021 年社会各方面力量极力追捧“元宇宙”的关键时刻，中央纪委国家监委刊文“元宇宙如何改写人类社会生活”，引导公众看清事物本质、廓清迷雾。

① 参见吴淑娟：《信息素养和媒介素养教育的融合途径——联合国“媒介信息素养”的启示》，《图书情报工作》2016 年第 3 期。

② 参见刘鸣筝、陈雪薇：《基于使用、评价和分析能力的我国公众媒介素养现状》，《现代传播（中国传媒大学学报）》2017 年第 7 期。

党员干部媒介参与不仅是单方面输出“个人信息”,更强调不同场域中的“互动”,注重媒介环境中的网络社区交往能力。① 当前,政府部门普遍采纳允许公众撰写、分享、评价和讨论的交互式媒介技术,如政务微博、微信公众号、政务抖音号等,实现公共部门的参与、透明度和跨部门协作,实现更高程度的党员干部与公众互动,以及更高程度的党员干部与公众共同创造信息内容。

党员干部媒介素养所要求的接触选择能力、生产制造能力、交往互动能力,最终发展为新媒体时代的媒介参与能力。通过党员干部媒介参与能力的建设,引导公众的辨识力、交往理性与社会责任感,推动主流价值导向占领舆论高地。

第三节　党员干部媒介素养的鲜明特征

从上不难看出,党员干部媒介素养区别于普通公众的媒介素养,呈现出与其承担角色相匹配的鲜明特征。

一、人民性:以人民为中心的首要理念

网信事业要发展,必须贯彻以人民为中心的发展思想,这是党的十八届五中全会提出的一个重要观点。党员干部媒介素养要遵循以人民为中心的治理理念,就是要在媒介素养实践中贯彻“一切依靠人民、一切为了人民”、“从群众中来、到群众中去”的群众路线,把保障人民利益、增进人民福祉作为媒介素养实践的出发点和落脚点。

党员干部媒介素养实践的出发点是要为人民营造清朗网络空间。“网络空间是亿万民众共同的精神家园。网络空间天朗气清、生态良好,符合人民利益。网络空间乌烟瘴气、生态恶化,不符合人民利益。谁都不愿生活在一个充

① 参见 Henry Jenkins,“Confronting the Challenges of Participatory Culture:Media Education for the 21st century”,*Educational Gerontology*,Vol.29,No.7(2008),pp.617-626。

斥着虚假、诈骗、攻击、谩骂、恐怖、色情、暴力的空间。”①

一方面依法加强网络空间治理，严密防范网络犯罪特别是新型网络犯罪，维护人民群众利益和社会和谐稳定；坚决制止利用网络鼓吹推翻国家政权，煽动宗教极端主义，宣扬民族分裂思想，教唆暴力恐怖活动等。另一方面，发挥经济、法律、技术等多种手段提升综合治理能力。压实互联网企业主体责任，办网站的不能一味追求点击率，开网店的要防范假冒伪劣，做社交平台的不能成为谣言扩散器，做搜索的不能仅以给钱的多少作为排位的标准，提升互联网企业社会责任意识和社会效益感。同时，充分调动群团组织的积极作用，做好网民的思想教育工作和团结工作。加强网络内容建设，改进网上宣传内容、形式、方法与手段，针对各类群体网上阅读习惯和接受心理，注重个性化处理，贴近网民，运用网言网语，用网民喜闻乐见的方式，传播正能量、弘扬主旋律，为广大人民群众营造一个风清气正的网络空间。

党员干部媒介素养实践的落脚点是利用民意民情民智助力国家治理。各级党政机关和党员干部要学会通过网络走群众路线，经常上网看看，潜潜水、聊聊天、发发声，了解群众所思所愿，收集好想法好建议，倾听人民呼声、汇聚人民智慧、回应群众关切，更好集思广益、凝心聚力。在互联网谣言治理中，网信部门在网络端和移动端设立“举报窗口”，充分发挥广大人民群众发现谣言、治理谣言的重要作用，取得很好的时效和成效。

二、建构性：理解信息使用的基本思维

微博等公共舆论场中上演着“你方唱罢我登场”，微信等私密的舆论空间也呈现“各种深度共鸣”，这种“永动机”式的信息生产无疑导致了信息过载。② 更重要的是，这种信息过载、高度不确定的媒介环境产生的大量信息

① 中共中央党史和文献研究院编：《习近平关于网络强国论述摘编》，中央文献出版社2021年版，第71页。

② 参见张涛甫、姜华：《风险认知偏差与风险语境中的媒体》，《学术月刊》2020年第9期。

是明显带有个性化色彩(借用、挪用、抄袭、歪曲)的低效度信息,如何从低效度信息中进行意义建构,实现对事件或事务的正确认识,这对党员干部提出挑战。

党员干部要秉持“批判性”思维。正如莱恩·马斯特曼所指出的,要懂得媒介是如何运作的、如何组织的、如何生产意义、如何再现“现实”。① 舆论场中大量现实是被媒介制造、加工和再现的“现实”,面对这样的再现“现实”,不囿于个人立场与偏好,平衡多元渠道与多面信息,互联网环境下个体需要接触更多元的信息以形成更为审慎的观点。尤其针对我国这种高语境国家,语言表述中可能存在思维和逻辑陷阱,党员干部需要接触媒介平台的多元丰富信息,建立理性思维,兼听兼信,不盲目接受专家和网络上“意见领袖”的结论,重要的是要深度分析信息制造者的制造动机、心理与诉求,秉持批判态度对复杂信息进行筛选、甄别②,进而使用科学逻辑的方法去求证、解释和给出最终判断,有助于党员领导干部形成不偏不倚的判断,进而为达成社会范围内的普遍共识铸就知识层面的基础。③

党员干部还必须守住“准确性”这个基本原则。面对纷繁复杂的媒介环境,党员干部需要准确把握各信息条线的时间、逻辑关系,在理性思辨的基础上归纳、重组,整合出准确的论说信息。面对公众、媒体和社会期待,党员干部要生产和创造准确的数据信息,不能含糊其词,更不能三改其口。公众是信息的无缝复原者,他们会根据自己获得的数据信息对党员干部传递内容进行校核,一旦发现内容不准确,就会对党员干部可信性提出质疑,消

① 参见黄旦、郭丽华:《媒介教育教什么?——20 世纪西方媒介素养理念的变迁》,《现代传播(中国传媒大学学报)》2008 年第 3 期。

② 参见蔡骐、李玲:《信息过载时代的新媒介素养》,《现代传播(中国传媒大学学报)》2013 年第 9 期。

③ 参见闫文捷等:《“高选择媒体环境”下的媒介素养及其社会影响——基于新冠疫情期间中国城市居民的问卷调查》,《新闻与写作》2020 年第 8 期。

解官方话语权,影响党和政府形象。[①] 长此以往,更会加剧公众反"权威"、反"正统"的心理,形成对党员干部的负面刻板印象。

三、主动性:高扬实践主体的能动作用

互联网日益成为意识形态斗争的主阵地、主战场、最前沿。尤其在热点事件面前,主流媒体、社交媒体、市场媒体、算法平台等都是急先锋,舆情舆论的发展瞬息万变,往往是谣言、虚假信息、非主流意识形态滋生肆虐的时候,准确、权威的信息不及时传播,虚假、歪曲的信息就会搞乱人心,积极、正确的思想舆论不发展壮大,消极、错误的言论观点就会肆虐泛滥。危急之时还往往是广大群众反应最为灵敏、神经最为敏感、情绪最为波动、情感最为脆弱,是最容易被"绑架"和利用的时候,也是各种敌对势力和敌对分子与我们争夺地盘、争夺人心、争夺群众的关键时刻。在互联网这个舆论战场上,能不能牢牢掌握意识形态工作领导权,关键要看能不能占领网上阵地,掌握网上舆论场的主动权和主导权。

在热点事件面前,党员干部要加强舆情跟踪研判,主动设置议题,根据实际情况作出分析研判,及时主动通报事件发展态势,监测舆论诉求并就疑点进行主动回应,提供更多真实客观、观点鲜明的信息内容,始终让正能量充盈网络空间。2020 年突如其来的新冠疫情,新闻发布会成了公众了解疫情信息、掌握防控形势的最权威、最主要的平台。河南省人民政府新闻办组织的 49 场新闻发布会(2020 年 4 月 13 日),权威发布了河南省在新冠疫情期间所做的各项工作,涉及医疗救治、安全生产、民生保障、交通运输、市场稳定、金融扶持、教育事业各个方面,[②]有力地回应了社会关切,公众关注度非常高,形成强

① 参见唐恭玲、宋福范:《论全媒体视域下党的创新理论大众化问题》,《中共福建省委党校(福建行政学院)学报》2020 年第 2 期。

② 参见王馨艺、张长辉:《新时期提升领导干部媒体素养研究》,《新闻爱好者》2020 年第 7 期。

大的"首因效应",抢占主流舆论阵地,占领舆论制高点,有力有效掌握了舆论主动权。面对舆论的质疑情绪,做到重要议题的公开、透明与公正,不含糊、不回避、不搪塞,通过数据、事实、证据消除民众疑虑、缓和公众情绪、降低谣言发生,才能赢得民众信任、掌握舆论引导主动权。

在管理公共事务中,党员干部要围绕党和国家重大活动、重要方针政策以及群众关心的热点问题,主动设置议题,主动利用多种新媒体形态,创新话语沟通的方式,做好改革发展、经济民生成就宣传和形势政策解读,把沟通阐释工作做到群众发问之前,掌握舆论发展的主动权。面对网络生存的圈层化现象,要积极主动转变传播模式,总结不同圈层内成员的利益诉求和理论需求,从他们共同的利益和相同的兴趣出发,打造圈层契合点,营造平等对话氛围,①注重个性化、针对性处理,冲破圈层阻隔,潜移默化融入圈层之中,达到"大珠小珠落玉盘"的效果,在引导网民思想和行为方面掌握主动权。

四、实践性:检验能力水平的重要标尺

媒介素养的特殊性还在于其鲜明的实践性,个人媒介素养不可能仅仅在理论认知和学习思辨中养成,而是应该在媒介接触、参与、治理的大环境中,积极利用媒介开展工作,才能逐渐得到修炼和提升。就媒介素养论媒介素养,从领导干部职能角度推论媒介素养是流于表层的,应该从更具实践性与更加广阔的角度进行探讨,②媒介认知、媒介参与的能力和水平也需要落到实践中检验。善于运用媒体了解民意、开展工作,是新形势下党员干部做好工作的基本功。党员干部应该自觉地学网、懂网、用网,要解决好"本领恐慌"问题,真正成为运用现代传媒新手段新方法的行家里手。

党员干部媒介素养本身就是一个实践性议题,因此,衡量党员干部媒介素

---

① 参见刘康:《"去中心化—再中心化"传播环境下主流意识形态话语权面临的双重困境及建构路径》,《中国青年研究》2019年第5期。

② 参见杨玉兰、文茂伟:《领导干部媒介素养的提升路径探讨》,《探索》2016年第3期。

养水平的高低，要放到实践中进行检验，观测其在新闻发布会、政策解读吹风会、舆情回应、舆论引导、危机处置中的表现，这也就决定了该问题的研究具有较强的实践性，要对过往的实践进行梳理总结，要对现有的案例进行解剖分析，进而完善和丰富党员干部媒介素养研究的理论体系。

五、复合性：辐射统合多元素养要求

由于互联网技术、数字技术、媒介技术等的发展，当前社会进入一个多重特色叠加的社会形态，各领域学者基于不同学科背景提出了名目繁多的“素养”概念。信息素养强调利用信息工具与资源解决问题的知识与技能；数字素养聚焦数字媒体与技术的应用能力；媒介素养关注人们对各种媒介信息的解读和批判以及使用媒介信息为个人生活、社会发展所用的能力①。这些不同的素养内涵实质上体现了时代变迁演进过程，核心是利用信息解决问题的能力，既有研究中也多有关于素养之间关系的争论。

李爽等认为网络素养是以信息素养为核心的，是与数字素养和媒介素养既有交叉又相对独立的概念，更关注网络对个体与社会独特赋能的背景下，个体在分布、联通的网络环境中为实现自我发展、参与社会活动和促进社会发展，利用网络信息与资源的能力。② 刘慧认为以信息素养为基础，相关素养包括媒介素养、数据素养、视觉素养、传播素养、网络素养、认知素养等构建成泛信息素养，这 7 个要素是独立的个体，但并不零散，7 个要素之间存在着紧密的逻辑关联。③ 但不论媒介素养、数字素养还是信息素养归根结底是描述“人—媒”关系中“人应该具有何种能力”这个研究范畴，学界对三者的融合研究趋势也愈加明显。

---

① 参见喻国明、赵睿：《网络素养：概念演进、基本内涵及养成的操作性逻辑：试论习总书记关于“培育中国好网民”的理论基础》，《新闻战线》2017 年第 3 期。

② 参见李爽、何歆怡：《大学生网络素养现状调查与思考》，《开放教育研究》2022 年第 1 期。

③ 参见刘慧：《泛信息素养的概念内涵及其内容要素解析》，《图书与情报》2020 年第 4 期。

王帆等认为今天教育技术观念正在由以前的"媒体观"、"过程观"转向更加深刻和宏观的"文化观",全面解决教育实践中人与技术的关系,①技术作为一种文化现象,它在教学中的应用将对人的认知、情感及行为带来深刻的影响,这与媒介素养教育理念相一致,国内的素养教育应当构建有利于信息素养与媒介素养打通与融合之桥梁。② 张雪黎等认为信息素养是基本素养,数字素养和媒介素养通过信息交流而联系在一起,信息素养是媒介素养、数字素养相互交叉重叠的部分。媒介素养意味着有能力使用媒体,而数字素养仅从具体的数字技术来搜索、理解和评价信息,由此可知,媒介素养的界限大于数字素养。

总的来看,这三类素养由于信息、技术和交流而彼此联系,虽然三者在历史起源、学科背景等方面存在差异,但是在概念内涵、研究范围等方面基本相同,在网络媒介与数字技术广泛介入人类现实生活的背景下,学界对三者的融合研究已渐成趋势。③ 笔者的既往研究也认为,在新媒介不断涌现的时代,媒介作为传递信息的载体,信息属性是媒介最重要的属性,媒介又成为信息的一种表现形式,媒介信息化和信息媒介化的趋势有目共睹。④ 我们考虑党员干部这个群体在当前媒介环境下的需求,采纳麦克卢汉"媒介即信息"大文化观和大历史观的理念,"文化的信息和内容受制于其技术载体,即媒介"⑤,而互联网、计算机、数据服务平台等技术载体可以看作媒介素养的一部分,因此,形成党员干部媒介素养的复合型概念。

---

① 参见陈维维:《信息素养的内涵、层次及培养》,《电化教育研究》2002 年第 11 期。

② 参见王帆、张舒予:《从教育视角解析媒介素养与信息素养》,《电化教育研究》2007 年第 3 期。

③ 参见张雪黎、肖亿甫:《信息化发展对大学生网络媒介素养的影响》,《中国青年社会科学》2020 年第 1 期。

④ 参见翟霞、冀翠萍:《我国领导干部媒介素养研究的现状分析》,《理论学刊》2018 年第 1 期。

⑤ 余秀才:《全媒体时代的新媒介素养教育》,《现代传播(中国传媒大学学报)》2012 年第 2 期。

党员干部媒介素养与信息素养、网络素养、数据素养等交互包容，是一种复合型素养，并已获得研究共识。王云等认为媒介素养的复合性不仅体现在其内涵、维度、影响、培养方式随着时间的推移不断丰富，更体现在通过宏观层面媒介素养的基础理论研究与微观媒介教育实证研究并重发展上。① 闫文捷等认为媒介素养的复合性意味着具备良好媒介素养的个人能够结合特定的媒体使用情境与更为广泛的生活情境，根据特定的目的，调用相关的媒介知识与技能。②

本章小结

本章着重界定和阐释习近平总书记的新要求，党员干部媒介素养的内涵与鲜明特征，厘清了研究对象与范畴，为后续理论与实践研究建立认知共识。

首先，本章深入研究习近平总书记对党员干部媒介素养提出的新要求。党的十八大以来，以习近平同志为核心的党中央对党员干部提出要善于运用网络了解民意、走好网络群众路线、提高对网络舆论的引导能力、增强同媒体打交道的水平、要提高用网治网水平等媒介素养要求。深入研究这些新要求，是新时代党员干部提升媒介素养的根本遵循，有利于从理论高度把握党员干部媒介素养的丰富内涵，有利于指导党员干部媒介素养研究的实践方向。

其次，本章提出了党员干部媒介素养的新定义。媒介素养作为一个上位概念，泛指公众媒介素养，但是面向不同行业职业群体时，其内涵与外延又有

① 参见王云等：《21 世纪以来媒介素养研究现状与发展——基于 SSCI 期刊的可视化分析》，《山西师大学报（社会科学版）》2021 年第 1 期。

② 参见闫文捷等：《“高选择媒体环境”下的媒介素养及其社会影响——基于新冠疫情期间中国城市居民的问卷调查》，《新闻与写作》2020 年第 8 期。

所区别。党员干部媒介素养的理论研究持续深化，形成了应对媒体力、舆论引导力、舆情回应力、媒体领导力等特定社会背景下的具象化“指称”。在充分吸收借鉴既往研究，尊重发展演化规律的基础上，提出了党员干部媒介素养的新定义，指出媒介价值是先导，媒介认知是基础，媒介参与是重点，共同构成党员干部媒介素养的丰富内涵。

最后，本章深度剖析了党员干部媒介素养区别于普通公众的鲜明特性。党员干部媒介素养呈现出与其承担角色相匹配的鲜明特征，尤其表现为人民性、建构性、主动性、实践性、复合性五个方面。

第四章　党员干部媒介素养的内容模型与指标体系

在有了概念定义形成概括性认识的基础上，研究还需要去透视党员干部媒介素养的构成要素，构建党员干部媒介素养的能力框架，才能真正丰富和充盈党员干部媒介素养的理论研究，并以此指导和推动实践。反之，即使提出有影响力的概念与定义，缺乏具体可行的能力框架也必定会影响理论的实操性，影响理论纵深发展，导致概念或定义的辨识度、传播度不高。本书根据党员干部媒介素养这一具体问题的实践性，引入两维分析框架，一方面看党员干部在不同情境下需要的素养，另一方面看党员干部在不同层面上需要的能力，两个维度的交叉形成党员干部媒介素养的内容模型，进而在内容模型的基础上分析出指标体系。

第一节　情境理论下的党员干部媒介素养要求

具备良好媒介素养的人能够结合特定的媒体使用情境与更为广泛的生活情境，根据特定的目的，调用相关的媒介知识与技能。也就是说，党员干部不能脱离媒介素养所生发的社会情境——无论这一情境是直接的还是间接的——来理解和界定这个概念本身。① 正是鉴于对社会情境重要性的强调，本文的立足点将对党员干部媒介素养的考察置于具体情境之下，突出不同情境下不同的能力需求。

一、情境理论

“情境”概念是由美国社会学家 W.I.托马斯与 F.W.兹纳尼茨基共同在《波兰农民在欧洲和美国》一书中提出的，情境是指一定时间内各种情况相对的或结合的境况。从社会学角度讲，情境是与个体联系着的社会环境，戈夫曼认为“情境不是背景性的或者无关紧要的要素，是社会互动秩序的基本运作单元”②，情境是研究人的社会活动的重要因素。从心理学角度讲，情境是“事物发生并对机体行为产生影响的环境条件”③，是“对人有直接刺激作用、有一定生物学和社会意义的具体环境”④。概而言之，情境是能引起人情感、言语和行为变化的各种心理因素与环境条件的总和，包括主观和客观两个部分，主观是行动者的心理感受以及由此激发的个体行为，这种心理感受恰恰来源于行动者与社会环境的互动这个客观。正是这些细微的情境促进了社会功能，维持着社会生活的互动秩序。

一般有社会情境、教学情境、学习情境等类型，不同的学科领域、行业范围、社会环境有着不同的情境。由于每个人的生活阅历、工作经验和知识结构不同，其对所处情境的认识、判断及其所要采取的行为也会有所不同，这些认识、判断和行为也会反过来对其思维和知识结构产生反作用。但是，情境分析关注的是用户的行为而非用户的判断，也就是说用户的思维判断本身并不重

---

① 参见闫文捷等：《“高选择媒体环境”下的媒介素养及其社会影响——基于新冠疫情期间中国城市居民的问卷调查》，《新闻与写作》2020 年第 8 期。

② Erving Goffman, *Encounters: Two Studies in the Sociology of Interaction*, Indianapolis: Bobbs-Merrill, 1961, pp.96-138.

③ 荆其诚：《简明心理学百科全书》，湖南教育出版社 1991 年版，第 52 页。

④ 傅道春：《情境心理学》，华东师范大学出版社 1997 年版，第 35 页。

要，重要的是用户因判断所产生的行为，尤其是信息需求行为。情境理论认为用户的行为需求是一种现实需求，而一个人的思维无论正确与否，对其行为都会产生潜移默化的影响。①

2015 年 2 月，美国大学与研究图书馆协会（Association of College & Research Libraries，简称 ACRL）提出了《高等教育信息素养框架》，突出了情境的重要性，即在特定的情境中讨论信息和信息素养②。2017 年，欧洲信息素养大会将“工作场所情境下信息素养”作为会议主题，强调信息素养教育对就业能力和职业发展的支持，并将工作场所情境视为未来信息素养研究的重要方向。

国内外信息素养的研究成果也逐渐从传统的高等教育和学术情境，不断转向工作场所情境下的信息素养研究，李妍等指出，工作场所、教育学习、日常生活逐渐被学界广泛认可为信息素养的三大情境分类。③ 前述研究已经进行阐释，信息素养与媒介素养的融合趋势明显，媒介素养的研究也趋向对情境的关注。

情境理论认为领导的效能是由情境因素决定的，以此来解释特定情境下领导者个性特质或行为与领导绩效之间的关系，同一个领导者在一种情境下能胜任领导岗位，在另一种情境下却可能发挥不了领导作用，只有当一个领导者的领导风格与相应的情境匹配时，才能达到最理想的领导效果。④

二、情境理论下党员干部媒介素养的差异性表现

党员干部媒介素养具有很强的情境性。比如，他是在上班状态还是在休

---

① 参见刘永、许烨婧：《面向情境的情报服务理论问题研究》，《情报理论与实践》2013 年第 11 期。

② 参见韩丽风等：《高等教育信息素养框架》，《大学图书馆学报》2015 年第 6 期。

③ 李妍、曹文振：《工作场所情境下信息素养研究——内涵、特征与趋势》，《现代情报》2022 年第 2 期。

④ 参见李明、毛军权：《领导力研究的理论评述》，《上海行政学院学报》2015 年第 6 期。

息状态？是在事故现场还是在办公室里？是面对棘手问题还是刚刚获得赞誉？是惯常性工作还是突发事件？这些不同情境中，作为社会环境的公众，他们的期待、诉求、包容度是不同的，关注的焦点也在游移。作为行动者的党员干部，不同情境中他们的心理动因存在较大差异，这也就导致言行表现的情境化。不同情境对党员干部媒介素养的要求也有所差异，综合考察来看，主要有以下三种情境。

（一）常规情境中党员干部媒介素养

常规情境中主要考察党员干部日常工作、生活等常态下的媒介表现。互联网是一个社会信息大平台，亿万网民在上面获得信息、交流信息，新闻客户端和各类社交媒体成为很多干部群众特别是年轻人的第一信息源，这会对他们的求知途径、思维方式、价值观念产生重要影响，特别是会对他们对国家、社会、工作、人生的看法产生重要影响。

在日常工作实践中，党员干部要把方向。旗帜鲜明坚持正确政治方向、舆论导向、价值取向，坚持党性原则，突出思想引领，共同构筑亿万人民共同奋斗的思想基础，维护国家和人民利益，塑造党委、政府形象。党员干部要懂全局，对党的基本理论、基本制度、基本纲领融会贯通，对党中央和国家的发展形势、重要政策了如指掌。党员干部要知实情，要掌握舆论热点事件本身的实际情况，要知晓针对事件的社情民意、舆情动态、舆论导向，做到心中有秤、心中有数。党员干部要业务精。要懂媒体传播规律、互联网传播规律，了解各圈层人群特点，只有业务过关，才能学好、用好、管好媒介，走好网络群众路线。

（二）危机情境中党员干部媒介素养

危机情境中主要考察党员干部处理突发事件、应急事件、群体性事件等的媒介表现。发生突发事件时，正是各方关注、需要提供权威信息发布、引导网上舆情的时候,各级政府和党员干部决不能失语失声,稍有迟疑就会错失良机,引发意识形态危机。

在突发事件处置过程中,党员干部的媒介素养表现在以下几个方面:一是研判舆情。包括事件的起因、现状、发展、后果、舆论反应等。这些信息获取得越快越真实越准确越全面越好,工作越主动。二是回应舆情。根据国办发〔2016〕61号文件的要求,争取第一时间将突发事件的信息以及政府和有关部门的态度和措施,用话语回应、行动回应等形式告知社会。可以采取提供新闻通稿、安排和接受记者采访、进行新闻发布会等形式。三是管制新闻。也可以通过政务新媒体等发布调查进度、发布通告等。四是警惕和控制谣言。突发事件发生后,通常都会在不同的范围里有不同程度、不同种类的流言甚至谣言出现,个别市场媒体一味追求新闻价值、忽略所报道的新闻是否会给正在进行的危机事件的解决带来负面的影响。为此,要关注网络空间以及部分自媒体、新媒体等发布的所谓"事实真相",及时提供全面、确凿的事实真相,防止舆论被谣言裹挟。①

(三)塑造情境中党员干部媒介素养

形象塑造中新闻发言人及主要党员干部主动或被动地面对媒体时的媒介表现。新闻发言人是国家、政党、社会团体任命或指定的专职(比较小的部门为兼职)新闻发布人员,其职责是在一定时间内就某一重大事件或时局问题,举行新闻发布会或约见个别记者,发布新闻或阐述本部门的观点,代表有关部门回答记者的提问。② 党员干部可以通过各种公共关系手段引导公众对党委政府形象作出客观评价,新闻发布会、新闻采访等是塑造党委政府良好形象的有效方法。党员干部形象塑造过程中的媒介素养主要表现在以下几个方面。

---

① 参见吴根平:《提高领导干部媒介素养的思考》,《辽宁行政学院学报》2012年第4期。

② 参见刘建明:《宣传舆论学大词典》,经济日报出版社1993年版,第357—358页。

一是自身媒介形象的树立。出现在镜头前、聚光灯下的党员干部不仅要注意言行、注意仪容仪表，还要注重表情管理等，2020 年初期新冠疫情袭来，国家卫健委医政医管局副局长焦雅辉每次出席新闻发布会，不读稿子，疫情信息全记在心里，面对记者提问，数据、事实脱口而出，表达清晰流畅，调度几万名医务人员，稳而不慌，谈及外省医疗队驰援武汉，却一度哽咽……收获网友“专业、干练、利落、温情”等一众好评。

二是与媒体对话的意识。各级党员干部作为各级党委政府的代言人，不仅要向社会公开官方的决策和意见，更要起到政府与民众、媒体互动交流的平台作用，这就要求各级党员干部要充分尊重媒体，摆正自己的位置，与媒体平等对话，积极主动信任媒体，坦诚相待，客观真实地传递信息。例如，成都公交燃烧案，第一天连续召开三场新闻发布会，将救援情况、事故原因调查、安置赔偿等即时发布，既安慰了受害者，也让民众都知道政府一直在努力，政府掌控了主导权，有效地遏制了谣言。

三是与媒体沟通的能力。与媒体建立良好互动关系，要事先吃透“两头”，要了解决策层的方略决定、政策的走向、发展形式等；同时，要了解基层社会的现实情况，了解群众关心关注的问题，了解群众的急难愁盼，掌握社情民意。要转变思想观念，要直面社会现实，尽可能收集、存储、梳理具有新闻性的信息，加大数量供给，保证质量安全，以供给媒体选择，构建起公共部门和媒体之间的健康有序的合作关系，促进信息透明和政务公开，充分保障媒体的传播权，充分保障公众的知情权，塑造良好的党委政府形象。①

三、常规、危机和塑造三种情境相互引发和转化

常规情境、危机情境、塑造情境三者不是孤立的，会发生相互引发和转化（如图 4-1 所示）。

---

① 参见张海燕：《对提高领导干部媒介素养的思考》，《岭南学刊》2006 年第 5 期。

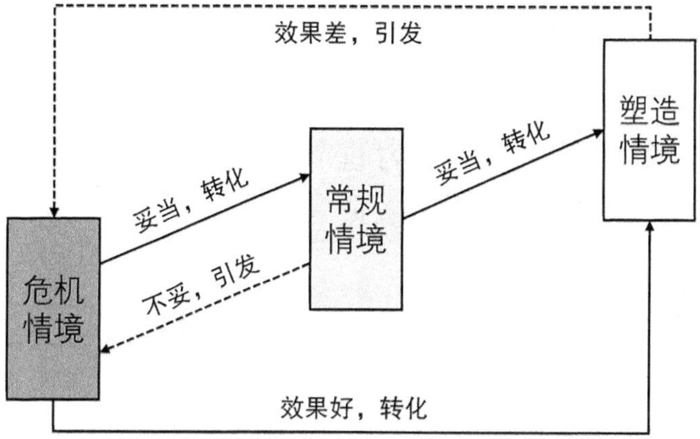

图 4-1　党员领导干部媒介素养的情境维度

首先，危机情境与塑造情境两者间会发生相互转化。危机情境处理过程也是党员干部形象塑造的重要契机，一些重大突发事件面前，党员干部所展现的沉着冷静、勇于担当、实事求是的形象，塑造了良好的政府或党员干部形象。然而，在新闻发布会、政策解决会等形象塑造情境中，如果一些问题没有处理好，比如数据不准确、语言逻辑性差、甚至口罩还戴反，本来是形象塑造的情境也会演变为危机情境。

其次，常规情境处理不好会引发危机情境。日常工作或事务处理过程中，党员干部不合时宜的言行举止，比如“砸电脑”、“扇耳光”等都会引发危机情境。就当前情况来看，党员干部媒介素养常规情境演变为危机情境有增多趋势。

最后，常规情境处置妥当也会演变为塑造情境。如“河北张家口蔚县信访局长怒斥开发商欠薪”、“医管局灵魂砍价”，工作中的日常媒介表现对焦公众诉求、对焦公众痛点，形成了强大的传播效能，塑造了党员干部一心为民、一心为公的良好形象。

常规情境下的党员干部媒介素养是基础，危机情境、塑造情境下的党员干部媒介素养是在常规情境下的生长，危机情境、塑造情境中的党员干部媒介素养不仅要包括自己独特的能力需求，还包括常规情景下对党员干部的能力需求。

第二节　胜任力理论下的党员干部媒介素养要求

“胜任力”能够区分在特定的工作岗位和组织环境中绩效水平的个人特征，是研究领导力的重要理论基础。胜任力理论认为影响个人绩效的特征，除了可见的技能、能力等外，还有认知、特质、价值观等不可见或者难以测量的特征①。媒介素养是党员干部执政能力的重要组成部分，是工作能力的重要体现，因此，对党员干部媒介素养的考察可以从胜任力角度切入。

一、胜任力理论

胜任力概念最早由美国著名心理学家麦克莱兰（McClelland）于1973年提出，他指出传统的智力测验、性向测验和学校的学术测验以及等级分数，不能准确预测复杂工作和高层次职位的工作绩效或生活中的成功，并且对于社会中的弱势群体存在着不公平性。因此，他主张从实际角度出发，依据第一手资料，直接发掘那些真正能够影响并决定工作绩效的个人条件和行为特征。他认为胜任力是与工作绩效或生活汇总其他重要成果直接相似或相联系的知识、技能、能力、特质或动机。②

（一）胜任力概念

关于胜任力的概念和定义，形成了多元丰富的争论和阐述。一种观点认

---

① 参见胡小勇、徐欢云：《面向K—12教师的智能教育素养框架构建》，《开放教育研究》2021年第4期。

② 参见David C.McClelland，“Testing for competence rather than for ‘intelligence’”，*American Psychologist*，Vol.28，No.1（1973），pp.1－14。

为胜任力是指个人所具有的内在的、稳定的特征，它可以是动机、特质、技能、自我印象、社会角色或此人所能够运用的某项具体知识。只要能将绩效优异者和绩效一般者区分开来的任何个体特征都可以界定为胜任力。① 另一种观点以英国学者伍德拉夫为代表的学者，认为应该用外显的行为来评价胜任力，而这些行为是特定情境下对知识、技能、动机等具体运用，并与优秀绩效有因果关系。② 也有学者综合特征观、行为观两种观点，认为胜任力是指工作情景中员工的价值观、动机、个性或态度、技能、能力和知识等关键特征。③ 尽管胜任力定义不同，但是还存在一些共同特征。

一是，统合性。胜任力是知识、技能、态度、动机等内隐和外显特征的统合，而不是单一层面的表征，可以通过具体的行为表现出来，这些行为表现是可观察、能测度的，是特定情境下对多样特征的具体应用。

二是，异质性。它与员工的工作岗位息息相关，很大程度上会受到工作环境、条件和岗位特征的影响。因此，不同岗位的胜任力要求是不同的，同行业不同企业在相同工作岗位上的胜任力要求也各有不同。

三是，可预测性。它与工作绩效密切相关，并在很大程度上可以预测未来绩效，单位或企业可以借助适当的工具对胜任力进行测量，以此来预判员工未来的工作表现。

四是，区分性。它将绩效优异者与绩效一般者区别开来，绩优员工和一般员工会在胜任力表现上有很大差异，因此可以将胜任力作为员工考核、培训、晋升等工作的依据。本书认为，胜任力反映的是个体通过不同方式表现出的某种个性特征的集合，它可以判断出个体是否能够胜任某项工作，更是决定并

① 参见 Richard E. Boyatzis, *The Competent Manager: A model for Effective Performance*, New York: John Wiley & Sons, 1982, pp.78-86。

② 参见 C. Woodruff, "Competent by any other name", *personal management*, Vol.23 (1991), pp.30-33。

③ 参见王重鸣、陈民科：《管理胜任特征分析：结构方程模型检验》，《心理科学》2002 年第 5 期。

且区分个体绩效好坏差异的重要特征综合。

(二)胜任力模型

1970年,麦克莱兰教授接受了美国新闻总署的一个项目:如何公正地选拔出高效能海外文化事务官员。在这个项目过程中,麦克莱兰教授通过对工作绩效优秀与工作绩效一般的外交官的具体行为特征进行对比分析,识别出能够真正区分工作绩效的个人条件。以这个项目为起点,麦克莱兰教授的胜任力模型开始走上历史舞台。随后的一段时间内,人们对胜任力模型理论的有关问题进行了大量卓有成效的探究,胜任力模型理论也迅速扩展到世界许多国家和地区。国际上公认的有代表性的胜任力模型有:冰山模型、洋葱模型。

1. 冰山模型

麦克莱兰于1973年正式提出了胜任力素质冰山模型,所谓"冰山模型",就是将人员个体素质的不同表现形式划分为表面的"冰山以上部分"和深藏的"冰山以下部分"。其中,"冰山以上部分"包括基本知识、基本技能,是外在表现,是容易了解与测量的部分,相对而言也比较容易通过培训来改变和发展。而"冰山以下部分"包括社会角色、自我形象、特质和动机,是人内在的、难以测量的部分。它们不太容易通过外界的影响而得到改变,但却对人员的行为与表现起着关键性的作用。

斯潘塞在麦克莱兰研究的基础上,专注于胜任力的研究,他认为胜任力能够将工作(或组织、文化)中表现优异者与表现平平者区分开来,表现为个人潜在的深层次的特征,提出"新冰山模型",包括动机(motives)、特质(traits)、自我概念特征(self-concept characteristics)、知识(knowledge)和技能(skills)。"新冰山模型"将胜任力分为5个层次,从上往下,被挖掘和被感知的程度在减弱,培养培育的难度在加大,也就是说知识、技能是相对容易获得的能力,也容易被感知和测量,但是动机、特质、自我概念特征却较难感知,容易被忽略或难以测量，也较难培育和发展。① 与斯潘塞聚焦于个体内在特征不同的是，弗莱切认为胜任力是保证个人能够胜任工作的外显行为，这些行为是具体的、可观察、可测量的。我国学者的研究认为胜任力是工作情境中个体的价值观、个性或态度、动机以及知识、技能等关键特征。②

2. 洋葱模型

洋葱模型是在冰山模型基础上演变而来的。美国学者 R.博雅特兹（Boyatzis）在对麦克莱兰素质理论进行研究的基础上提出了洋葱模型，展示了素质构成的核心要素，并说明了各构成要素可被观察和衡量的特点。洋葱模型，是把胜任素质由内到外概括为层层包裹的结构，最核心的是动机，然后向外依次展开为个性、自我形象与价值观、社会角色、态度、知识、技能。越向外层，越易于培养和评价；越向内层，越难以评价和习得。③

总体来看，洋葱模型关于胜任力特征的描述比冰山模型的层次关系更为丰富，洋葱模型所包含的个人特质和动机、个人角色定位和自我认知、个人知识和技能等显性和隐性要素的描述，为本书构建党员干部媒介素养模型指标要素的选取提供了理论基础。

二、胜任力理论下党员干部媒介素养的具象化能力

从胜任力角度考察党员干部媒介素养，一方面表现为现实易观测的应对能力、处置能力、话语能力等显性特征，另一方面表现为不易测量的核心意识、大局意识、协调意识等隐性特征，可以用胜任力模型来分析，围绕价值观、个性和态度、知识、技能四个维度展开。这样的考察视角超越了单纯的知识技能范畴，还可以不断融入态度或情绪、伦理、实践等。与彭兰教授将党员干部媒介

---

① 参见 Signe M.Spencer，Lyle M.Spencer，*Competence at work：models for superior performance*，New York：John Wiley & Sons，1993，pp.313－314。

② 参见陈民科：《基于胜任力的职务分析及其应用》，《人类工效学》2002 年第 1 期。

③ 参见 Richard E. Boyatzis，*The competence manager：a model for effective performance*，New York：John Wiley & Sons，1982，pp.101－105。

素养从单纯的“应对技能”运用上解脱出来，并上升为认知、意识、价值等精神层面的理念是不谋而合的。① 还与一些公认的评估框架思路一致，如欧洲经合组织学习框架2030，该框架包括知识、技能、态度和价值观②；MIL评估框架强调批判、合理合法地获取、理解、评价、利用、创造和分享各类型媒介信息与知识的综合能力。③ 这些评估框架彰显了从知识、技能、态度、价值观、思想道德等多维度评价个体水平的重要性和趋势。

党员干部媒介素养的培育提升归根结底还是个教育问题。布鲁姆的教育目标分类理论，将教育教学目标分为认知、情感、运动技能三大类，为教育科学化发展作出了突出贡献，也成为当前教学设计和教学活动开展的基本遵循。辛涛等认为教育素养是一种同心圆型结构，内核是认知基础能力，中层为情感思维能力，最外层是技能实践能力，基层能力支撑着中层的思维能力，而实践能力则引导着思维能力的建构，三者之间相互依存、相互建构。与党员干部媒介素养的教育问题相结合，基层能力指的是知识储备能力、认知能力；中层能力是看待问题的态度和情感调节，以此管理个体的思维；外层能力是党员干部工作实践所使用的技能，媒介素养作为一种复合型素养，知识、技能和情感态度价值观缺一不可。④

也就是说，从胜任力视角考察党员干部媒介素养有其理论科学性和合理性，媒介素养不是单一的要素或技能，而是一种由认知、情感、审美、道德等构成的体系结构。本书认同这种结构性的观点，认为党员干部媒介素养包括媒介认知、媒介情感、媒介意识（伦理道德）、媒介行为，分别指向知、

---

① 参见彭兰：《社会化媒体时代的三种媒介素养及其关系》，《上海师范大学学报（哲学社会科学版）》2013年第3期。

② 参见OECD，The future of education and skills：Education 2030 position paper，http://www.oecd.org/education/2030/E2030%20Position%20Paper%20(05.04.2018).pdf，2018-07-20。

③ 参见UNESCO，Global Media and Information Literacy Assessment Framework：Country Readiness and Competencies，https://unesdoc.unesco.org/ark:/48223/pf0000224655_chi，2014-07-08。

④ 参见钟志贤等：《论公民媒介素养测评框架建构》，《电化教育研究》2020年第1期。

情、意、行四个方面。

综上可见，从胜任力模型分解党员干部媒介素养，表现为价值观、个性和意识、知识、技能四个维度，从教育目标观测党员干部媒介素养需要聚焦知识、技能、意识和情感四个方面，胜任力模型与教育目标所分解的要素基本是一致的，也就是说在党员干部媒介素养问题上，不论是从管理领域看，还是从教育领域看，展开分析的维度是相通的。因此，本书研究我国党员干部媒介素养是从认知、情感、意识、行为四个方面来分析，如图 4-2 所示。

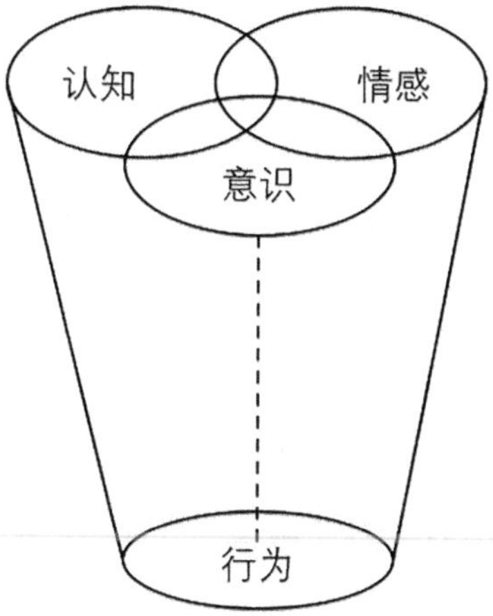

图 4-2　党员干部媒介素养的能力维度

三、认知、情感、意识、行为四元能力相互促进

在四个方面的能力维度中，认知是个体储备的知识和技术，表现为对媒体运作流程的认识、对网络传播规律的认识、对不同圈层群体的认识、对媒介工具的使用能力等；情感是个体的意识或动机，表现为承压能力、自我激励能力、自我管理能力、与他人共情能力等；意识是个体的社会角色或价值观，表现为坚持党的方针路线、坚持正确舆论引导、坚持弘扬社会主义核心价值观，坚定

网络正能量和主流价值导向等;行为是最终外化出来的个体的管理能力、社会交往能力、行动能力等。

特别值得一提的是,这样的分析框架超越了定位于"知识"、"技能"的工具理性思维禁锢,越来越意识到媒介文化理念的影响,纳入时代特征、社会制度、文化观念等价值层面影响因素。① 对于媒介素养内涵的分析和阐释,需要足够的灵活性和广度来解释这种复杂性,包括了工具理性和价值理性的分析维度一定程度上可以适应这种复杂性。

四个方面的能力不是独立的,他们之间相互影响、相互作用,意识方面的提升会促使党员干部更加努力学习媒介相关知识,知识的储备又为实践行动奠定基础,同时意识、情感也可以直接影响党员干部的行动实践。四个方面的能力不是平行地位于一个层次,认知、情感和意识维度要依赖于行为能力的实践,行为能力的训练要依靠认知、情感、意识维度的支撑。②

当前,媒介素养培训实践工作多在应对、技巧、表达上下功夫,使得党员干部的媒介表现短时间内有所改观,但是缺少了意识、情感、认知的根基,行为是短暂的、不可持续的。究其原因,技术和社会规范不断演变,媒介素养成为一种终身实践,是不断学习和调整的知识、情感、意识与技能的集合,四个方面能力的综合反映,哪个方面存在短板都会制约党员干部的媒介素养水平。

第三节　建构党员干部媒介素养内容模型

党员干部媒介素养,除了与个体能力特征影响有关外,还与工作情境紧密

---

① 参见 David Buckingham, *Media education: Literacy, learning and contemporary culture*, Cambridge: Polity Press, 2003, pp.10-11。

② 参见文茂伟:《领导者发展的认知、情感、精神与行为"四力模型"构建》,《领导科学》2016 年第 20 期。

联系,受到工作条件、岗位特征、工作环境等的影响。党员干部媒介素养从情境和能力两个维度来考察,两个维度的交叉形成特定情境下的每个层面的能力要求(如图 4-3 所示)。

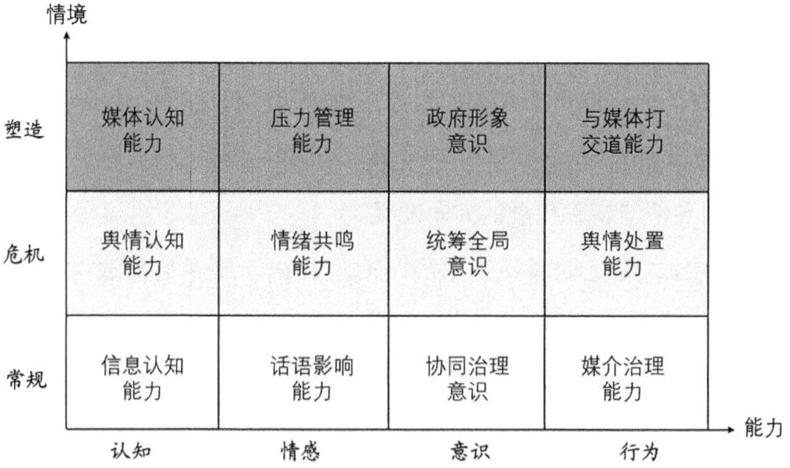

图 4-3　党员干部媒介素养内容模型

一、常规情境下的媒介素养

在认知层面党员干部要增强信息认知能力。新媒体时代的传播环境、舆论主体、舆论形式已经悄然发生了变革,用户不再是消极的信息接受者,而变成了积极的信息反馈者和生产者,能动地与媒介平台、媒介平台中的信息、媒介平台中的用户进行互动,不断增强自身的网络话语权。① 党员干部需要懂媒介、懂平台、懂用户,知晓自媒体的点燃、社交媒体的传播、平台媒体的推送等关联作用,了解不同媒介平台面向的用户群,不同用户群的使用特点、兴趣点,用户群与用户群之间连接的桥梁或者隔阂原因,哪些信息或内容容易破圈、同步登录各媒介平台热搜榜;需要把握媒介传播规律,提升信息分

① 参见王贵斌:《媒介素养认知模式的迭代更新》,《现代传播(中国传媒大学学报)》2020 年第 6 期。

辨能力，能够辨析不同媒介平台上信息的真伪度，对新闻、事件等有自我见解和看法。

在情感层面，党员干部要提高话语影响力。特别是网络公共领域面临后真相的挑战，海量信息泛滥与有效信息匮乏并存，虚假信息、定制信息将情绪带入，情绪超越事实和逻辑成为引发舆论发展的重要因素，①迫切需要党员干部提高话语影响力。党员干部首先要控制情绪对自我的影响，拨云见日，找到情绪背后的事实和逻辑，其次要在抚慰情绪的同时，发挥语言、思想、辩论等方面的作用，引导情绪朝着积极的方向发展。

在意识层面，党员干部要建立协同治理意识。要融会贯通党的基本理论、方针政策、发展方向等大局，②关注国内外舆论、网上网下争论、草根精英讨论、民间官方定论，以社会主义核心价值观为引领守住正确舆论方向。要秉持以人民为中心的工作理念、服务意识，遵守网络法律法规，恪守媒介道德规范。

在行为层面，党员干部要提升运用媒介的能力。党员干部要能够与公众顺畅互动交流，在大是大非面前要站稳立场，针对一些错误观点要鲜明批驳，针对一些模糊认识要理性廓清，针对不明真相引导网民不盲目跟从，同时要用网言网语与群众站在一起。要敏锐意识到一些风险性、苗头性现象或问题，主动前置监管与治理。

二、危机情境下的媒介素养

危机事件发生后，传播表现出“全传播链”③的特征与趋势，危机事件同步登录各媒介平台的热搜榜，算法平台也会将热点事件推送给用户，这时候事件

① 参见姚姿如、喻国明：《试论媒介化时代媒介素养教育新范式及逻辑框架》，《中国出版》2021年第3期。

② 参见张海燕：《对提高领导干部媒介素养的思考》，《岭南学刊》2006年第5期。

③ 郭庆光：《“全产业链”背后的“全方位传播链”》，《大众日报》2011年11月23日。

处置和舆论处置同等重要。危机情境下更能观察和考察领导干部的综合素养,更能真实反映出关键岗位领导干部的内在品质。①

危机情境下党员干部媒介素养,首先体现在舆情认知能力上,要有敏锐的舆情触觉,感知到某个事件或燃点有发展为舆情的可能性,作出预判或提前采取措施;要真正懂舆情,懂得舆情发生发展的规律、关键节点、生命周期,各阶段媒介形态的互动特点,分辨利益相关者的真正诉求点。其次,体现在情感沟通上的共情能力,要设身处地体验危机事件面前利益相关者的处境,换位思考,理解他们的感受并开展情感上的沟通,实现共情,提升舆论环境凝聚力。②再次,体现在统筹全局的意识上,危机情境的处置是网上网下协同一致的,党员干部或政府作为事件处置的主体是群众的主心骨,要秉持抢救为先、公开透明、实事求是的原则,及时主动发布各类信息或数据,防止别有用心之人散布虚假信息,防止境外势力借民生事件等搞意识形态渗透。最后,体现在舆情处置能力上,危机事件的发生加剧了公众对信息的渴求,加上事件本身的风险性和不确定性易于强化公众诉求,浩瀚的信息海洋中真假难辨,党员干部或政府需要加大危机事件中的信息供给力度,实时监控和捕捉民众观点、舆论监督进行针对性、有效性回应,形成事前、事中、事后全覆盖的舆情回应能力体系,③并在此基础上主动制造议题,引导舆论发展的方向和走势。

三、塑造情境下的媒介素养

随着我国新闻发布会、新闻发言人等制度的逐步实施,我们也产生了华春莹、赵立坚、吴谦等个性鲜明的党员干部形象。塑造情境中党员干部媒介素养要重点关注媒体认知能力、压力管理能力、政府形象意识和与媒体打交道的能力。在新闻发布会等塑造情境中,党员干部要对新闻发布会的场景、流程熟

① 参见赵世明:《危机治理情境下干部的选拔任用》,《中国党政干部论坛》2020 年第 3 期。
② 杨玉兰、文茂伟:《领导干部媒介素养的提升路径探讨》,《探索》2016 年第 3 期。
③ 参见赖胜强等:《政府部门网络舆情回应能力的构建》,《电子政务》2017 年第 7 期。

悉,对不同媒体的发问风格、提问方式、关注领域有了解,做到对媒体、对场景的认知和熟悉,有了观察、认知和了解后,就可以比较好地管理媒体聚光灯下的压力,进行心理和情感上的自我认同、自我激励。"人民对美好生活的向往就是我们的奋斗目标"是我们党对人民作出的郑重承诺,也是我们持之以恒、兢兢业业的目标,以人民为中心的意识、人民公仆意识是始终沉淀在心底里的。最后表现在行为上就是与媒体良好的互动交流,鲜明阐释我们的政策主张和思维理念,如果是危机过后的塑造情境,以此纠正、修补或挽回过失,还需注重提高形象修复能力,用诚恳的意识、负责任的语言、补救措施等,挽回不良影响和损失。①

本书为了更好地认识党员干部媒介素养,像探照灯一样进行细节观察,探索从情境和能力两个维度对其进行拆解,情境维度分析了常规情境、危机情境、塑造情境三个不同情境所需的素养偏向,能力维度分析了认知、意识、精神和行为四个层面的不同表现,能力和情境两个维度的交叉构建了党员干部媒介素养内容模型,也就形成了 12 项概括性指标。

第四节　设计党员干部媒介素养指标体系

研究构建的党员干部媒介素养内容模型,形成了 3 个应用情境、4 个考察维度、12 项一级指标,为接下来的党员干部媒介素养指标体系的细化研究工作奠定基础。

一、考察党员干部媒介素养的四维指标

基于上述理论框架,党员干部媒介素养从三种情境下的认知、情感、意识、

① 参见刘小燕、丁学梅:《政府形象传播的类型及方法》,《国际新闻界》2005 年第 4 期。

行为四个域来考察分析。

（一）媒介认知

媒介认知是指党员干部对媒介环境与技术等知识的掌握，以及对媒介生态、媒介与人、媒介与社会等关系的理解程度。"知识说"认为应该注重积累与媒介相关的各类知识，①建立获得正确媒介信息、信息产生意义和独立判断信息价值的知识结构。②

党员干部需要建立媒介接触、选择、解读、判断等认知能力。特别是面对当前多样化的媒介形态，是否对其属性、功能、内容、受众、传播时效等有清晰认知，是否能有效评估不同信息源的信度与效度、辨析媒介内容与信息的可用性和可靠性，并筛选出虚假信息，是否能从内容信息中鉴别出意识形态属性，是否能理解互联网传播各要素间的协同联动机制，是否能认识互联网传播规律、把控重要传播节点。党员干部还需具有对危机环境的感知和研判能力，敏锐感知到苗头性问题或潜在危机可能发展为舆情，能够对舆情发展态势、发展方向、产生结果做出评判和预见。

（二）媒介情感

媒介情感是指党员干部理解使用媒介时的态度，以及面对媒介情境时的感情指向和情绪体验。情绪情感已成为影响个人发展和领导力拓展提升的关键因素，自信、自控、同理心、培育他人等情感胜任特征趋向于将绩优者凸显出来。③ 特别是在"情绪情感优先"的网络空间中，党员干部的情感态度是否与

① 参见强月新、陈星：《我国媒介素养的研究视角及其现状》，《新闻与写作》2017年第6期。

② 参见张开：《媒介素养概论》，中国传媒大学出版社2006年版，第97页。

③ 参见胡信布等：《领导者情绪胜任力模型构建的实证研究——以陕西省厅处级干部为例》，《软科学》2014年第6期。

公众同频共振，这成为能否获得公众认可的重要因素，也是消除“本领恐慌”、实现网络治理事半功倍的重要保障。

在社会沟通和舆论引导中，“动之以情”常常要比“晓之以理”的效果更明显。① 党员干部需要建立共情传播能力（共情力），在特定情境下能设身处地体验他人处境，以便感受和理解他人情感，并通过积极的语言态度回应公众，共情力是工作中获得认同、树立权威、凝聚共识、形成合力的重要保障。面对危机或压力情境，如何调控个体情绪，保持情绪的相对稳定性并从容处理各类复杂事情的能力，也就是党员干部在压力情境下的自我控制和自我激励能力，②这也是党员干部媒介情感能力的重要体现。

（三）媒介意识

媒介意识是指党员干部在接触、使用、甄别、创作媒介内容与信息时表现出来的稳定的心理倾向，涉及网络道德、伦理规范、隐私保护等，是媒介环境的价值导向。任何一种舆论都承载着一定的价值观念、价值判断和价值规范，通过对社会生活事件的评论，影响人们的基本立场和态度，从而实现对公众的价值导引。③

党员干部需要树立舆论意识，坚持正确舆论导向，强化以社会主义核心价值观为主导的价值意识，有效引导公众树立并倡导共识性价值观念，构建网上网下同心圆。党员干部还需率先垂范媒介道德意识，恪守媒介道德、遵守媒介规范，注重在政务应用中保护公民个人隐私和数据安全。党员干部需要树立协同治理思维，当前，多元社会主体通过数字技术相互连接，构成一个复杂巨系统，

---

① 喻国明：《网络舆情治理的基本逻辑与规制构建》，《探索与争鸣》2016 年第 10 期。

② 参见 Reuven Bar-On，“The Bar-On Model of Emotional-social Intelligence（ESI）”，*Psicothema*，Vol.18，(2006) pp.13–25。

③ 参见赵春丽、付捷：《新媒体时代政府舆论引导能力体系结构初探》，《湖北社会科学》2013 年第 11 期。

巨系统的治理和运转需要调动多元主体的积极性，政府、媒体、网民、网络“意见领袖”、社会组织等多方协商、良性互动，才能促进多元主体共治与平衡。① 此外，西方敌对势力从来不放弃任何以民生事件为切入点进行意识形态攻击的机会，多起舆情危机事件中也都能看到西方敌对势力的影子，党员干部必须要树立意识形态危机意识。

（四）媒介行为

媒介行为是指党员干部利用媒介进行国家治理的应用、表现和行动实践。行为是检验党员干部媒介素养的落脚点，表现为常态情境下的运用媒介能力、危机情境下的舆情回应能力和塑造情境下的媒体沟通能力，这是不同情境下党员干部媒介素养表现的总要求。

在常态情境下，党员干部需要良好的信息获取力，熟练使用各种媒介形态，利用不同渠道获取所需要的新闻、事件、数据等；在此基础上，从海量信息内容中挖掘出事实、意见、观点，以符合互联网传播特点与规律的语言表达和视听形式，生产舆论内容；②选择恰当的媒介渠道、传播形式、发布时机等向公众进行有效传播，让议题该热的时候热起来，该冷的时候冷下去，实现舆论传播与引导。此外，丰富的政务客户端、政务新媒体增强了公众与政府、党员干部间的沟通交流能力，党员干部还需要提升网络问政和媒介执政能力，自觉利用政务新媒体、政务 APP 等进行信息发布、政策解读、征询公众意见建议等。

在危机情境中，网络舆情发展的初始阶段，党员干部最突出的是风险感知、舆情信息收集和预判能力，为舆情处置和回应做准备；③随着舆情态势发展，各方面注意力目光聚集过来，里面充斥着杂音、噪音和虚假信息，“信息发

---

① 参见刘泾：《新媒体时代政府网络舆情治理模式创新研究》，《情报科学》2018 年第 12 期。

② 参见李爽、何歆怡：《大学生网络素养现状调查与思考》，《开放教育研究》2022 年第 1 期。

③ 参见赖胜强等：《政府部门网络舆情回应能力的构建》，《电子政务》2017 年第 7 期。

布跟不上,谣言就会满天飞”,这一阶段,党员干部媒介素养重要的是对舆情回应的时机、内容、方式等进行决策,有效回应公众质疑。

在新闻发布会、接受采访等形象塑造情境中,需要党员干部展现的是对媒体的信任,与媒体沟通的能力。《人民日报》于2011年6月刊发《媒介素养体现执政水平》的文章中说,舆情不是“敌情”,相反,媒体是社会的预警器,它对热点事件、敏感问题的反映和关注,眼前或许会让一些地方政府一时“难堪”,但从长远来说,对维护人民群众利益、推动社会进步利莫大焉。政府与媒体应该是良性互动关系,在人民群众利益的大目标面前,党员干部与媒体诉求达成共识,以建设性的态度解决社会热点问题。党员干部还需要展现的是对由危机情境带来的政府形象损伤进行的形象修复,如在2011年的广东乌坎事件汇总,广东省委书记汪洋委托省委副书记朱明国带领省工作组进驻陆丰市,强调“以最大决心、最大诚意、最大努力解决群众的合理诉求”,在媒体镜头面前展现了党和政府解决人民诉求的决心和信心,赢得了良好的党委政府形象。

二、探索构建党员干部媒介素养指标体系

在党员干部内容模型的框架下,借鉴UNESCO媒介与信息素养指标①、公众媒介素养的测量指标②进行分解,并充分参考当前党员干部媒介素养已有研究成果③④⑤。党员干部媒介素养是一个应用性很强的问题,除了从学理的角度进行探析外,还需要关照现实环境和具体治理能力的实现,因此,党员干

---

① 参见UNESCO,Global Media and Information Literacy Assessment Framework:Country Readiness and Competencies,https://unesdoc.unesco.org/ark:/48223/pf0000224655_chi,2014-07-08。

② 参见李金城:《媒介素养的测量及影响因素的研究》,上海交通大学出版社2017年版,第46—50页。

③ 参见骆正林:《党政干部的媒介素养与执政能力建设》,《岭南学刊》2010年第2期。

④ 参见李后强、彭剑:《论领导干部社会形象的舆论塑造》,《新闻界》2019年第4期。

⑤ 张云镕:《基于扎根理论的媒体型智库舆论引导力构成与作用机制研究》,《情报理论与实践》2021年第11期。

部媒介素养指标体系，充分结合现有国家政策文件。如习近平总书记关于宣传工作、网络强国、舆论工作等的重要讲话精神和重要指示要求，如国务院办公厅关于政务信息公开、政务舆情回应的文件，以及各省、地市级政府相关文件，结合舆论引导和舆情处置的实践梳理等。

在综合理论研究、顶层设计和现实实践的基础上，采用多层次、多维度的模型析出思路，综合运用内容分析法、德尔菲法等构建党员领导干部媒介素养指标体系，初次尝试构建指标体系。

（一）初次尝试构建指标体系

结合研究已经建构的党员干部媒介素养的内容模型，得到表 4-1。一级指标为三种情境，二级指标为 12 项指标，三级指标为从二级指标析出的个性化指标，共 29 项。笔者征询了 8 位长期从事媒介素养理论研究与教学的高校、党校教师，总结专家的意见，该指标构建方式存在如下问题。

一是，指标的区分性不强。部分指标间有交叠融合，指标区分性不强，给测量带来难度。如：媒介认知能力 A1、舆情认知能力 B1、媒体认知能力 C1，都属于认知范畴，互相之间又存在交叉。情绪控制力 A21、共情力 B21 也存在如上的问题，共情力范畴较广，能够囊括情绪控制力。

二是，指标表达层级不统一。指标间的层级不清晰，每级指标囊括的范围不一致，没有办法实现在同级指标间的衡量。媒介认知能力 A1 与媒介认知力 A11 表述相同，但是又不在同一层级，无法表述之间的包含关系。互联网思维 A31 与主旋律意识 A32 不在一个层级上，互联网思维是一个统摄性概念，而主旋律意识已经落到了实操层面，是具体指向。风险预警意识 B31、利益相关方意识 B32、主心骨意识 B33、透明公开意识 B34 也都是具体操作层面上的内容。

三是，指标可测量性不足。指标是为了测量党员干部媒介素养，所以指标需要通过题项表述出来，并准确测量。但是，主旋律意识 A32、人民意识 C31、公仆意识 C32 等指标是单纯从个体主观角度出发的指标，无法实现准确有效测量。

四是，指标体系过于复杂。采用三级指标体系，过于复杂，难以在实践中落地，一级指标体系不具有科学性和测量性，也难以说明具体问题。

总体来看，第一次探索构建指标体系是不成功的，仅仅照顾了之前内容模型中析出的 12 项指标，但是没有顾及指标体系后续的可用性和实效性。因此，本书打破之前的研究思想，通过将研究指标落地并以可测量的方式表达出来。

表 4-1　依据内容模型探索指标体系

指标项	一级指标	二级指标	三级指标	指标描述
1	常规情境 A	媒介认知能力 A1	媒介认知力 A11	对各种媒介工具的形态、属性、功能、内容、受众、时效等特征的认知能力
2			信息评判力 A12	评估不同信息源的信度与效度，辨析媒介内容与信息的可用性和可靠性
3		话语影响能力 A2	情绪控制力 A21	面对后真相时代的信息源，能够保持相对一定的情绪稳定性
4			话语感召力 A22	利用媒介平台激发公众的共同情感、获取思想认同和行为支持的能力
5		协同治理意识 A3	互联网思维 A31	运用互联网生态规律，注重发挥互联网多元主体协同治理的意识
6			主旋律意识 A32	坚持正确舆论导向，强化以社会主义核心价值观为主导的主旋律意识
7			媒介道德意识 A33	遵守媒介规范、恪守媒介道德，注重保护公民个人隐私和数据安全的意识
8		媒介运用能力 A4	媒介接触力 A41	熟练使用多种媒介形态，通过不同媒介渠道获取所需要的新闻、事件、数据等的能力
9			媒介应用力 A42	利用政务新媒体、政务 APP 等进行信息发布、政策解读、征询公众意见建议的能力
10			内容生产力 A43	在现有信息和内容的基础上，创新性生产信息和内容的能力
11			媒介传播力 A44	使用适宜的媒介平台与公众进行有效沟通、良性互动和传播内容的能力

续表

指标项	一级指标	二级指标	三级指标	指标描述
12	危机情境B	舆情认知能力B1	危机感知力B11	敏锐感知到苗头性问题或潜在危机可能发展为舆情的能力
13	危机情境B	舆情认知能力B1	舆情研判力B12	对舆情发展态势、发展方向、产生结果做出评判和预见的能力
14	危机情境B	情绪共鸣能力B2	共情力B21	设身处地体验利益相关者处境并达到感受和理解他人情感与其共情的能力
15	危机情境B	统筹全局意识B3	风险预警意识B31	预警敌对势力以民生事件为切入点制造群体性事件的风险意识
16	危机情境B	统筹全局意识B3	利益相关方意识B32	关切危机事件的利益相关方各自诉求、诉求一致性以及诉求差异性的意识
17	危机情境B	统筹全局意识B3	主心骨意识B33	承担起危机救援、危机处置、保护人民群众的主心骨意识
18	危机情境B	舆情处置能力B4	透明公开意识B34	秉持实事求是、透明公开的信息供给意识
19	危机情境B	舆情处置能力B4	舆情监控力B41	能够监控与危机事件相关的新闻、评论、舆情、官方言论等各方面信息数据的能力
20	危机情境B	舆情处置能力B4	数据分析力B42	能够对搜集的信息数据进行辨别和分析，进而识别利益相关方诉求点的能力
21	危机情境B	舆情处置能力B4	舆情回应力B43	能够针对性捕捉民众关注和舆论焦点进行有效回应的能力
22	塑造情境C	媒体认知能力C1	知悉媒体力C11	认知各媒体机构的属性、功能和特点，觉察所处环境中参与媒体友好程度的能力
23	塑造情境C	媒体认知能力C1	知悉场景力C12	认知新闻发布会等发言场景的流程、特点和要求的能力
24	塑造情境C	压力管理能力C2	自我激励力C21	形象塑造场景中自我激励并保持积极状态的能力
25	塑造情境C	政府形象意识C3	人民意识C31	建立和塑造“以人民为中心”是党和国家初心使命的理念
26	塑造情境C	政府形象意识C3	公仆意识C32	建立和塑造党员领导干部作为人民公仆的理念
27	塑造情境C	与媒体打交道能力C4	媒体沟通力C41	主动利用媒体进行信息发布、传播党和国家声音的能力
28	塑造情境C	与媒体打交道能力C4	形象修复力C42	主动利用媒体化解危机、修复不良形象的能力

（二）第二次探索构建指标体系

在第二次探索构建指标体系的过程中，首先否定了三级指标体系的办法，要采取两级指标体系。在两级指标体系中，一种思路是以四个能力为一级指标，一种思路是以三种情境具象化突出要求为一级指标。

第一种思路：从能力维度进行构建。一级指标为媒介认知、媒介意识、媒介情感和媒介行为4个维度共4项，二级指标结合常规、危机、塑造三种情境析出，共20项，如表4-2所示。媒介认知用4项指标衡量，媒介意识用5项指标衡量，媒介情感用3项指标衡量，媒介行为用8项指标衡量。

将该思路征询8位长期从事媒介素养理论研究与教学的高校、党校教师，总结专家的意见认为：这种构建方式简单、清晰、直观，但是仅用认知、意识、情感、行为这样的描述，存在辨识度不高的问题，关于领导力的其他研究也可以采取这样的思路，而实际上公众媒介素养研究较少采用该种构建方法。此外，各二级指标间的数量偏差较大，存在衡量的精细度不一致的问题。

表4-2　以能力维度切入探索指标体系

序号	一级指标	二级指标	指标阐释
1	媒介认知	媒介知识	熟悉不同媒介形态的属性、功能、内容、受众、时效等特征，并能够使用不同媒介获取所需信息
2		媒介理解	理解不同媒介渠道获取的新闻、事件、数据等的差异性，以及对个人和社会产生的影响
3		信息评估	评估不同信息源的信度与效度，辨析媒介内容与信息的可靠性和可信度
4		信息甄别	鉴别各类内容和信息中是事实信息还是带有价值倾向的观点信息，并做出应用判断

续表

序号	一级指标	二级指标	指标阐释
5	媒介意识	媒介道德	遵守媒介规范、恪守媒介道德，注重保护公民个人隐私和数据安全
6		舆论理念	意识到新媒介环境的舆论斗争时刻存在，且一定能级的舆论观点能够引导公众价值观倾向
7		危机意识	意识到公众、媒体、社会等积极参与舆论监督，经济社会发展的任何节点都有可能引发网络舆情
8		媒体态度	意识到与媒体打交道是沟通群众、接受媒体监督、展现部门形象的重要机会
9		治理思维	坚守社会主义核心价值观共识，意识到需发挥多部门、多主体、多手段等多元方式治理媒介
10	媒介情感	共情传播	设身处地体验利益相关方处境，利用媒介平台激发公众的共同情感、获取思想认同和行为支持
11		媒体信任	选择信任媒体，根据管理社会事务的需要主动联系和使用媒体
12		情绪调节	新闻发布等场景中通过自我管理、自我激励等方式保持情绪的相对稳定性
13	媒介行为	媒介参与	利用不同媒介平台以关注、浏览、点赞、评论等形式参与到公共事务的讨论中
14		媒介生产	利用个人自媒体、政务新媒体平台（政务微博、微信、抖音，政务 APP 等），生产或转发事实性、观点性信息与内容，并传播扩散出去
15		网络问政	使用政务新媒体平台（政务微博、微信、抖音，政务 APP 等）了解群众诉求、进行互动交流
16		媒介执政	使用政务新媒体平台（政务微博、微信、抖音，政务 APP 等）发布政策、提供服务、开展监管
17		风险感知	感知社会现象、社会事件有引发舆情危机的潜在风险
18		舆情研判	利用搜集到的数据和信息对舆情发展态势、发展方向、产生影响等做出评判和预见
19		舆情决策	识别利益相关方重要关切，捕捉舆论热点焦点，决策舆情回应的时机、形式与内容等
20		媒体互动	与媒体双向互动交流，真诚回应媒体和公众重要关切，利用媒体发布政府重要决策、传播党和国家声音

第二种思路：从情境维度进行构建，重点突出每种情境下党员领导干部媒介素养的实践性与特殊性。一级指标划分为媒介认知、舆情回应、媒体沟通、媒介运用 4 个维度 4 项，二级指标结合意识、知识、情感、行为维度析出，共 20

项。“媒介认知”对应普通公众媒介素养，党员干部首先应该满足对普通公众的要求，这是最基本的也是必需的，然后是三种情境下的高层次要求，“舆情回应”对应危机情境，“媒体沟通”对应塑造情境，“媒介运用”对应常态情境，如表4-3所示。媒介认知用5个指标衡量，舆情回应用5个指标衡量，媒体沟通用4个指标衡量，媒介运用用6个指标衡量。

表4-3　以情境能力结合探索指标体系

指标项	一级指标	二级指标	指标阐释
1	媒介认知	媒介道德	遵守媒介规范、恪守媒介道德，注重保护公民个人隐私和数据安全
2		媒介知识	熟悉不同媒介形态的属性、功能、内容、受众、时效等特征并能够使用不同媒介获取所需信息
3		媒介理解	理解不同媒介渠道获取的新闻、事件、数据等的差异性，以及对个人和社会产生的影响
4		信息评估	评估不同信息源的信度与效度，辨析媒介内容与信息的可靠性和可信度
5		信息甄别	鉴别各类内容和信息中是事实信息还是带有价值倾向的观点信息，并做出应用判断
6	舆情回应	危机意识	意识到公众、媒体、社会等积极参与舆论监督，经济社会发展的任何节点都有可能引发网络舆情
7		风险感知	感知社会现象、社会事件有引发舆情危机的潜在风险
8		舆情研判	利用搜集到的数据和信息对舆情发展态势、发展方向、产生影响等做出评判和预见
9		共情传播	设身处地体验利益相关方处境，利用媒介平台激发公众的共同情感，获取思想认同和行为支持
10		舆情决策	识别利益相关方重要关切，捕捉舆论热点焦点，决策舆情回应的时机、形式与内容等
11	媒体沟通	媒体态度	意识到与媒体打交道是沟通群众、接受媒体监督、展现部门形象的重要机会
12		情绪调节	新闻发布等场景中通过自我管理、自我激励等方式保持情绪的相对稳定性
13		媒体信任	选择信任媒体，根据管理社会事务的需要主动联系和使用媒体
14		媒体互动	与媒体双向互动交流，真诚回应媒体和公众重要关切，利用媒体发布政府重要决策传播党和国家声音

续表

指标项	一级指标	二级指标	指标阐释
15	媒介运用	舆论理念	意识到新媒介环境的舆论斗争时刻存在,且一定能级的舆论观点能够引导公众价值观倾向
16		媒介参与	利用不同媒介平台以关注、浏览、点赞、评论等形式参与到公共事务的讨论中
17		媒介生产	利用个人自媒体、政务新媒体平台(政务微博、微信、抖音,政务 APP 等),生产或转发事实性、观点性信息与内容,并传播扩散出去
18		治理思维	坚守社会主义核心价值观共识,意识到须发挥多部门、多主体、多手段等多元方式治理媒介作用
19		网络问政	使用政务新媒体平台(政务微博、微信、抖音,政务 APP 等)了解群众诉求、进行互动交流
20		媒介执政	使用政务新媒体平台(政务微博、微信、抖音,政务 APP 等)发布政策、提供服务、开展监管

将该思路再次征询了 8 位长期从事媒介素养理论研究与教学的高校、党校教师,总结专家的意见认为:这种构建方式比较好地呼应了习近平总书记对干部网络能力建设的重要指示要求,比较好地回应既有研究,各一级指标的测量指标项也相对均衡,但是存在二级指标中知、情、意、行混合在一起不够清晰的问题。

三、形成初步的党员干部媒介素养指标体系

总体来看,8 位专家中有 6 位专家支持第二种构建方式。因此,我们采用第二种构建方式,但继续对二级指标项进行甄别和整合,遵循如下原则:(1)典型性。尽量吸纳理论研究和实践检验的有益成果,纳入典型性指标,代表一定的覆盖面。(2)简洁性。各项指标表述尽量简洁明确,避免模糊不清或歧义。(3)互斥性。指标之间避免重复,每一个指标独立代表一种能力或要求。(4)专指性。笔者并没有完全遵循 MIL 框架的思路,重点体现党员干部群体不同于公众的特点和要求。最终得到一级指标 4 项,二级指标 20 项,如表 4-4 所示。

表 4-4　党员干部媒介素养初步指标体系

题项	一级指标	二级指标	指标阐释	习近平关于媒介素养的重要指示要求
ID1	媒介认知	媒介道德	遵守媒介规范、恪守媒介道德，注重保护公民个人隐私和数据安全	互联网规律把握能力
ID2		媒介知识	熟悉不同媒介形态的属性、功能、内容、受众、时效等特征并能够使用不同媒介获取所需信息	
ID3		媒介理解	理解不同媒介渠道获取的新闻、事件、数据等的差异性，以及对个人和社会产生的影响	
ID4		信息评估	评估不同信息源的信度与效度，辨析媒介内容与信息的可靠性和可信度	
ID5		信息甄别	鉴别各类内容和信息中是事实信息还是带有价值倾向的观点信息，并做出应用判断	
ID6	舆情回应	危机意识	意识到公众、媒体、社会等积极参与舆论监督，经济社会发展的任何节点都有可能引发网络舆情	舆情回应时度效
ID7		风险感知	感知社会现象、社会事件有引发舆情危机的潜在风险	
ID8		舆情研判	利用搜集到的数据和信息对舆情发展态势、发展方向、产生影响等做出评判和预见	
ID9		共情传播	设身处地体验利益相关方处境，利用媒介平台激发公众的共同情感，获取思想认同和行为支持	
ID10		舆情决策	识别利益相关方重要关切，捕捉舆论热点焦点，决策舆情回应的时机、形式与内容等	
ID11	媒体沟通	媒体态度	意识到与媒体打交道是沟通群众、接受媒体监督、展现部门形象的重要机会	同媒体打交道的能力
ID12		情绪调节	新闻发布等场景中通过自我管理、自我激励等方式保持情绪的相对稳定性	
ID13		媒体信任	选择信任媒体，根据管理社会事务的需要主动联系和使用媒体	
ID14		媒体互动	与媒体双向互动交流，真诚回应媒体和公众重要关切，利用媒体发布政府重要决策、传播党和国家声音	

续表

题项	一级指标	二级指标	指标阐释	习近平关于媒介素养的重要指示要求
ID15	媒介运用	舆论理念	意识到新媒介环境的舆论斗争时刻存在,且一定能级的舆论观点能够引导公众价值观倾向	对网络舆论的引导能力、对信息化发展的驾驭能力、对网络安全的保障能力、网络群众路线
ID16		媒介参与	利用不同媒介平台以关注、浏览、点赞、评论等形式参与到公共事务的讨论中	
ID17		媒介生产	利用个人自媒体、政务新媒体平台(政务微博、微信、抖音,政务 APP 等),生产或转发事实性、观点性信息与内容,并传播扩散出去	
ID18		治理思维	坚守社会主义核心价值观共识,意识到需发挥多部门、多主体、多手段等多元方式治理媒介作用	
ID19		网络问政	使用政务新媒体平台(政务微博、微信、抖音,政务 APP 等)了解群众诉求、进行互动交流	
ID20		媒介执政	使用政务新媒体平台(政务微博、微信、抖音,政务 APP 等)发布政策、提供服务、开展监管	

本章小结

本章构建了党员干部媒介素养的内容模型和初步指标体系。为了更好地认识党员干部媒介素养,需要像探照灯一样进行细节观察,透视党员干部媒介素养的构成要素,构建党员干部媒介素养的能力框架,才能真正丰富和充盈党员干部媒介素养的理论研究。从情境和胜任力两个维度对其进行透析,情境维度分析了常规情境、危机情境、塑造情境三个不同情境所需的素养偏向,胜任力维度分析了认知、意识、情感和行为四个层面的不同表现,能力和情境两个维度的交叉构建党员干部媒介素养的内容模型,也就形成了 12 项概括性指标。

在内容模型的指引下,充分结合媒介素养的强实践性特征,从情境维度进行构建，重点突出每种情境下党员干部媒介素养的实践性与特殊性。一级指标划分为媒介认知、舆情回应、媒体沟通、媒介运用4个维度4项，二级指标结合意识、知识、情感、行为维度析出，共20项。“媒介认知”对应普通公众媒介素养，党员干部首先应该满足对普通公众的要求，这是最基本的也是必需的，然后是三种情境下的高层次要求，“舆情回应”对应危机情境，“媒体沟通”对应塑造情境，“媒介运用”对应常态情境，形成了初步的党员干部媒介素养指标体系。

第五章　党员干部媒介素养指标体系的检验与修正

党员干部媒介素养初步指标体系是在理论指引和既有文献基础上形成的，指标体系是否合理科学、是否能够有效测量党员干部媒介素养的水平，还需要经过信效度检验、指标修正和指标权重的确定。

第一节　问卷设计与发放

依据党员干部媒介素养初步指标体系，笔者设计了调查问卷。问卷包括两部分：第一部分是受访者基本信息，包括性别、年龄、学历学位、职务职级、工作职责、单位级别，以采集受访者个人和组织特征，具体由 6 个测量题项（ID1—ID6）组成，采用无序分类变量，测量数据仅表示类别。第二部分是受访者媒介素养水平的测量，也即党员干部媒介素养测量量表，由党员干部媒介素养初步指标体系转换而来，用简洁明了的语言将每个指标要素的内涵要求表述清楚，便于受访者理解和判断，具体由 20 个测量题项（ID7—ID26）组成，如表 5-1 所示，采用李克特五级量表，1 分代表完全不符合，2 分代表比较不符合，3 分代表不确定，4 分代表比较符合，5 分代表完全符合。

本次调查对象为东部地区某省级党校 2022 年春季学期在校学员，有中青年干部培训班、习近平新时代中国特色社会主义思想研修班、县市区长进修班、省直科级干部进修班、处级干部任职班、厅局级干部进修班、省直继续教育班次，涉及7类班型、15个班次共计约600名学员。问卷通过“问卷星”平台进行发放，由各班次班主任在微信群内发布二维码，并要求学员实事求是进行作答。问卷内容详见附录1。调研时间为2022年5月25—28日，最终收集问卷564份，删除无效问卷后得到518份有效问卷，有效回收率为91.8%。通过对问卷的整理，有效问卷中的调查对象基本特征分布如表5-1所示。

表5-1　调查对象基本情况

特征类型	特征描述	样本数	百分比(%)	特征类型	特征描述	样本数	百分比(%)
性别	男	343	66.2	职务职级	科级以下	76	14.7
	女	175	33.8		科级	176	34.0
年龄	25岁以下	0	0		县处级	230	44.4
	25—35岁	155	29.9		市厅级	36	6.9
	36—45岁	249	48.1		省部级	0	0
	46—55岁	93	18.0	工作职责	综合协调	209	40.3
	55岁以上	21	4.1		宣传文化	43	8.3
学历	大专及以下	5	1.0		业务管理	124	23.9
	本科	273	52.7		教育科研	68	13.1
	硕士	202	39.0		其他	74	14.3
	博士	36	6.9	单位级别	乡镇街道	57	11.0
	其他	2	0.4		区县级	132	25.5
					市级	118	22.8
					省级	211	40.7

从性别上看，男性干部占比66.2%，女性干部占比33.8%。从年龄上看，25—35岁干部占比29.9%，36—45岁干部占比48.1%，46—55岁干部占比18%，55岁以上干部占比4.1%。从职务职级上看，样本涵盖市厅级(6.9%)、县处级(44.4%)、科级(34%)、科级以下(14.7%)。从工作职责上看，从事综合协调的干部占比40.3%，从事宣传文化工作的干部占比8.3%，从事业务管理工作的干部占比23.9%，从事教育科研工作的干部占比13.1%，从事其他

方面工作的干部占比 14.3%。从单位级别上看，乡镇街道干部占比 11%，区县级单位干部占比 25.5%，市级单位干部占比 22.8%，省级单位干部占比 40.7%。综合来看，各特征要素样本分布均衡，形成了比较全面的样本覆盖，符合研究基本要求。

第二节　检验量表信效度与修正模型

基于传统测量理论和经典检验理论，需要检验量表的信度与效度。信度（Reliability）即测量的可靠性，是测量结果受测量误差影响的程度；效度（Validity）即测量的准确性，指测量工具能够测量得到构想的程度，测量的效度越高，测量的结果越能显现其所要测量内容的真正特质。[①] 本研究将检验量表的信度、结构效度、聚效效度和区分效度，[②]将 518 份样本数据随机分成数量接近的两组，样本 1 数量为 260 份，满足样本量是指标变量 10 倍以上的要求[③]，可采用探索性因子分析用于发现量表包含的因子结构，建立量表结构的理论假设，修正党员领导干部媒介素养初步指标体系；样本 2 数量为 258 份，可采用验证性因子分析，通过考察采样数据与理论假设模型的拟合程度，实现对理论假设的验证。

一、探索性因子分析

笔者首先使用样本数据 1 进行信度检验。在 SPSS 中进行 Alpha 模型的可靠性分析，结果显示，量表总信度 Cronbach's α 系数为 0.864。接着进行探索性因子分析，结果显示，KMO 值为 0.843，Bartlett 球型检验值为

① 参见李金城：《媒介素养测量量表的编制与科学检验》，《电化教育研究》2017 年第 5 期。

② 参见李爽、何歆怡：《大学生网络素养现状调查与思考》，《开放教育研究》2022 年第 1 期。

③ 参见张文彤、董伟编著：《SPSS 统计分析高级教程》，高等教育出版社 2018 年版，第 245 页。

3184.242373，自由度为190，显著性水平小于0.01，适合进行因子分析。

在因子分析中，选择用主成分分析法进行因子抽取，配合碎石图检验抽取因子的适当性，利用最大方差法进行因子旋转，设定系统按大小进行排列，因子分析结果如表5-2所示。旋转在6次迭代后收敛，20个题项量表共提取5个因子，累计解释总方差61.655%，除ID17的因子载荷量小于0.5以外，其他题项在对应因子上的载荷均大于0.5，量表具有较好的结构效度。

根据因子分析的结果，删除因子载荷量小于0.5的题项，也即删除“媒体态度”题目。根据因子所包含的指标意义对党员干部媒介素养的五个因子进行命名。第一个因子命名为“媒介认知”（Cronbachs' α=0.772），包括ID8—ID11题项；第二个因子命名为“媒体沟通”（Cronbach's α=0.808），ID18—ID20题项；第三个因子命名为“媒介意识”（Cronbach's α=0.650），包括ID7、ID12、ID21、ID24题项；第四个因子命名为“媒介运用”（Cronbach's α=0.777），包括ID22、I23、ID25、ID26题项；第五个因子命名为“舆情回应”（Cronbach's α=0.783），包括ID13—ID16题项。由此，形成党员干部媒介素养的理论模型。

表5-2　党员干部媒介素养量表的探索性因子分析（N=260）

题项	指标项	媒介认知	媒体沟通	媒介意识	媒介运用	舆情回应
ID9	媒介理解	.807				
ID10	信息评估	.788				
ID8	媒介知识	.742				
ID11	信息甄别	.642				
ID20	媒体互动		.806			
ID18	情绪调节		.754			
ID19	媒体信任		.660			
ID21	舆论理念			.735		
ID7	媒介道德			.690		
ID24	治理思维			.670		

续表

题项	指标项	媒介认知	媒体沟通	媒介意识	媒介运用	舆情回应
ID12	危机意识			.511		
ID17	媒体态度					
ID22	媒介参与				.729	
ID23	媒介生产				.709	
ID25	网络问政				.707	
ID26	媒介执政				.693	
ID15	共情传播					.781
ID16	舆情决策					.600
ID13	风险感知					.579
ID14	舆情研判					.572

从探索性因子分析的结果来看，党员干部媒介素养指标体系由5项一级指标、19项二级指标构成。具体如下：

1. 媒介认知：媒介理解、信息评估、媒介知识、信息甄别

2. 媒体沟通：媒体互动、情绪调节、媒体信任

3. 媒介意识：舆论理念、媒介道德、治理思维、危机意识

4. 媒介运用：媒介参与、媒介生产、网络问政、媒介执政

5. 舆情回应：共情传播、舆情决策、风险感知、舆情研判

与理论设计相比照，理论建构的4个一级维度（媒介认知、舆情回应、媒体沟通、媒介运用），转变为5个一级维度（媒介认知、媒介意识、舆情回应、媒体沟通、媒介运用）。原来分布在4个一级维度中涉及意识、理念、道德方向的指标自动聚为一类"媒介意识"，可见在数据之间的关联逻辑上，涉及意识层面的指标会有相同趋势取向，这样的分类方向也解决了前面所担忧的"知、情、意、行混合在一起不够清晰的问题"。从目前形成的指标分类体系上来看，媒介认知对焦"知"的层面，媒介意识聚焦"意"的层面，舆情回应、媒体沟通、媒介运用分别指向了三种情境下"情"与"行"的层面，形成了比较清晰的理论框架。这样的理论架构是否经得起检验，还需要进行验证性因子分析。

二、验证性因子分析

依据探索性因子分析抽取的因子结构，在 AMOS 24 中建立结构方程模型（如图 5-1），5 个一级维度指标为潜变量，19 个二级维度指标为解释变量，采取最大似然估计法，使用样本数据 2 对模型进行验证，对未知参数进行估计。

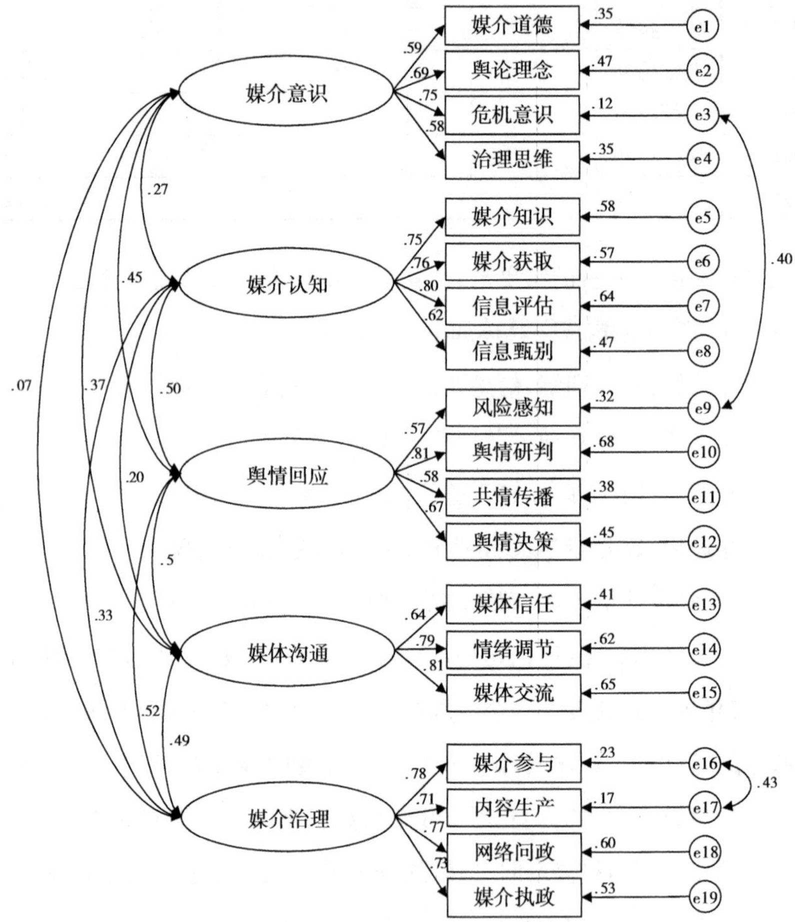

图 5-1　标准化参数估计模型（N=258）

结果显示，CMIN/DF（卡方/自由度）为 2.123，大于 2，CMIN/DF 小于 2，并且越接近 0 时，表示模型与数据的适配越好，RMSEA（总体差异/自由度）为

0.069，大于0.05，RMSEA小于0.05，并且越接近0时，表示模型拟合度越好。Chi-square=232.051，因此，从CMIN/DF、RMSEA来看，理论模型无法反映实际观测数据，保守的使用需要拒绝该模型，并且修正该模型。

依据协方差矩阵进行模型修正，在M.I.（修正指标）值较大的误差项之间建立关联关系，可以使得Chi-square值减小，达到修正目标。由此，在误差项e3—e9、e16—e17之间两两建立关系，重新对结构方程模型进行拟合。①

结果显示，拟合优度指标CMIN与自由度df的比值（CMIN/DF），近似误差均方根（RMSEA）、适配度指数（GFI）、调整拟合优度指数（AGFI）、比较拟合指数（CFI）、递增拟合指数（IFI）。其中CMIN/DF的合适范围是0—2；RMSEA指数越接近0表示拟合度越好，一般低于0.08就表示有非常好的拟合；GFI、AGFI、CFI、IFI的取值越接近1，表示拟合度越好。本模型的各种拟合指数如表5-3所示，都达到了理想标准，说明模型对数据拟合良好，党员干部媒介素养自变量表具有良好的结构效度。

表5-3　量表整体拟合指数

CMIN/DF	RMSEA	GFI	AGFI	CFI	IFI
1.587	0.049	0.912	0.91	0.943	0.944

同时，Chi-square=20.353，Chi-square值大幅度减小，各维度整体模型适配性良好。组合信度*CR*是指标体系内在质量的判别标准质疑，各潜在变量的组合信度越大，表示观测变量的相关性越强。平均方差抽取量*AVE*是潜在变量的各个观察变量对该潜在变量的平均解释能力，平均方差抽取量的值越高，表示该潜在变量具有越高的信度和收敛效度。

本研究验证性因子评估数据收敛效度的标准为：

①各评估因子的标准载荷系数λ大于0.5，同时达到显著性水平；

① 荣泰生：《AMOS与研究方法》，重庆大学出版社2010年版，第135—142页。

②各评估因子的组合信度 CR 大于 0.7；

③各评估因子的平均方差提取量 AVE 大于 0.4。

相关测量指标解释或计算如下：

λ ：标准因子载荷（>0.5）

R_2：复平方相关系数

θ ：测量误差。$\theta = 1 - R_2$

AVE①：平均方差抽取量（>0.4）。$AVE = \sum \frac{\lambda 2_i}{n}$

CR②：组合信度（>0.7）。$CR = \frac{(\sum \lambda_i)2}{(\sum \lambda_i)2 + \sum \theta_i}$

结果显示，如表 5-4 所示，潜变量各题项因子载荷均大于 0.5，说明各潜变量对应题项具有较高代表性；各潜变量的平均方差提取值（AVE）均大于 0.4，组合信度（CR）均大于 0.7，说明问卷聚敛效度较好。

表 5-4　量表各题项聚敛效度（N=258）

指标	潜变量	标准载荷系数 λ	复平方相关系数 R_2	测量误差 θ	平方差抽取量 AVE	组合信度 CR
媒介道德	媒介意识	0.595	0.354	0.646	0.432	0.751
舆论理念		0.686	0.471	0.529		
危机意识		0.747	0.558	0.442		
治理思维		0.588	0.346	0.654		
媒介知识	媒介认知	0.749	0.561	0.439	0.560	0.835
媒介理解		0.757	0.573	0.427		
信息评估		0.797	0.635	0.365		
信息甄别		0.686	0.471	0.529		

① 参见 Richard P. Bagozzi, Youjae Yi, "On the evaluation of structure equation models", *Journal of the Academy of Marketing Science volume*, Vol.16(1998), pp.74–94。

② 参见 David Gefen, DetmarStraub, Marie–Claude Boudreau, "Structural Equation Modeling and Regression: Guidelines for Research Practice", *Communications of the Association for Information Systems*, Vol.4, No.1(2000), p.7。

续表

指标	潜变量	标准载荷系数 λ	复平方相关系数 R_2	测量误差 θ	平方差抽取量 AVE	组合信度 CR
风险感知	舆情回应	0.566	0.320	0.680	0.440	0.755
舆情研判		0.807	0.651	0.349		
共情传播		0.578	0.334	0.666		
舆情决策		0.674	0.454	0.546		
媒体信任	媒体沟通	0.642	0.412	0.588	0.561	0.899
情绪调节		0.786	0.618	0.382		
媒体互动		0.809	0.654	0.346		
媒介参与	运用媒介	0.779	0.607	0.393	0.558	0.835
媒介生产		0.707	0.500	0.500		
网络问政		0.773	0.598	0.402		
媒介执行		0.727	0.529	0.471		

此外，根据费奈尔和拉古尔①提出的，如果潜在变量之间的相关系数小于平均方差抽取量的平方根，则认为设计模型具有较好的区别效度。从表 5-5 中可知，所有潜在变量的平均方差抽取量平方根即对角线数值均大于与其他变量的相关系数，说明本研究的各潜变量之间具有较好的区分效度。

表 5-5　潜变量间的相关性矩阵（量表整体区分度）

	媒介意识	媒介认知	舆情回应	媒体沟通	媒介运用
媒介意识	0.657				
媒介认知	0.268	0.748			
舆情回应	0.450	0.495	0.663		
媒体沟通	0.370	0.197	0.569	0.749	
媒介治理	0.071	0.329	0.516	0.491	0.747

由此，由 5 项一级指标、19 项二级指标构成的党员干部媒介素养指标

① 参见 Claes Fornell, David F. Larcker, "Evaluating structural equation models with unobservable variables and measurement error", *Journal of Marketing Research*, Vol.18, No.1 (1981), pp.39–50。

模型,经过验证性因子分析发现,该模型具有良好的结构效度、聚敛效度和区分效度。

三、检验和修正后的指标体系

综合来看,本研究在初步指标体系的基础上,剔除了"媒体态度"量表项,将一级指标修正为媒介意识、媒介认知、舆情回应、媒体沟通、媒介治理5个维度,最终构建了5个维度、19项指标的党员干部媒介素养指标体系,如表5-6所示,指标项量表的信度、结构效度、聚效效度和区分效度通过检验,本研究设计的评价指标体系,以及由此形成的测评量表能够获得可靠稳定的测量数据,对该量表的数据分析能够比较准确可靠地反映出党员干部媒介素养的状况,可以作为评价和衡量党员干部媒介素养水平的尺度标准。

表5-6　党员干部媒介素养评价指标体系

序号	一级指标	二级指标	指标阐释
1	媒介意识	媒介道德	遵守媒介规范、恪守媒介道德,注重保护公民个人隐私和数据安全
2		舆论理念	意识到新媒介环境的舆论斗争时刻存在,且一定能级的舆论观点能够引导公众价值观倾向
3		危机意识	意识到公众、媒体、社会等积极参与舆论监督,经济社会发展的任何节点都有可能引发网络舆情
4		治理思维	坚守社会主义核心价值观共识,意识到须发挥多部门、多主体、多手段等多元方式治理媒介
5	媒介认知	媒介知识	熟悉不同媒介形态的属性、功能、内容、受众、时效等特征,并能够使用不同媒介获取所需信息
6		媒介理解	理解不同媒介渠道获取的新闻、事件、数据等的差异性,以及对个人和社会产生的影响
7		信息评估	评估不同信息源的信度与效度,辨析媒介内容与信息的可靠性和可信度
8		信息甄别	鉴别各类内容和信息中是事实信息还是带有价值倾向的观点信息,并作出应用判断

续表

序号	一级指标	二级指标	指标阐释
9	舆情回应	风险感知	感知社会现象、社会事件有引发舆情危机的潜在风险
10		舆情研判	利用搜集到的数据和信息对舆情发展态势、发展方向、产生影响等作出评判和预见
11		共情传播	设身处地体验利益相关方处境，利用媒介平台激发公众的共同情感、获取思想认同和行为支持
12		舆情决策	利用搜集到的数据和信息对舆情发展态势、发展方向、产生影响等作出评判和预见
13	媒体沟通	媒体信任	选择信任媒体，根据管理社会事务的需要主动联系和使用媒体
14		情绪调节	新闻发布等场景中通过自我管理、自我激励等方式保持情绪的相对稳定性
15		媒体互动	与媒体双向互动交流，真诚回应媒体和公众重要关切，利用媒体发布政府重要决策、传播党和国家声音
16	运用媒介	媒介参与	利用不同媒介平台以关注、浏览、点赞、评论等形式参与到公共事务的讨论中
17		媒介生产	利用个人自媒体、政务新媒体平台（政务微博、微信、抖音，政务 APP 等），生产或转发事实性、观点性信息与内容，并传播扩散出去
18		网络问政	使用政务新媒体平台（政务微博、微信、抖音，政务 APP 等）了解群众诉求、进行互动交流
19		媒介执行	使用政务新媒体平台（政务微博、微信、抖音，政务 APP 等）发布政策、提供服务、开展监管

第三节　确定党员干部媒介素养指标权重

在党员干部媒介素养指标设计过程中，除要形成具体指标以外，关键是指标设计应当尽量具有可计算性，因此，需要确定每一项具体指标的权重，这对指标体系能否客观、准确反映党员干部媒介素养的状况和指导媒介素养培训实践，至关重要。①

① 参见李明德、李巨星：《国家主流意识形态网络传播的效果评估体系研究》，《当代传播》2019 年第 2 期。

一、层次分析法

具体指标的权重确定与分配，本书采用统计学中进行评价分析时常用的层次分析法（The Analytical Hierarchy Process，AHP）进行。该方法最早由美国运筹学家萨蒂（T.L.Saaty）于20世纪70年代提出，并应用于网络系统理论和综合评价。通过定性与定量分析相结合的多目标决策分析方法，以解决各类复杂系统分析与决策中目标优选、排序等问题。它能把一个复杂问题表示为有序的递阶层次结构，通过人们的判断，对决策方案的优劣进行排序，供决策者参考。这一方法能够统一处理决策中的定性和定量因素，将决策者对复杂系统的决策思想过程模型化、数量化，解决不同层次以及同一层次间不同指标的权重分配，成为研究者普遍使用并认可的指标体系构建方法。

层次分析法的核心理念是把所有与最终评价或决策目标相关的影响因子，按照从属关系分解成由多个子目标和不同影响因素形成的多层次递阶结构，在此基础上逐层对各层属影响因素进行“重要性”的两两比较，通过“建构层次结构模型——形成两两比较矩阵——计算被比较元素的重要性相对权重——进行层次单排序及一致性检验”，最终确定各个指标因素相对重要性的具体权重值。

二、应用层次分析法确定指标权重

本书采用层次分析法构建指标体系的递阶层次结构模型，进而确定各个指标的权重，通过主客观结合的方式，最大程度避免因个人主观臆断带来的偏差，构建更为科学可靠的党员干部媒介素养指标体系。①

构建层次结构模型。层次分析法的核心理念是将复杂的多目标问题按照从属关系分解为多指标的若干层次。因此，首先要建立系统的层次结构

① 参见蔡小慎、刘雅静：《基于模糊层次法的公务员培训效果评估》，《东南学术》2007年第6期。

模型，对党员干部媒介素养指标体系来说，目标层即为党员干部媒介素养，准则层为表5-6中的5个一级指标，方案层为19个二级指标。本书使用Yaahp 12.0软件建立党员干部媒介素养指标体系的层次结构模型，如图5-2所示。

发放和收集专家调查表。AHP使用两两比较法确定指标群众，本研究共构造6个两两判断矩阵，按照“1～9标度法”来衡量，将指标间的相对关系比较结果的重要程度依次按照同等重要、稍微重要、明显重要、强烈重要、极端重要5个等级来划分，并用1、3、5、7、9的分值来表示，2、4、6、8表示比较结果在相邻标度之间。相反，倒数则表示比较结果的不重要程度。① 通过两两比较确定同层次元素间的相对重要性。

笔者组织了高校媒介素养研究学者4位、党校从事舆情舆论研究的教师4位、省市两级宣传部业务负责同志3位、省市两级网信业务负责同志2位，互联网传媒企业负责同志1位，共计14位专家组成专家评判小组，详见附录2。在事先充分沟通、阐释研究内容、描述指标项的基础上，点对点发放调查表。专家评判小组需要对判断矩阵进行打分，打分完成后，100%回收专家调查表。

专家群体决策并计算指标权重。将14位专家调查表导入Yaahp软件用于专家群体决策，对调查表中所有判断矩阵进行一致性检验，发现有9位专家调查表顺利通过一致性检验，说明专家均认真阅读、思考并填写调查表，调查表数据客观可靠；另有5位专家的调查表未通过一致性检验，不具有满意一致性，再度采用咨询专家的方式修正判断矩阵，最终组合一致性 $CR=0.0209<0.1$，14份专家调查表所有判断矩阵均通过一致性检验。对14位专家意见进行权重的均等化处理，也就是利用全体专家赋权的算术平均值作为某一指标的最终权重，最终得到如表5-6所示的评价指标权重计算结果。

---

① 参见王辉等：《高校中层领导干部考核指标体系研究——基于德尔菲法和层次分析法的应用》，《东北大学学报（社会科学版）》2019年第2期。

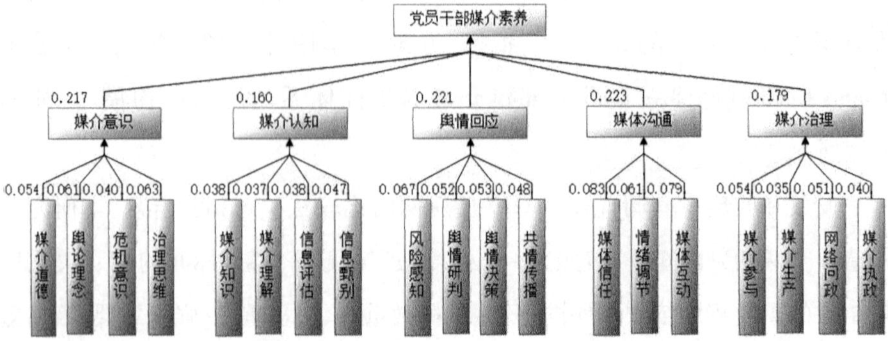

图 5-2 党员领导干部媒介素养指标体系层次结构模型

通过图 5-2 可见,在一级指标中,“媒体沟通”(22.29%)、“舆情回应”(22.06%)、“媒介意识”(21.73%)的权重相当,显著高于“媒介认知”(16.01%)、“媒介治理”(17.91%)的权重,这符合当前研究中提出的问题和未来共识。既有研究和实践往往在媒介素养知识层面上用力,知识作为易测量易评价的指标,也成为媒介素养评价的主要内容。但是,越来越多的研究关注到,知识获得的关键是转化,是以知识层面为基础,但同时又超越知识层面,是媒介意识的养成和媒介行为能力的提升。另外,舆情回应、媒介治理等往往需要通过新闻发布会、发布新闻通稿等形式,要依赖于媒体沟通,所以在“舆情回应”与“媒体沟通”的两两比对中,有 12 位专家认为“媒体沟通”相对来说更加重要。

在二级指标中,“媒体信任”(8.25%)、“媒体互动”(7.92%)、“风险感知”(6.71%)权重明显高于其他指标。网络舆论空间纷繁复杂、泥沙俱下,需要建立舆论斗争理念,需要具有敏锐触觉能够感知风险,媒体作为网络意见领袖,是舆论的风向标,所以政府要通过媒体传达施政理念,首当其冲的是信任媒体并且与媒体进行良性互动。此外,“治理思维”(6.28%)、“媒介参与”(5.42%)、“情绪调节”(6.11%)、“舆情决策”(5.31%)等在各自维度中的权重较高,对一级指标的影响较大,也是各自维度领域需要重点关注的方面。

三、完整的党员干部媒介素养指标体系

经过量表的信效度检验,对党员干部媒介素养指标体系进行修正和完善后。通过层次分析法,为党员干部媒介素养各一级、二级指标赋予权重,形成完整的党员干部媒介素养。如表 5-7 所示。该指标体系是在胜任力理论、情境理论指导下,结合既有研究,结合党委政府关于党员干部媒介素养的顶层设计建构的,并且经过了实践检验和测量,可以用于进行党员干部媒介素养的测量。

表 5-7　党员干部媒介素养指标体系权重表

一级指标	权重	二级指标	权重	排序
媒介意识	0. 2173	媒介道德	0. 0536	8
		舆论理念	0. 0612	5
		危机意识	0. 0396	15
		治理思维	0. 0628	4
媒介认知	0. 1601	媒介知识	0. 0381	17
		媒介理解	0. 037	18
		信息评估	0. 0383	16
		信息甄别	0. 0467	13
舆情回应	0. 2206	风险感知	0. 0671	3
		舆情研判	0. 0519	10
		舆情决策	0. 0531	9
		共情传播	0. 0484	12
媒体沟通	0. 2229	媒体信任	0. 0825	1
		情绪调节	0. 0611	6
		媒体互动	0. 0792	2
媒介运用	0. 1791	媒介参与	0. 0542	7
		媒介生产	0. 0346	19
		网络问政	0. 0508	11
		媒介执政	0. 0396	14

本章小结

本章通过实证研究的方式，验证和修正了党员干部媒介素养指标体系。首先，依据理论框架以20项二级指标为蓝本，编制了党员干部媒介素养调查问卷和量表，在7类班型、15个班次、约600名学员群体中发放问卷，回收564份样本数据，问卷回收效度满足实证检验要求。其次，将问卷样本分成两部分。260份样本数据利用SPSS进行探索性因子分析，探索量表隐含的因子结构，探索性因子分析结果显示，除“媒体态度”因子载荷量小于0.5外，其他题项因子载荷均大于0.5，量表通过结构效度检验。因子聚类结果显示为5项一级指标、19项二级指标。另外258份样本数据利用AMOS进行验证性因子分析，结果显示，采样数据与理论假设模型的拟合程度较好，通过区分效度、聚敛效度检验。经过检验和修正后，一级指标为媒介意识、媒介认知、舆情回应、媒体沟通、媒介运用5项，二级指标剔除“媒体态度”后为19项。最后，利用Yaahp构建党员干部媒介素养层次分析模型，并导出专家调查表，对高校、党校、宣传网信14位专家进行调查，通过专家群体决策确定一级指标、二级指标的权重，一级指标权重大小排序为：媒体沟通>舆情回应>媒介意识>媒介运用>媒介认知，二级指标中媒体信任、媒体互动、风险感知、治理思维、舆论理念、情绪调节等权重相对更高。

本书构建的党员干部媒介素养评价指标体系，由5个一级指标、19项二级指标组成，指标的代表性、覆盖面、区分度、权重等通过统计学检验，同时生产了19个题项的党员干部媒介素养评测量表，这些研究结果丰富了党员干部媒介素养理论研究体系，能够为党员干部媒介素养的评估评测、引育培养、制度保障等提供有力支撑。

第六章　党员干部媒介素养的现实考察

基于构建的党员干部媒介素养指标体系,可以相对全面地测量和分析党员干部媒介素养水平,依据收集到的518份调研问卷,利用SPSS22对样本数据进行统计分析,透视当前党员干部媒介素养的整体性状况,挖掘不同特征群体的媒介素养水平差异,为媒介素养培训提升工作提出针对性意见和建议。

第一节　党员干部媒介素养的总体情况

考察党员干部媒介素养的总体情况,主要从媒介素养总体水平,以及媒介意识、媒介认知、舆情回应、媒体沟通、媒介运用五个分项水平上进行考察。通过问卷数据可以采集各指标的数据和表现,需要将每个分项水平下的各指标依据权重计算出分项水平,在此基础上,各分项水平依据权重再计算出媒介素养总体水平。

一、数据变量设计与赋值

在样本数据中增加 6 个数据变量,依次为:媒介素养、媒介意识、媒介认知、舆情回应、媒体沟通、媒介运用。“媒介素养”按照表 5-6 所示指标体系中的二级指标权重计算而得;媒介素养的 5 个分项水平取值是二级指标项的权重与指标项量表值的乘积和。如:媒介意识=(媒介道德 * 0.0536+舆论理念 * 0.0612+危机意识 * 0.0396+治理思维 * 0.0628)。

但是,由于各分项水平权重不同,无法实现跨维度的水平比较。为了便于进行比较分析,将其归一化为 1—5 分之间,取上面计算出来的分项水平与该分项在指标体系中所占比重的比值。如:媒介意识=(媒介道德 * 0.0536+舆论理念 * 0.0612+危机意识 * 0.0396+治理思维 * 0.0628)/0.2173,0.2173 是媒介意识在党员干部媒介素养指标体系中的比重。

二、描述性统计分析

对 518 份有效问卷结果进行描述性分析,如表 6-1 所示。媒介素养水平为 3.797±0.44,处于中等偏上位置,Shapiro-wilk 检验值=0.797>0.05,全样本的媒介素养水平服从正态分布(如图 6-1 所示),说明党员干部媒介素养已经有比较好的前期基础,样本在各水平层次上的分布也比较均衡,符合实际情况。

考察党员干部媒介素养各维度上的表现。媒介意识的水平最高,为 4.642±0.43,最小值为 2.57,最大值为 5。媒介运用的水平最低,为 2.616±0.86,最小值为 1,最大值为 5。媒介认知(4.040±0.65)、舆情回应(3.889±0.62)方面的能力水平相对较好,媒体沟通(3.657±0.71)方面的表现相对较弱。

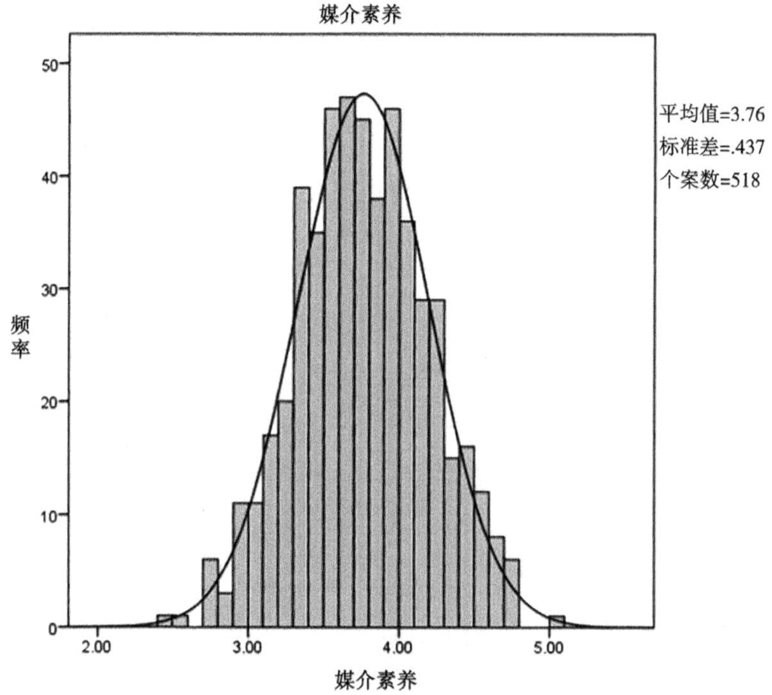

图 6-1　媒介素养水平正态性分布

表 6-1　党员干部的媒介素养水平与各维度表现(N=518)

指标维度	平均值	标准差	最小值	最大值
媒介素养	3.7973	0.43816	2.45	5
媒介意识	4.642	0.42516	2.57	5
媒介道德	4.65	0.682	1	5
舆论理念	4.82	0.448	2	5
危机意识	4.38	0.846	1	5
治理思维	4.64	0.586	1	5
媒介认知	4.0402	0.64826	1.92	5
媒介知识	3.88	0.931	1	5

续表

指标维度	平均值	标准差	最小值	最大值
媒介理解	4.16	0.792	1	5
信息评估	3.83	0.873	1	5
信息甄别	4.24	0.781	1	5
舆情回应	3.8894	0.61989	2	5
风险感知	4.2	0.721	2	5
舆情研判	3.8	0.778	1	5
舆情决策	3.68	0.851	1	5
共情传播	3.79	0.909	1	5
媒体沟通	3.6573	0.70769	1	5
媒体信任	3.56	0.907	1	5
情绪调节	3.94	0.831	1	5
媒体互动	3.55	0.823	1	5
媒介运用	2.6162	0.86163	1	5
媒介参与	2.53	1.223	1	5
媒介生产	1.83	0.981	1	5
网络问政	3.08	1.162	1	5
媒介执政	2.81	1.212	1	5

此外,如表6-2所示,党员干部媒介素养的整体水平,以及在各维度上的表现之间存在显著相关关系,一个维度素养水平的变化会引起其他维度和整体水平的变化,所以媒介素养整体的提升,是各维度齐头并进、共同向前推动的,也从侧面印证了本书党员干部媒介素养指标体系构建的科学性和合理性。

表 6-2　媒介素养水平与各维度之间的相关关系

	媒介意识	媒介认知	舆情回应	媒体沟通	媒介运用	媒介素养
媒介意识	1					
媒介认知	.254**	1				
舆情回应	.391**	.414**	1			
媒体沟通	.223**	.242**	.481**	1		
媒介运用	.094*	.256**	.358**	.362**	1	
媒介素养	.507**	.597**	.792**	.742**	.674**	1
** 在 0.01 级别(双尾),相关性显著。						
* 在 0.05 级别(双尾),相关性显著。						

第二节　党员干部媒介素养的群体性差异

党员干部不同的个体特征是否会对媒介素养整体水平有影响,是否会对媒介素养各维度有影响,是本书需要探察的。问卷调查中设计了性别、年龄、学历学位、职务职级、工作职责、单位级别等特征因素,用于考察不同特征群体的媒介素养水平差异。

一、特征因素对党员干部媒介素养水平的影响情况

根据个体特征的不同,例如,性别涉及两组分析,利用独立样本 T 检验。学历学位涉及大专及以下、本科、硕士、博士等多组,采用单因素方差分析。在数据统计分析的基础上,对结果进行解读。

对性别因素进行媒介素养水平及各维度水平进行独立样本 T 检验,如表 6-3 所示,结果显示,媒介素养整体水平和舆情回应、媒体沟通在性别因素上

存在显著差异，媒介意识、媒介认知、媒介运用均不存在性别差异。

表 6-3　性别特征对媒介素养水平的影响

	方差等同性检验		平均值等同性 T 检验						
	F	显著性	T	自由度	显著性（双尾）	平均值差值	标准误差差值	差值 95%置信区间	
								下限	上限
媒介意识	5.436	0.020	1.830	516.000	0.068	0.072	0.039	0.005	0.149
媒介认知	0.295	0.587	0.372	516.000	0.710	0.022	0.060	0.096	0.141
舆情回应	1.352	0.245	3.416	516.000	0.001	0.197	0.058	0.084	0.310
媒体沟通	0.048	0.826	2.925	516.000	0.004	0.194	0.066	0.064	0.325
媒介运用	0.562	0.454	1.887	516.000	0.060	0.149	0.079	0.006	0.304
媒介素养	0.259	0.611	3.209	516.000	0.001	0.129	0.040	0.050	0.208

将年龄、学历学位、职务职级、工作职责和单位级别作为自变量，将党员干部媒介素养整体水平及各维度水平作为因变量，采用单因素方差分析考察上述自变量对媒介素养整体水平和各维度水平的影响。

结果显示（如表 6-4 所示），党员干部媒介素养整体水平在工作职责、职务职级、单位级别特征上呈现显著差异，在年龄、学历教育方面没有显著差异。媒介意识在年龄、职务职级特征上呈现显著差异；媒介认知仅在各特征因素影响上的差异表现不明显；舆情回应在职务职级呈现显著差异；媒体沟通在工作职责呈现显著差异；媒介运用在年龄、工作职责、单位级别上呈现显著差异。学历学位特征对媒介素养整体水平和各维度水平的影响均不显著。

表 6-4　党员领导干部媒介素养的群体性特征差异

特征因素	特征内容	样本数	媒介素养		媒介意识		媒介认知		舆情回应		媒体沟通		媒介运用	
			均值±标准差	F	均值±标准差	F	均值±标准差	F	均值±标准差	F	均值±标准差	F	均值±标准差	F
性别	男	343	3.84±0.43	3.364**	4.66±0.41		4.05±0.66		3.95±0.61	3.380**	3.72±0.70	3.132**	2.67±0.87	
	女	175	3.71±0.44		4.60±0.45		4.02±0.63		3.76±0.64		3.52±0.71		2.51±0.84	
年龄	25—35 岁	155	3.76±0.45		4.53±0.46	5.402**	4.08±0.64		3.80±0.65		3.57±0.69	2.629*	2.71±0.89	
	36—45 岁	249	3.83±0.44		4.67±0.43		4.07±0.63		3.94±0.61		3.71±0.72		2.61±0.84	
	46—55 岁	93	3.81±0.42		4.73±0.34		3.92±0.74		3.93±0.60		3.72±0.66		2.54±0.84	
	55 岁以上	21	3.63±0.34		4.66±0.33		3.90±0.42		3.74±0.49		3.38±0.81		2.32±0.88	
学历学位	大专以下	5	3.74±0.41		4.53±0.34		3.81±1.06		3.61±0.71		3.76±0.32		2.83±0.87	
	本科	273	3.83±0.41		4.66±0.42		4.08±0.66		3.89±0.60		3.71±0.66		2.67±0.8	
	硕士	202	3.77±0.47		4.63±0.44		4.02±0.62		3.92±0.66		3.6±0.76		2.54±0.93	
	博士	36	3.71±0.47		4.64±0.37		3.88±0.64		3.78±0.59		3.52±0.75		2.59±0.94	
	其他	2	3.76±0.02		4.55±0.03		4.03±0.37		3.88±0.17		3.82±0.25		2.35±0.77	
工作职责	综合协调	209	3.83±0.40	3.157*	4.64±0.41		4.04±0.66		3.96±0.57		3.70±0.70	2.647*	2.68±0.82	2.516*
	宣传文化	43	3.95±0.47		4.74±0.4		4.18±0.53		3.92±0.60		3.88±0.66		2.91±0.90	
	业务管理	124	3.76±0.46		4.61±0.47		4.02±0.67		3.82±0.63		3.66±0.75		2.53±0.87	
	教育科研	68	3.68±0.44		4.62±0.39		3.95±0.58		3.79±0.67		3.47±0.70		2.44±0.87	
	其他	74	3.78±0.44		4.65±0.44		4.06±0.71		3.89±0.69		3.59±0.65		2.58±0.91	
职务职级	科级以下	76	3.68±0.49	3.359*	4.49±0.52	7.568**	3.96±0.79		3.67±0.65	6.270**	3.54±0.70		2.67±0.85	
	科级	176	3.80±0.43		4.59±0.45		4.12±0.57		3.86±0.64		3.65±0.70		2.67±0.89	
	县处级	230	3.85±0.44		4.72±0.37		4.03±0.66		4.00±0.59		3.73±0.72		2.58±0.85	
	市厅级	36	3.70±0.32		4.74±0.28		3.85±0.53		3.78±0.49		3.46±0.68		2.48±0.82	

续表

特征因素	特征内容	样本数	媒介素养		媒介意识		媒介认知		舆情回应		媒体沟通		媒介运用	
			均值±标准差	F	均值±标准差	F	均值±标准差	F	均值±标准差	F	均值±标准差	F	均值±标准差	F
单位特征	乡镇级	57	3. 74±0. 42	3. 752 **	4. 65±0. 42		4. 04±0. 65		3. 83±0. 60		3. 58±0. 72		2. 44±0. 84	6. 844 **
	区县级	132	3. 78±0. 45		4. 62±0. 42		3. 97±0. 68		3. 85±0. 65		3. 68±0. 74		2. 62±0. 88	
	地市级	118	3. 86±0. 44		4. 63±0. 46		4. 08±0. 63		3. 99±0. 59		3. 69±0. 68		2. 76±0. 82	
	省级	211	3. 92±0. 44		4. 68±0. 38		4. 09±0. 64		3. 96±0. 67		3. 82±0. 64		2. 93±0. 87	

** 表示在 0. 01 级别上差异性显著；* 表示在 0. 05 水平上差异性显著。

二、党员干部媒介素养的差异性表现

从性别来看,“女性”(均值=3.71)党员干部媒介素养水平略低于男性(均值=3.84)。进一步对各维度的指标项进行T检验发现,“女性”党员干部在舆情研判($F=3.146, p<0.01$)、舆情决策($F=3.650, p<0.01$)、共情传播($F=0.644, p<0.05$)、媒体互动($F=0.160, p<0.01$)方面的得分显著低于“男性”党员干部。

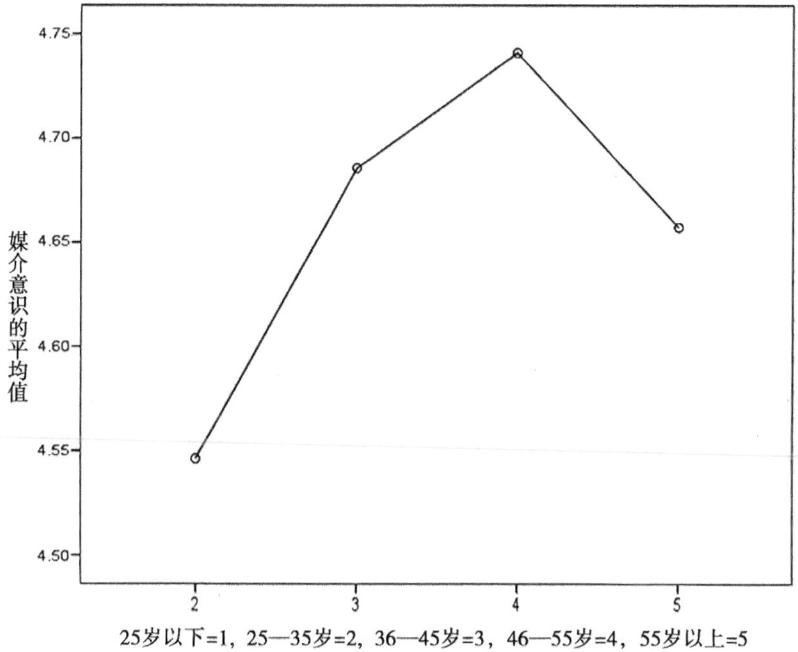

图6-2　不同年龄群体的媒介意识水平情况

从年龄特征来看(如图6-2所示),“25—35岁”(均值=4.53)党员干部媒介意识相对较低,“36—45岁”(均值=4.67)、“46—55岁”(均值=4.73)党员干部媒介意识分值相对较高。进一步检验媒介意识得分差异可以发现,“36—45岁”“46—55岁”在媒介道德($F=6.402, p<0.001$)、危机意识($F=3.060, p<0.05$)、治理思维($F=3.401, p<0.05$)上的得分均显著

高于“25—35 岁”得分。

从学历学位特征来看，大专以下、本科、硕士、博士等各层次学历的党员干部在媒介素养整体水平以及各维度水平上的分值相对均衡，未呈现统计学意义上的显著区别。

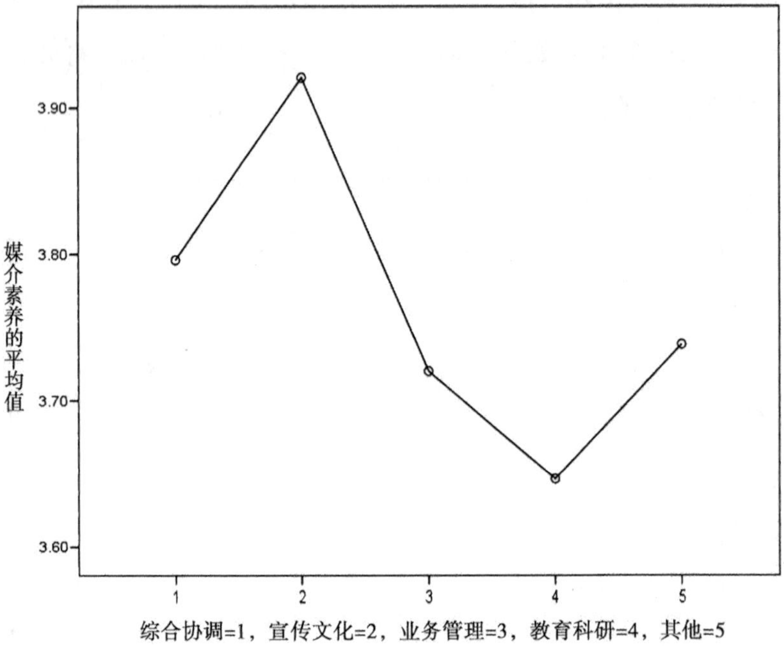

图 6-3　不同工作职责群体的媒介素养水平情况

从工作职责特征（如图 6-3 所示）来看，“宣传文化”岗位媒介素养整体水平均值为 3.95，显著高于“教育科研”（均值 = 3.68）岗位党员干部媒介素养水平；“宣传文化”岗位的媒体沟通水平均值为 3.88，显著高于“教育科研”（均值 = 3.47）表现；“宣传文化”岗位的运用媒介水平均值为 2.91，显著高于“教育科研”（均值 = 2.44）的表现。进一步检验各维度背后的评价指标发现，“宣传文化”岗位在媒体信任（$F = 3.398$，$p < 0.001$）、情绪调节（$F = 2.901$，$p < 0.05$）、媒介执政（$F = 4.906$，$p < 0.001$）上的得分要显著高于“教育科研”的得分表现。

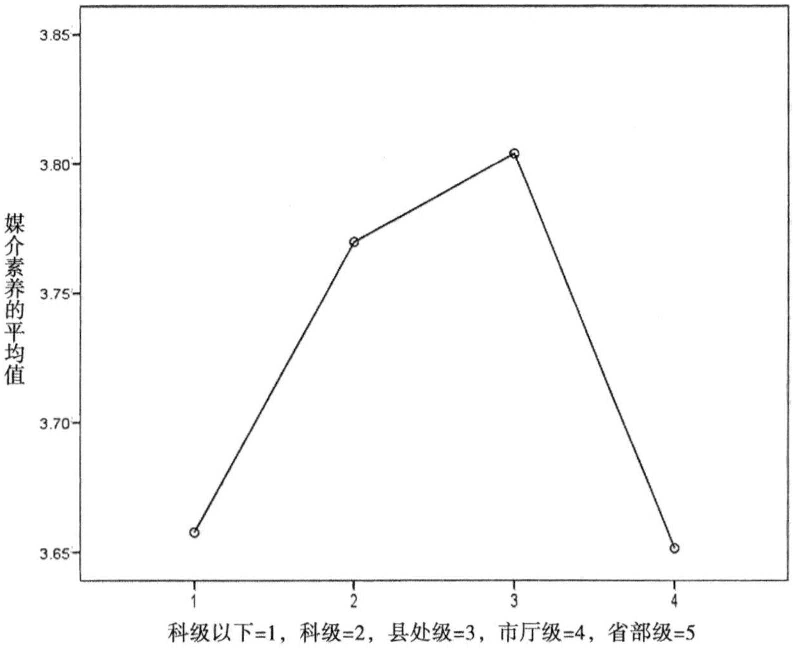

图 6-4　不同职务职级群体的媒介素养水平情况

从职务职级特征（如图 6-4 所示）来看，"科级以下"的党员干部媒介素养表现整体较弱，整体媒介素养水平（均值=3.68）显著低于"县处级"（均值=3.85）媒介素养整体水平，在媒介意识（均值=4.49）上的能力水平显著低于"县处级"（均值=4.72）和"市厅级"（均值=4.74）的水平，在舆情回应（均值=3.67）上也低于"县处级"（均值=4.00）的水平。进一步探索各维度背后的指标发现，"科级以下"党员干部在危机意识（$F=2.743$，$p<0.05$）上的得分要显著低于"县处级"岗位，在风险感知、舆情研判、舆情决策上的分值也显著较低。

从单位级别特征（如图 6-5 所示）来看，"省级"单位（均值=3.92）的党员干部媒介素养能力处于较高水平，而"乡镇级"单位（均值=3.74）的党员干部媒介素养能力处于相对较低水平。综合来看，"省级"单位党员干部在 5 个维度的媒介水平上均高于"乡镇级"党员干部，差距尤为明显的

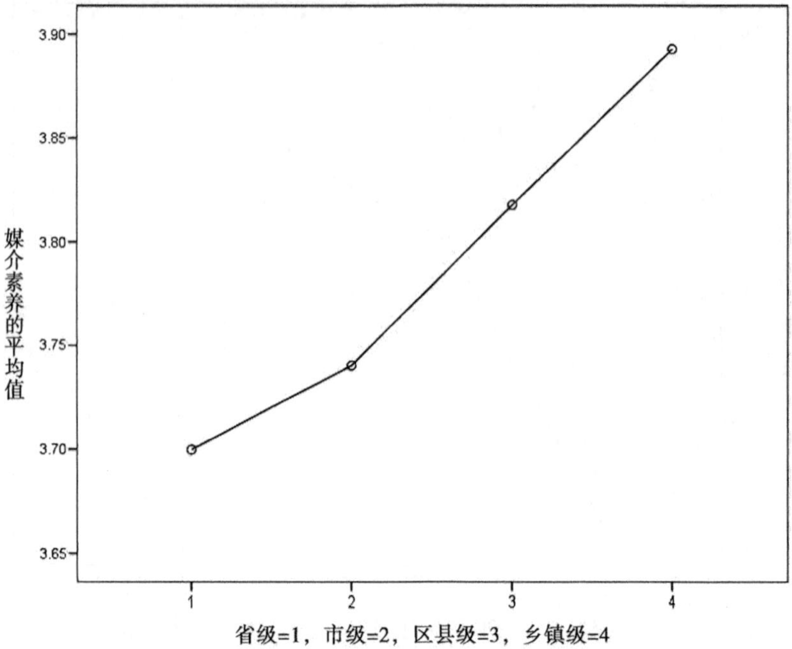

图 6-5　不同单位级别群体的媒介素养水平情况

体现在媒介运用能力（均值=2.93）处于高水平，而“乡镇级”（均值=2.44）和“区县级”（均值=2.62）单位党员干部媒介运用能力均处于较低水平。进一步探索发现，“省级”单位党员干部的媒介参与（F=4.871，p<0.01）水平和网络问政（F=3.521，p<0.05）水平要显著高于“乡镇级”单位党员干部。

第三节　重点关注基层党员干部媒介素养

依据对党员干部媒介素养水平的整体性、群体性考察，能够透视和发现什么问题，是需要重点关注的。党员干部各方面的媒介表现水平和能力还不均衡，媒介素养呈现群体性特征差异，尤其要关注到当前基层党员干部媒介素养问题。

一、党员干部媒介表现能力不均衡

从整体来看，党员干部媒介素养整体水平处于中等偏上，媒介意识、媒介认知水平表现较好，舆情回应、媒体沟通表现一般，媒介运用水平表现不佳。结合党员干部媒介素养指标体系权重（表5-6）来看，媒体沟通、舆情回应权重较高，在媒介素养整体水平评估的分量较重。但是，从问卷调查结果来看，党员干部舆情回应水平均值为3.889，媒体沟通均值水平为3.657，与舆情回应和媒体沟通高权重相比，当前党员干部的媒介素养表现还有差距和较大提升空间。

为什么会造成这样的局面？对于此问题的回答还要从党员干部面对的社会现实入手，尽管在党委政府顶层设计的方向指引下，在社会现实实践的发展推动中，党员干部已经意识到媒介能力的重要作用，也有意识地积累了部分知识和技能，掌握了一些媒介运用的"技巧"，能够应对和处理一些突发舆情事件。但是，在一些特殊情境下如面对媒体时应用表现还不好，媒体信任平均水平为3.56，媒体互动平均水平为3.55。这与近年来视媒体为"洪水猛兽""防火防盗防记者"的错误认知有关。

此外，党员干部也还没有充分地运用媒介开展治理，尤其是媒介生产水平均值仅为1.83，媒介执政水平均值为2.81，主动性明显不足，主动转发或生产内容的能力还非常低，主动利用媒介阐释国家政策、服务群众、开展监管的能力还不足，真实反映了党员干部面对媒体媒介时"不敢信任""不敢碰网""言行不当容易引发舆情"的复杂心态与行为表现。

2022年1月11日傍晚，西安市举行第53场新冠疫情防控工作新闻发布会，由西安广播电视台记者提问：居家期间，有的市民朋友长时间看电视、刷手机，造成颈肩疼痛，有这样症状的朋友应该注意哪些问题？西安市红会医院首席专家、脊柱病医院院长郝定均回答该问题共花费11分47秒。当天晚些时候“西安疫情发布会颈椎问题回答11分钟”登上热搜排行榜。舆论面对党员干部这个群体，就是要多关注一些，有关注党员干部社会治理中的错位、失衡问题，舆论是任劳任怨来监督、评判；有关注领导干部的失范、失态言行，舆论也是锱铢必较；还有对准基层党员干部的仪态、仪表，舆论生性多疑。这种舆论监督的态势给党员干部带来压迫感。

二、党员干部媒介素养呈现群体性特征

从性别、年龄、学历学位、工作职责、职务职级、单位级别等特征因素的影响来看，党员干部媒介素养水平呈现出群体性特征。

首先，性别成为影响党员干部媒介素养的因素。男性党员干部在舆情回应、媒体沟通方面的表现要优于女性党员干部，危机情境、塑造情境都需要党员干部具有一定的压力管理能力和情绪调节能力，女性党员干部在压力环境下的媒介表现还需要再训练提升。不同学历学位层次的党员干部在媒介素养上的表现没有明显差异，说明媒介素养与知识背景的关联度不高，更多体现为一种情商与智商的结合。

其次，媒介素养的岗位性特征表现突出。“宣传文化”岗位党员干部在媒介素养整合和各维度水平上都要优于“教育科研”岗位党员干部，在媒体沟通、媒介运用方面的差距尤其突出，这种差距和表现凸显了工作岗位的影响作用，宣传文化工作通常要与传媒、与媒体等打交道，关注网络舆论舆情，媒介素养相关的培训教育机会也较多，其媒介素养表现较好；而教育科研工作者多是聚焦于经济社会发展研究，抑或是教育及教学，与媒体沟通交流较少，对某些问题的认识还不到位，需要深化。

最后，基层年轻党员干部媒介素养水平还不高。“25—35岁”的年轻党员干部媒介意识还不高，特别是媒介道德、舆论意识、危机意识等方面表现不好，对舆论斗争、舆论引导的意识还不敏感。“科级以下”党员干部媒介意识、媒介认知、舆情回应三个维度的水平都比较低，媒体素养整体水平在

所有级别党员干部中表现最低。来自“乡镇级”的党员干部在媒介素养整体水平和五个维度上的表现，都要低于来自“省级”党员干部群体。年龄特征、职务职级特征、单位级别特征等均指向了基层年轻的党员干部群体。当前网络意识形态斗争复杂严峻，网络综合治理任重道远，每一名党员干部都不是“旁观者”，年轻党员干部是党和国家事业发展的后备人才，迫切需要提升媒介意识，提高媒介素养水平。

三、需要重点关注基层党员干部的媒介表现与教育

《2020年中国社会舆情报告》蓝皮书显示，当前的社会舆情从行政区域分布上看呈现“哑铃”模式①。“哑铃”的一端是一线大城市，一线大城市通常关注财产安全、教育公平、生态环保、公序良俗等事关“美好生活需要”的话题。“哑铃”的另一端是区县级及以下，多聚焦于乡镇(街道)、村(社区)等基层，特别关注基层党员干部形象作风、基层社会治理、底层群体的待遇不公等。今天的基层治理深陷“舆情劫”②，“12345管什么用”“谁管得了你找谁”等舆情频发，既有关注基层党员干部社会治理中的错位失衡问题，也有关注基层党员干部失范失态言行，还有关注基层党员干部仪态仪表，对焦基层党员干部舆情事件居高不下，严重损害了党和政府的形象，带来了意识形态风险。

这背后的原因值得深思。一方面，自媒体发展形成对基层党员干部朴素作风的监视。基层党员干部面对纷繁复杂的基层事务、面对诉求多元的群众，在全天候、全方位、日益新颖的媒介监督形式面前，表现出局促和不适应。另一方面，基层党员干部的媒介表现是其群众工作能力的重要体现。2021年市、县两级换届刚刚完成，一大批学识渊博、视野开阔的年轻干部走上领导岗

① 参见喻国明、李飚:《中国社会舆情年度报告(2020)》，人民日报出版社2020年版，第47页。

② 祁凡骅:《基层治理如何智对“舆情劫”》，《人民论坛》2019年第31期。

位，这些干部大都接受过高层次学历教育，学理丰富、科学严谨，有干劲、有闯劲，但是群众工作经验相对不足，上述调研也显示“科级以下”党员干部对媒介环境的认识和意识还没到位，危机处置能力明显不足，这是基层党员干部舆情频发的重要原因。媒介素养教育要抓住党员形象这个关键，重点关注基层党员干部的需求与表现，依托市级、县级党校干部教育渠道，利用省级党校或社会渠道优秀师资，加大对基层党员干部媒介素养、作风建设、心理调控、群众工作能力的培训，提升基层党员干部媒介素养。

第四节　基层开展媒介素养培训情况调查

前述研究将研究焦点指向了基层党员干部媒介水平不高，迫切需要发挥组织培训的作用，提升基层党员干部的媒介素养水平。根据《中国共产党党校（行政学院）工作条例》，市（地、州、盟）委党校（行政学院）主要培训县处级领导干部、企事业单位领导人员和乡科级领导干部。县（市、区、旗）委党校（行政学校）主要培训乡科级领导干部、企事业单位领导人员、村（社区）党组织书记和基层党员。

笔者围绕市、县两级党校的媒介素养相关课程设置情况展开，就基层党员干部媒介素养培训的现状进行了调研，以期为基层党员干部媒介素养培训工作提出针对性意见建议。

一、问卷设计与发放

为调查东部某省份各地市级、区县级党校媒介素养相关培训情况，调研组设计了调查问卷。在基层对“媒介素养”这样相对学术化的概念并不清晰，为了增强调研的准确性和针对性，在调研问卷中更多采用“舆情课程”这样的表述。依据教学设计的内容，主要围绕舆情课程设置情况、培训对象情况、课程师资情况、教学环境情况、教学形式情况等方面展开，具体包括如下问题，详见附录3。

1. 已开设哪些主题的舆情课程？

2. 在哪些班次开设舆情课程？

3. 舆情课程开设频次情况如何？

4. 已开设舆情课程的主要培训对象？

5. 承担舆情课教学任务的教师来源渠道？

6. 承担舆情课教学任务的教师数量？

7. 承担舆情课教学任务的教师学历层次？

8. 承担舆情课教学任务的教师学科背景？

9. 承担舆情课教学任务的教师年龄？

10. 舆情课采取哪些教学形式？

11. 教学环境是否能够支撑舆情课教学？

2022年2月12日，调查问卷通过校（院）教务处的联系通道，以传真形式下发纸质问卷，并于2月15日共回收16市（地）党校（行政学院）、128个县（市、区）党校（行政学校）的问卷数据，剔除4个县市区党校无效数据，构建16地市党校、125县市区党校的数据集，用于对市县两级党校开展媒介素养培训情况的分析。

二、市县两级党校舆情类培训情况

地市、区县党校主体班次从舆情类课程开设频次上看（如图6-6所示），每个学期在全部班次开设达3次以上的学校占比为35.46%，2次的学校占比为18.44，1次的学校占比为12.77%，选择不固定频次的占比为32.62%。

从舆情类课程培训对象的分布上来看（如表6-5所示），从事宣传、舆情管理工作人员成为被培训的主要对象，大约有76.6%的党校开设了针对

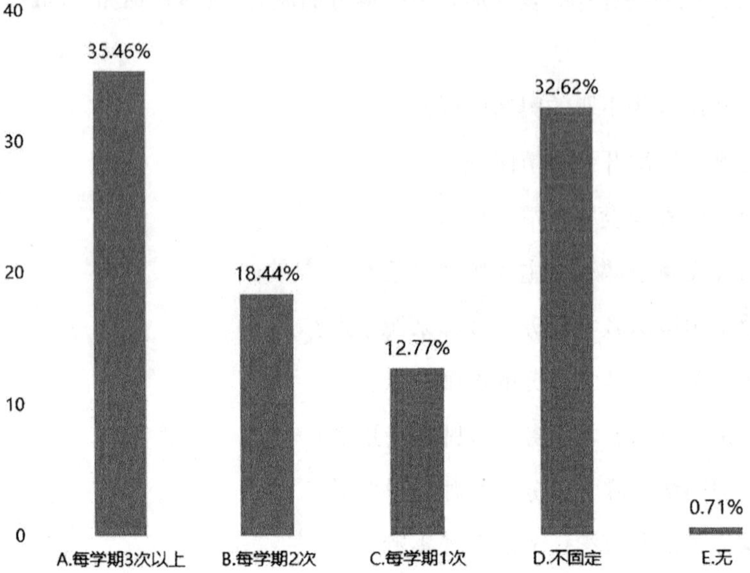

图 6-6　市县两级党校开设舆情类课程的频次情况

宣传、舆情管理工作人员的培训班次或课程。地方(部门)主要领导接受培训的机会也较多,77 个党校占比为 54.61%,将地方(部门)主要领导作为舆情课培训对象。但同时也看到,民政、住建、市场监管等民生部门干部单独列为培训对象的占比为 38.37%;普通党员干部列为培训对象的占比为 34.75%。

表 6-5　舆情类相关课程主要培训对象

培训对象	小计	比例
A. 从事宣传、舆情管理工作人员	108	76.6%
B. 地方(部门)主要领导	77	54.61%
C. 民政、住建、市场监管等民生部门干部	40	38.37%
D. 普通党员干部	49	34.75%
E. 无	1	0.71%

从承担舆情课教学任务的师资来源渠道上看(如图 6-7 所示),65.96%的党校表示通过校(院)自主培养,75.18%的党校表示聘请上级党校教师进行高端授课,宣传(网信)部门领导干部成为舆情类课程培训师资的主力军,占比为 71.63%。

通过对市、县两级党校课表的安排发现,舆情类课程通常位于主体班次教学的最后一个单元,即能力提升(知识类)单元,教师的学科背景成为考察舆情类课程教学质量的重要因素,如图 6-8 所示,承担舆情类课程教学任务教师的学科背景比较多元,有公共管理学、社会学、新闻传播学、计算机科学与技术、党建、马克思主义基本原理等学科。

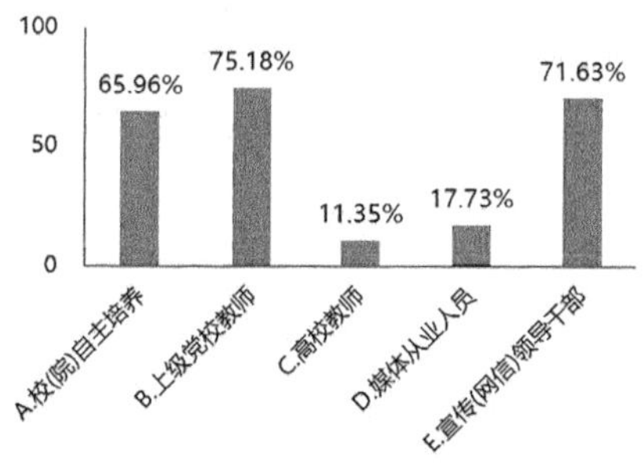

图 6-7　舆情类课程师资来源

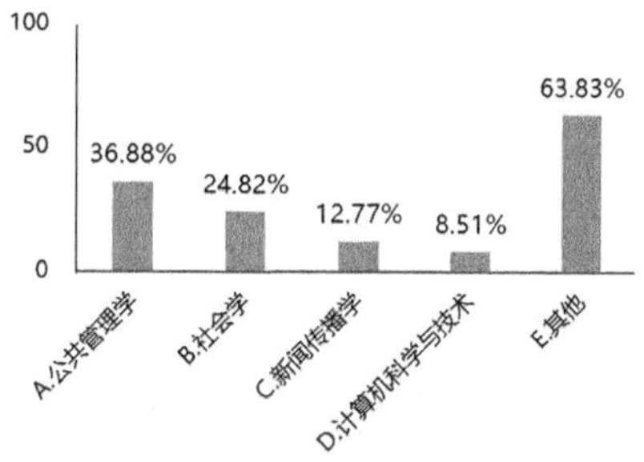

图 6-8　舆情类课程教师学科背景

从已经开设的舆情相关类课程上来看(如表 6-6 所示),有 134 所党校(占比为 95.04%)开设了提升网络意识形态斗争能力类课程,侧重于从舆论斗争的角度阐述如何防范化解意识形态风险,坚决打赢网络意识形态斗争;75.89%的党校开设了突发事件处置与舆情管理课程,侧重从突发事件处置角度,讲述如何做好事件处置与舆情管理的同步协调;70.21%党校开设了网络舆情管理与舆论引导课程,侧重阐述当前的网络媒介环境、网络舆情发生发展的规律,以及如何做好舆情回应和舆论引导工作;48.23%的党校开设了信息发布与媒体沟通课程,侧重于从政务新媒体发布、新闻发布的角度阐述形象塑造情境中如何与媒体打交道。没有开设该类课程的学校仅有 1 所。

表 6-6 舆情类课程的主题情况

课程主题	小计	比例
A. 提升网络意识形态斗争能力	134	95. 04%
B. 突发事件处置与舆情管理	107	75. 89%
C. 网络舆情管理与舆论引导	99	70. 21%
D. 信息发布与媒体沟通	68	48. 23%
E. 无	1	0. 71%

从舆情课程教学采取的主要教学形式(如图 6-9 所示)来看,讲授式占比为 93. 62%,案例研讨式占比为 49. 65%,情景模拟式占比为 31. 21%。教学方式的选择一方面要考虑教学内容,另一方面要考虑校(院)教学环境是否支持,因此,我们还对党校教学环境对课程的支持情况进行调研,结果如图 6-10 所示,有 71. 63%表示教学环境支持多媒体教学,有 45. 39%表示支持案例研讨式教学,仅有 25. 53%的党校表示支持情景模拟式教学,而有 23. 4%表示办学条件尚不足。

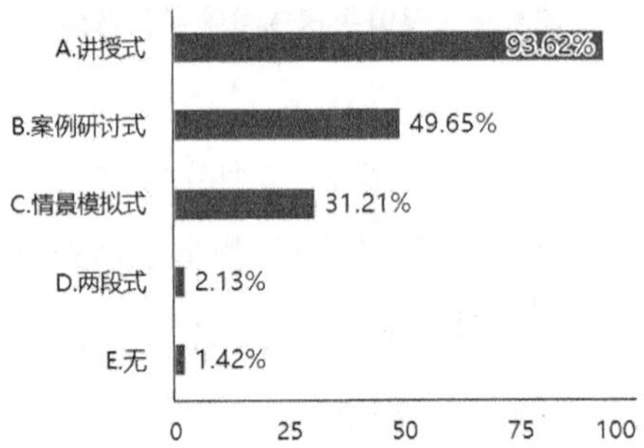

图 6-9 舆情类课程教学形式

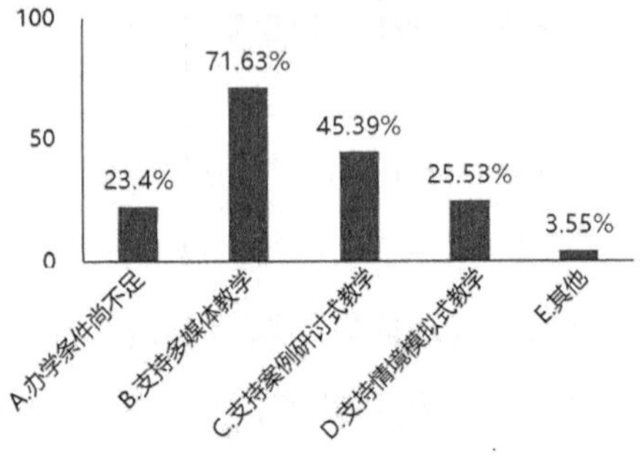

图 6-10 校(院)教学环境支持情况

当被问及是否会在 2022 年的课程设置中增加舆情类课程设置比重时,68. 09%党校表示同意,17. 02%党校表示非常同意,12. 77%党校表示要根据实际情况,不一定。

三、关于基层党员干部媒介素养培训的讨论

从培训对象来看，市、县两级党校覆盖到了从事宣传、舆情管理工作人员，地方（领域）主要领导干部，以及民生部门干部、普通党员干部。但相对来说，对民生部门干部、普通党员干部的培训占比还不高，他们是离群众最近、做群众工作最多、备受媒介环境关注的重要主体，对基层民生部门干部和普通党员干部的媒介素养培训工作还需要再加强。

从教学内容来看，市、县两级党校开设了网络意识形态、突发事件处置与舆情管理、网络舆情管理与舆论引导、信息发布与媒体沟通等课程，多种类的舆情课程均有开设，但是相对来说，信息发布与媒体沟通课程开设不足。此外，舆情类课程开设频次还不高，每学期开设 3 次以上的党校占比仅为 35.46%，而每个学校市、县两级在校的主体班次一般在 10 个左右，还没有实现对所有主体班次的全覆盖。

从教学师资来看，多数党校是多元师资渠道，包括校（院）自主培养、聘请上级党校教师、聘请高校教师或者媒体从业人员，以及聘请宣传（网信）部门的领导干部。根据《中国共产党党校（行政学院）工作条例》要求，建立健全党政领导干部到党校（行政学院）讲课、作报告和与学员座谈的制度，每年领导干部讲课总课时占各级党校（行政学院）主体班次总课时的比例不低于 20%，宣传（网信）干部也成为舆情课的主要师资来源。党校教师不同于高校教学，没有统一的教学大纲、教学内容，同一门课程不同教师会有不同讲法、呈现不同内容，教师也往往从自身学科和知识背景出发来阐释这一问题或领域，也就形成了党校教学的“百花齐放、百家争鸣”，如图 6-8 所示，市、县两级党校舆情课程师资学科背景多元，没有特别突出的优势或主导学科。但是，必须要清楚的是，媒介素养本身就是新闻传播学领域关注的重要命题，新闻传播学关注的网络舆论的生成与传播规律，能够从底层逻辑上阐释当前的媒介环境，能够拨云见日看到舆论乱象背后的本质。

从教学形式来看,党校舆情类教学努力创新教学方式,综合运用讲授式和案例研讨式、情境模拟式、两段式等互动式教学方法。但从占比上来看,讲授式仍然占据主流,情景模拟式课程很少。这与信息发布与媒体沟通课程占比较低是吻合的,信息发布与媒体沟通课程往往以情景模拟式开设,需要有教学环境、教学资源软硬件环境的支持,还需要有一定的教学控制能力,通过图6-9所示情景模拟式教学占比,以及图6-10所示校(院)教学环境对情景模拟教学的支持情况,能够比较好的解释信息发布与媒体沟通课程开设不足的原因,市、县两级党校的教学环境建设还需要再提升一个台阶。

本章小结

本章从现实考察的角度,利用党员干部媒介素养评价指标体系,对518份党员干部问卷进行多粒度分析,发现了一些问题和特征。从整体来看,党员干部媒介素养整体水平处于中等偏上,媒介意识、媒介认知水平表现较好,媒介运用水平表现最低。结合党员干部媒介素养指标体系权重来看,媒体沟通、舆情回应权重较高,但是,调查中发现党员干部在舆情研判、舆情决策、媒体信任、媒体互动、信息评估等方面的表现一般。

尤其要注意到的是基层年轻党员干部媒介素养水平还不高。无论是从年龄特征、职务职级特征、单位级别特征等方面,基层年轻的党员干部群体的媒介素养整体水平和五个维度的表现均不佳。每一名年轻党员干部都是党和国家事业发展的后备人才,有的现在已经担当重任大任,迫切需要提升媒介意识,提高媒介素养水平。媒介素养教育要抓住党员形象这个关键,关注基层党员干部的需求与表现,通过县级、市级党校干部教育渠道,加大对基层党员干部媒介素养、作风建设、心理调控、群众工作能力的培训,提升基层党员干部媒介素养表现。

从东部某省份16市(地)党校(行政学院)、128个县(市、区)党校(行政学院）的问卷数据中发现，市、县两级党校已经开展媒介素养相关课程的培训，但是还没有实现对所有主体班次的全覆盖，市、县两级党校媒介素养课程教师学科背景不突出，新闻传播学是弱项，案例研讨、情景模拟等互动式教学方法受到硬件环境、师资力量等限制，开设情况还不理想。

第七章　提升党员干部媒介素养的路径思考

新媒体时代提升党员干部媒介素养,除了个人主观能动性外,关键还有组织的培育培养和舆论环境的创设,这是党和政府可以做、必须做且能够做好的干部队伍建设问题。本章是依据党员干部媒介素养的概念内涵与鲜明特征,依据党员干部媒介素养指标体系,依据市县两级党校培训中存在的问题,依据案例研究中党员干部媒介实践中发现的问题,在前述研究的基础上,共同探讨新媒体环境下党员干部媒介素养提升的现实路径。

第一节　理念先行:引导党员干部树立正确媒介观

提升党员干部媒介素养、媒介执政能力,关键是要树立正确的媒介观。正确的媒介观是积极参与媒介活动、正确开展舆论引导、有效进行媒体沟通的重要前提和认识基础。可以发现,在众多舆情事件中,由于党员干部面对媒体时的态度不当,而引发的公众不满情绪,甚至超过了人们对于事件本身的关注,以致该事件的新闻点不断地出现,成为事件额外的发酵区。只有树立正确的媒介观,党员干部在与媒体打交道过程、在突发事件舆情处置过程、在利用媒介进行社会治理的过程中，才能有效避免意识偏见和行为偏差，真正做到善待媒体、善用媒体、善管媒体，建立起与媒体良性互动的和谐关系，通过多元媒介加强与公众间的沟通交流。

一、树立尊重媒体、信任媒体的理念

从马克思担任《莱茵报》主编，到列宁创办《火星报》；从毛泽东创办《湘江评论》、到周恩来领导《新华日报》、到胡锦涛在强国论坛与网民交谈，再到习近平总书记将政治局集体学习搬到了人民日报社融媒体中心，领导者首先是优秀的思想工作者、舆论工作者，老一辈无产阶级革命家身体力行，为我们树立了运用媒体组织动员、鼓舞群众和倡导实践的典范，是马克思主义政党的优良传统和重要经验。

（一）尊重媒体是基础

尊重媒体、重视媒体是媒介素养中不可或缺的态度和道德因素，也是党员干部个人修养的直接体现。但是，一段时间以来，一些党员干部仍然持有错误的观念，有的把媒体记者视为“洪水猛兽”，认为他们就是来“挖坑”、“埋雷”、“专捡负面事件”；有的狭隘理解“正面宣传”，认为正面宣传就是“我说你听”或者“我们说你们听”的阶段，保持高度政治化的风格，官腔十足，互动不足；有的把舆情当作敌情，舆情一来，先考虑封、堵、删。理念是行动的先导，理念错误必然导致行动上的偏差，所以一段时间以来，党员干部“雷言雷语”频出，不尊重媒体的现象也时有发生。媒介化是今天党执政的一个基本环境，要以开放、接纳和认可的心态来对待，树立尊重媒体、重视媒体、善待媒体的平等理念。

美国著名政论家李普曼在《公众舆论》中提出，传播媒介构筑了区别于现实环境的“拟态环境”，人们所接触到的信息环境并不是现实环境的完全再现，而是经由传播媒介对信息和事件进行选择和加工之后而向人们呈现出来的世界。麻省理工学院政治学与语言学教授乔姆斯基也提出著名论断:我们今天看到的事实都是“媒介化的事实”①。媒介在传达新闻信息的同时,也在建构舆论和舆论导向的框架,而公众就在媒介所建构的这种导向框架中完成对社会事务的认知,以及自我认同的建构。也就是说,人们对社会现实的认知和态度,在某种程度上是由“媒体建构”的,人们所认知到的“真相”是由图像、声音、视频、文本等共同构建的“事实”,而这种“事实”呈现的重点、方式等主要掌握在媒介手中。比如,在突发事件和灾难事故现场,任何一个人都难以露出笑容,党员干部是有这样的基本素养的,党员干部在事故现场应该有会多样的表情方式,也会被拍摄和记录多张照片,但是单单一张似乎带有笑容的脸庞被当作新闻传达了出来,引发了浩大的舆情事件。“媒介化事实”的存在,也从本质上要求党员干部必须要尊重媒体。

尊重媒体就要尊重媒体工作的性质,尊重媒体的知情权、监督权,尊重媒体工作的职业特点,理解和支持媒体工作者对社会事件事实真相的质疑和探询,保护媒体工作者的采访权、调查权、编辑权、人身安全等各项权利。不管是在突发事件处置、形象塑造还是日常工作中,让媒体有序参与到党和政府的工作之中,媒体从业者充分感受到党和政府对其工作的尊重和重视,感受到党员干部立志解决问题的决心意志,就会站在更加客观公正的角度暴露问题,更加着重于探索解决问题之路,构建有利于正向引导舆论的“媒介化事实”。反观一些舆情事件,正是由于党员干部“居高临下”对待媒体的态度,没有给予媒体充分的尊重、重视和善待,将媒体摆到对立的位置上,甚至做出不妥行为,以至媒体则站在道义的制高点上,对一些细枝末节的行为和表现进行选择性加工,进而引导舆论朝着批判甚至错误的方向发展。

(二)信任媒体是关键

尊重媒体、善待媒体是基本的要求,是较容易改进和实现的。在突发事件

① 王彩平:《媒介素养　不可或缺的领导能力》,《人民公仆》2014年第10期。

处置过程中,安排好媒体的食宿和活动场所,根据事件处置的进展及时通报最新信息;在日常工作中,欢迎媒体走进工作场所,拍摄已经演练或安排好的工作日常、采访工作人员的心路历程;在形象塑造过程中,定时或不定时召开新闻发布会,通报党委政府的重要决策部署和工作安排,这些都可以从表面上下功夫做文章,一些地方也取得了较好的效果。但是党员干部的内心深处是否真正信任媒体,是否将媒体拉到一条战线上,是否对媒体有抵触情绪,是影响其媒介表现的重要因素。

中国社会中存在着“信任情结”,这是整个中华民族繁衍生息的重要因素。从中华帝国、到新中国新政府建立、再到中国式现代化建设和治理的浪潮中,对政府的信任情结也在悄然发生嬗变。① 特别是新媒体环境的到来,一方面党和政府的媒介表现还不够优秀,另一方面,舆论多元、思潮多元,人民的权利意识、表达意识开始增强,越来越多的民众对政府从迷信和尊崇,转向对其批判和审视,并通过各种方式进行监督、质疑和批评。有研究指出当代中国公众的政治信任水平呈现下降趋势。②

媒体在提升公众政治信任中的作用不容小觑。胡荣、庄思薇等研究发现,民众使用广播、电视、报纸等传统媒介能增进民众对政府的信任,而使用新兴媒体则显著降低了民众对政府的信任。③ 薛可、余来辉等的研究表明,官方媒介接触对网民政府信任有显著正向影响,非官方媒介接触则对网民政府信任有负向显著影响。④ 随着互联网应用的广泛与普及,传统媒体跟随互联网发展的形式,已形成移动端、客户端全覆盖的融媒体格局,微博、微信、抖音、快

① 参见上官酒瑞、万志彬:《转型社会中政府信任“悖论”的理论透视——一种结构性的解释框架》,《上海行政学院学报》2021 年第 2 期。

② 参见李艳霞:《何种治理能够提升政治信任? ——以当代中国公众为样本的实证分析》,《中国行政管理》2015 年第 7 期。

③ 参见胡荣、庄思薇:《媒介使用对中国城乡居民政府信任的影响》,《东南学术》2017 年第 2 期。

④ 参见薛可、余来辉等:《媒介接触对政府信任的影响:基于中国网民群体的检验》,《现代传播(中国传媒大学学报)》2017 年第 4 期。

手、B站等公众日常应用媒体,也是主流媒体的重要战场,不仅在技术手段比肩“新媒体”,而且在内容和质量的权威性、影响力的地位与作用方面更是不可取代。

党员干部需要真正认识到主流媒体的重要作用。作为党和政府的重要传播渠道,主流媒体责无旁贷地承担着党性与人民性原则,并受到党委宣传部门和政府新闻出版署的双重领导和审查①,因此,主流媒体生产和传播的新闻信息,是相关部门进行议程设置后的选择性呈现,通过议题选择、正面宣传等方式,推动公众获得对公共部门的积极绩效感知,帮助公共部门树立取信于民的政治形象②。党员干部需要从思想深入真正愿意信任主流媒体,将自己的政策主张、施政方向等释放给媒体,借助媒体发声,引导广大人民群众心向一处想、劲往一处使,凝心聚力搞建设、谋发展。党员干部信任主流媒体,还表现在愿意主动将经济社会发展中的堵点和漏项暴露给媒体,通过媒体的深度而广泛的调查发现深层次问题,不怕出丑、不怕曝光,也相信媒体能够客观公正地调查事情或事件真相,进而发挥舆论监督的实际效用。

二、重视探察网络舆情中的民意表达

新媒体使每个人都可以顺畅地表达意见,在汇集民意方面颇具“一呼百应之势”。党员干部要善于运用公众常用的各类新媒体等与网民互动沟通,在观察和交流中善于搜集民意、甄别民意、汇集民意,梳理出民意中的“主流”与“支流”。党员干部要以宽容的心态面对新媒体,辩证地看待网络积极与消极两方面的信息。习近平总书记深刻指出“对网上那些出于

① 参见吕书鹏:《差序政府信任:概念、现状及成因——基于三次全国调查数据的实证研究》,《学海》2015年第4期。

② 参见帅满等:《媒介使用对地方政府信任的作用机制研究》,《国际新闻界》2021年第2期。

善意的批评，对互联网监督，不论是对党和政府工作提的还是对领导干部个人提的，不论是和风细雨的还是忠言逆耳的，我们不仅要欢迎，而且要认真研究和吸取。”①党员干部要充分利用新媒体渠道，更好践行网络群众路线，打造成为密切党群干群关系的重要纽带，这是提升政党、政府形象的重要渠道。

利用新媒体搜集聚合公众的“核心关注”。网络空间中的舆情舆论杂糅，关键是要从杂糅中找到公众的核心关注、集体价值取向，找到公众关注的真问题，这是必须也是迫切要做的。关注微博、微信、新闻、网站、论坛、博客、政务、报纸杂志、外媒、视频等舆论信息，充分利用舆情舆论监测大数据分析平台，特别要关注网络“意见领袖”的评论信息，因为网络“意见领袖”的辐射面、影响力非常强，要关注报道量、转载量、回复率等数据，明确公众的核心关注是什么，有没有破坏性，影响力怎么样。聚合公众的核心关注也就是抓住工作中的主要矛盾和矛盾的主要方面，抓住了主要矛盾和矛盾的主要方面，也就明确了舆情回应的方向和工作的突破口。

利用新媒体拾取个别群众的“零星声音”。新媒体成为沉默的大多数发出声音的重要甚至唯一渠道，人们通过新媒体尽情地表达自己的看法。②1980 年，德国社会学家伊丽莎白·诺尔纽曼在《沉默的螺旋：舆论——我们的社会皮肤》一书中指出，群体讨论中多数人为避免被孤立或自身恐惧放弃自己观点选择沉默或默认对方的意见，进而构成沉默螺旋，最终形成事件结果。也就是说在集体讨论中，“少数人”的声音往往被湮没。但是，互联网新媒体的出现很大程度上模糊了个人意见和群体意见的边界，削减了“沉默的螺旋”③，那些原本沉在“沉默的螺旋”底部的人们，无论是出于对哪种压力的惧

① 中共中央党史和文献研究院编：《习近平关于网络强国论述摘编》，中央文献出版社 2021 年版，第 72 页。

② 参见杨军：《政治参与的新战场》，《南风窗》2007 年第 15 期。

③ 陈力丹：《媒介对舆论的社会控制机制——沉默的螺旋》，《国际新闻界》1998 年第 1 期。

怕，或者是话语权的缺失等，都不再选择以沉默的方式来应对，而是更加积极主动地参与到舆论的探讨中，甚至出现新媒体语境下的“反沉默的螺旋”现象。① 无论是日常治理状态，还是突发事件处置过程中，党员干部要特别留意和注意拾取个别群众的“零星声音”，因为这些“零星声音”往往会引发更大的舆论浪潮。

三、遵循并运用新媒体传播规律

习近平总书记高度重视运用新媒体传播规律做好网络舆论工作，多个场合多次提出要重视传播规律、认识传播规律、遵循传播规律、运用传播规律。早在中央网络安全和信息化领导小组第一次全体会议上就指出：“运用网络传播规律，弘扬主旋律，激发正能量”，而后又强调“要遵循新闻传播规律和新兴媒体发展规律”，“不断提高对互联网规律的把握能力”，“准确把握网上舆情生成演化机理”等重要思想和观点。②

按规律办事是马克思主义唯物论的鲜明底色。遵循规律是物质决定意识、客观决定主观的鲜明实践。按规律办事就是对符合地区实际、符合客观规律的事情，要勇于把它做好。任何事物的存在和发展变化都有其无法违背的客观规律，这是不以人的意志为转移的，马克思主义理论与实践的发展历程告诉我们，必须要善于认识和把握规律，按规律办事。舆论工作也要认识规律，遵循规律，按规律办事，才能赢得工作的主动性、发展的主导权。舆论工作中，不按规律办事的现象屡见不鲜，“封、堵、盖、捂、删”、“鸵鸟心态”、“高高在上”，都是不按规律办事的表现，给舆情舆论工作带来困难和阻力，严重影响党和政府形象。

---

① 参见王国华、戴雨露：《网络传播中的“反沉默螺旋”现象研究》，《北京理工大学学报（社会科学版）》2010 年第 6 期。

② 参见中共中央党史和文献研究院编：《习近平关于网络强国论述摘编》，中央文献出版社 2021 年版，第 6、13、63 页。

遵循并运用新闻传播规律要处理好与媒体的关系。党员干部要摒弃传统的“管控”观念，打破传统的政府与媒体之间的上下级隶属关系，充分尊重新媒体信息传播规律，积极建构新型媒体关系和公共关系，主动与媒体、媒介沟通交流，不推、不躲、不拒更不怕，不失语、不乱语、不搪塞、不推诿，形成与媒介在平等、信任、尊重的基础上的配合，与媒介形成交流的、互动的、和谐的融洽关系。

遵循并运用新媒体传播规律要关注到网络中的情感作用。社交媒体的去中心化赋予每个人发声的权力，但是个体的声音想要被别人听到，却依赖于传播。舆情舆论本质上是传播得以发生的重要结果，党员干部需认识、遵循和运用网络传播、新闻传播、网上舆情生成演化的规律，认识网络空间中网民的生存状态、心理状态，认识网络舆情事件中利益相关者的诉求表达特征，认识网络“意见领袖”重要的“评论”和“扩散”作用，尤其要关注到舆论表达的情感情绪化特征。有研究者指出，情感在新媒体舆论场域中具备一种“隐性功能”，也就是作为一种情感资源参与社会动员过程，①“共情”成为新媒体时代公共交往所追求的一种理想状态。

四、关注党员干部自身的媒介形象

人类传播信息的媒介形态经历了人体媒介、文本媒介和电子媒介三个重要的演化历程，人类文明史上最早出现的第一种媒介形态就是“人的身体”本身。从麦克卢汉的泛媒介论和媒介延伸论的视角来看，“媒介是人体的延伸”，媒介可以是万物，万物皆媒介，所有媒介均可以同人体器官发生某种联系。媒介成为一种传递信息和发挥社会功能的技术工具和社会角色，它可以是一种显现的实存，是机器、是渠道、是技术、是人体等，已经成为社会构成的一个基础性条件和要素。

---

①　参见郭小安：《公共舆论中的情绪、偏见及“聚合的奇迹”——从“后真相”概念说起》，《国际新闻界》2019 年第 1 期。

黄栋法认为人体媒介是借助人的体态、服饰、行为、社会影响等来作为传送信息的载体,包括组织成员的形象、社会名流、新闻人物、能够影响社会舆论的其他公众等。① 在公共传播中人体媒介扮演着重要角色,有其独特的魅力和影响力,如人体媒介的体语很重要,动作、姿势、体态、表情等都是传播中的重要内容和要素。在国际交往中,人体媒介的服饰还是重要的传播要素,从服饰的质地、款式、元素、颜色等传达出我国的民族气质、国民精神风貌、时代风俗、文化特色、组织理念,也可以传达出个人的文化素质、社会地位等。

在今天的全媒体环境下,党员干部成为重要的人体媒介,自身的言行举止、衣着服饰、眼神形态、行为表现等都在传达党的执政理念和政党形象。中国共产党领导人长期以来低调、含蓄的态度,展现出较为严肃、权威的领导人形象。党的十八大以后,国家领导人的媒介形象传播有了新特征,通过领导人的个体媒介和具身传播塑造了中国政治人物的新形象,习近平总书记"庆丰包子"、"掀锅盖"、"开冰箱"等媒介形象传播在新媒体平台引起强烈反响,"展示了亲民、务实、简约、朴素的形象"②,为党员干部媒介素养传播树立榜样和典范。

但同时也看到,涉及党员干部媒介形象传播失败的案例也层出不穷,由此引发的舆情事件频发多发。如陕西省安监局局长杨达才"微笑"视察重大车祸事故现场,广东肇庆怀集县工作人员"进村暴力摔鸡",威海乳山党史办主任"怒扇下属耳光",湖南岳阳女副局长"怒砸营业厅电脑"等。传媒技术的变革推动了社交媒体时代的到来,构建了舆论监督的"共景监狱",党员干部需要清晰认知这种变化,时刻注意和留意自己的言行举止,通过表情、服装、语言等传递积极的媒介形象,增强公众对党和政府的政治认同与情感认同。

---

① 参见黄栋法:《公共关系传播媒介的分类及其特点》,《新闻知识》2011 年第 4 期。

② 郎劲松等:《新媒体语境下政治人物的公共形象塑造——解析十八大后领导人的媒介符号传播》,《现代传播(中国传媒大学学报)》2013 年第 5 期。

第二节　做实培养:构建全覆盖的分级分类培训体系

从现实实践来看,党员干部媒介素养培训工作多是各地的自主探索,有的课程设置相对规范化、课程形式多元,有的课程设置比较灵活,比如临近地区有舆情发生,本地区会组织临时培训,提高当地党员干部的媒介意识和能力,也有地区将媒介素养、舆情处置等纳入网络意识形态课程设置体系中,还有的专注于传授党员干部一些应对“技巧”甚至“口诀”等。但是,我国党员干部覆盖面广,从基层乡镇干部到厅局级干部再到省部级干部,其所在的岗位不同,工作内容、工作对象、工作开展形式不同,自然对党员干部媒介素养提出的要求也是不同的。党员干部媒介素养培训教育工作不能大而化之、统一标准、统一要求,要立足针对性与实效性这个根本,根据党员干部工作岗位、工作职责、工作级别不同,建立健全党员干部全覆盖的媒介素养分级分类培训体系。

一、制定基层、中层、高级干部分级培训目标

党员干部表面上的媒介素养,反映的绝不仅仅是一个媒介素养的问题,其背后有更为深刻的理论素养、政治素养、人文素养、科技素养和道德修养的问题。因此,党员干部媒介素养培训的目标,不能局限于仅就媒介、舆情、媒体等进行知识普及和技能传授,更重要的是如何善用媒介成为经济社会发展的“行家里手”。媒介素养培训培养的对象,不仅包括各级领导干部特别是高级干部,还包括广大基层党员干部。要坚持针对高级干部的高位教育、针对中层干部的中位教育与针对基层党员干部的低位教育相结合。①

① 参见潘行、李莉莉:《党员干部政治能力:提出历程、生成动因与实践进路》,《中共四川省委党校学报》2022 年第 2 期。

（一）针对高级干部的高位教育

高级干部是党和国家事业建设和发展的领航者，负责战略决策层面和全局的把握发展①，其自身的媒介素养对党和国家的公信力和形象有巨大影响。高级干部往往以接受采访等情境出场，其媒介素养不仅表现为与媒体打交道、舆情回应等，更体现在其坚定的辩证唯物主义者的形象作风、对国内外舆论热点的把握、对我国发展环境的判断、对本地区经济社会发展的思路上。

因此，对高级干部媒介素养培训要从战略高度上，引导高级干部认识媒介化治理的现实、问题与影响，从思维和理念上要重视本地区或本领域各方面的舆论舆情，对本地区或本领域党员干部媒介素养方面的问题给予更多关注，重要公共决策开展之前要进行舆情调研或舆情评估，利用网络等新媒体手段更好收集民意辅助决策。

（二）针对中层干部的中位教育

中层干部既是国家经济社会发展宏观政策的执行者，又是本地区本领域因地制宜实施政策、部署工作的实践者，起到承上启下、联系内外的作用。随着政务公开工作的不断推进，各地区有重要政策发布，职能部门要负责对政策进行解读，中层干部往往以参加新闻发布会等情境出场。在新闻发布会上，中层干部展现的是坚定的政治领悟力，对中央和国家层面政策意图的把握，对本地区本领域现实情况与问题的掌握，创新性贯彻与落实政策，以及对政策出台涉及领域、行业的考虑等。

因此，对中层干部媒介素养的培训要从战略战术相结合的高度，既要有理念层面的引导，也要有实务层面的阐释，引导他们认识当前的媒介环境、舆论格局，以及给经济社会发展带来的机遇和挑战，舆论关注的热点和态势，关注

---

① 参见张淑瑛：《领导干部循证治理能力的功能与提升路径探析》，《广西民族大学学报（哲学社会科学版）》2020 年第 3 期。

到哪些领域或行业容易引发引爆舆情，帮助其树立利用网络征集民意进行民意调研的意识。中层干部尤其要善于通过网络走群众路线，经常上上网、潜潜水、聊聊天，了解群众所思所愿，收集好想法好建议，积极回应网民关切，解疑释惑。同时，对在网络上收集到的社情民意要认真汇总分析和研究，积极吸收网民的合理诉求和意见建议。结合网上网下的情况，了解群众需求，倾听群众呼声，摸准群众思想脉搏，把党的方针政策与群众所思所盼所忧结合起来。

（三）针对基层干部的低位教育

基层干部基数大、范围广，作为党委政府组织的神经末梢，国家的大政方针最终落实到基层工作实践中。基层治理是国家治理的基石，基层党员干部是政策的最终执行者、政策反馈的初始感知者，是离群众最近、最贴心的群体，是宣传习近平新时代中国特色社会主义思想以及党和政府的各项路线、方针、政策的忠实践行者，也是媒介素养教育中最敏感的对象，其媒介表现所反映出来的问题是最直接、最具体、最真实的。特别是当前百年未有之大变局加速演进，“三新一高”发展理念正在推进，我国经济社会改革进入攻坚期和深水区，基层治理中的简单问题都已经解决，剩下的都是难啃的硬骨头，很多还是历史遗留问题，难以用简单的手段和思维去处置，这就要求基层党员干部必须练就过硬的本领，锻造高超的群众沟通和服务的能力，才能将顽固的、复杂的、深层次的矛盾解决好。

基层党员干部媒介素养的培训要以增进群众工作本领、依法办事本领与化解矛盾本领等为目标，着重针对基层党员干部的媒介意识、媒介认知、舆情回应能力加强培训教育，引导基层党员干部树立正确的权力观，认识经济社会发展的复杂程度、意识形态工作的艰巨形势，帮助其找准利益锚段的关键点，加强自身媒介形象建设，以切实有力的方法举措助推其工作能力提升。①

---

①　参见禹仁朋：《基层党员干部干事创业现状调查——以江苏省泰州市乡镇党员干部为对象》，《党政干部论坛》2021年第6期。

基层党员干部尤其要关注其群众工作能力和心理调适能力，基层党员干部的形象作风就是我们党和国家在群众心目中的形象，不良的形象作风很容易“一根竹竿打沉一船人”，造成群众对党和政府的不佳印象。因此，基层党员干部在解决基层治理问题的同时，必须要密切党群关系，增进人民群众对党和政府的信任。基层党员干部还须特别关注对突发事件的舆论引导能力，增强在突发事件和危机情境下的压力调整和情绪管理能力，提升应对突发事件的理性判断力和处理问题的能力。

二、构建通识化、专业化、规范化分类培养体系

我们在前述研究中发现，“宣传文化”岗位的党员干部媒介素养整体水平以及在各维度的表现，普遍好于“综合协调”、“业务管理”、“教育科研”岗位，这是重要的现实基础。按照全体党员领导干部通识化、民生部门干部专业化、新闻发言人规范化原则，分类设计培训体系，力求教学层次符合学员认知，力求教学内容贴合学员实践，力求过程组织务实有效。

（一）“全体党员干部通识化”是根本基础

教育培训工作要加强媒介环境、传播规律和发展趋势的阐释。

一是，要帮助党员干部认识媒介环境。在主流媒体、自媒体、平台媒体、市场媒体竞争的环境下，要认清追逐用户注意力“流量至上”的底层逻辑，以及在追逐流量过程中虚假信息频发、各种“刷”行为频现等现象，认识纷繁复杂的网络舆论舆情背后的机理和逻辑，正确看待各类媒体在网络舆论环境中担当的角色和能够发挥的作用。认识全面深化改革进入深水区、攻坚期所带来的公众社会心态的变化，尤其是由相对剥夺感造成的群体性怨恨心态，关注到网民对底层群体、弱势群体的同理心，进而产生的共情效应等。提醒党员干部注意自己的言行表现、工作方式方法，避免因自身媒介表现不佳而引发舆论浪潮。

二是，要帮助党员干部关注网络诉求。要关注到网络环境下网民的所思所想，关注到网络舆情事件的当事人（利益相关者）、网络"意见领袖"、网民等不同群体的诉求点。特别关注到网络"意见领袖"的行为逻辑，曾凡斌认为网络"意见领袖"是在网络中积极传播消息、表达自己观点的人，与其他人相比，他们对于媒介或消息源的接触更为频繁，也许同时还是某一领域的专家，他们的观点、意见往往能影响身边的人。① 网络意见领袖要遵从"流量至上"的逻辑，要保持活跃性、中心性，通过不断地发布信息、评论等保持活跃度，产生影响力，所以在网络圈群中产生一部分"素人专家"，活跃在各个领域评头论足，需要关注到他们生产信息的质效，还需要关注到他的影响力和粉丝关注量有多少。

三是，帮助党员干部提升个人综合素养。要"强化思想建设的核心与灵魂定位"②，不断强化党员干部对马克思主义基本理论、习近平新时代中国特色社会主义思想的学习，对党和国家大政方针政策、法律法规的学习把握，不断强化党员干部"以人民为中心"的发展理念，从而有效提升党员干部的理论修养和道德修养，党员干部才能在面对媒体、媒介时才能从容不破、应对自如。

（二）"民生部门干部专业化"是重点要求

"业务管理"岗位党员干部面向全局出政策、面向社会解民忧，针对这类岗位党员干部的教育培训工作，要切实加强对舆情发生发展规律、网络群众工作、回应型政府建设等的阐释，加强有关社会热点事件、危机事件处置的教育，帮助党员干部更好利用现代信息技术手段沟通群众、改进治理。

---

① 参见曾凡斌：《重大突发事件中的 BBS 舆论特点与管理初探——对人民网"强国论坛"的个案观察》，《出版发行研究》2006 年第 4 期。

② 杨凤城：《历史视阈中的新时代全面从严治党之思想建设》，《华东师范大学学报（哲学社会科学版）》2018 年第 3 期。

首先,要着重加强突发事件处置和舆情管理的教育培训。特别是当前国际形势依然复杂多变,国内改革发展稳定任务依然艰巨繁重,解决我国经济社会发展的突出矛盾和问题还有很多工作要做。要着力增强风险意识,没有意识到风险是最大的风险,党员干部要有草摇叶响知鹿过、松风一起知虎来、一叶易色而知天下秋的见微知著能力,对风险能明察秋毫,对风险要有准确预判。要着力增强政治警惕性和政治鉴别力,对社会热点敏感事件、对涉及国计民生的重要事项,线上线下要密切联动,不能云里来、雾里去,决不能任由西方敌对势力造谣生事、煽风点火、浑水摸鱼。要清晰突发事件处置的基本流程、根本原则,认识突发事情中舆论引导工作的复杂性和艰巨性,充分获得公众、媒体、社会组织各方面的认同和支援,构建突发事件处置和舆论引导同步、线上线下同步的衔接机制,争取做到政府、媒体与公众的相向而行。

其次,要着重加强网络舆情发生发展规律的阐释教育。舆情是新媒体环境、社会公共事务、网民等共同作用的结果。在舆情发生的过程中,媒体有意或无意的议程设置及有选择性地建构"报道框架",为吸引网民刻意迎合网民口味;网民由于社会情绪累积爆发、身份焦虑、认同危机,后真相时代的情绪形成了对事实的替代,加之对部分群体的刻板印象、标签化效应,导致沉默螺旋和网络暴力同步并存;这时一旦有刺激民众"最敏感的那根神经"类的公共事件发生,舆情必然爆发。舆情已然躲不开、藏不住,成为经济社会发展的"伴生物",党员干部就需要认识和遵循舆情演化的规律,舆情演化又呈现生命周期特征,潜伏期、爆发期、扩散期和消退期。这其中的关键,就是舆情发生后,政府或公共部门介入,处置舆情,舆情处置效果好,舆情就渐渐消退;相反,由于舆情回应缺失或处置不当,新爆料、谣言不断加入,舆情勾连和转化,加剧舆情的复杂态势,进而推高社会风险。党员干部要深刻认识到,一旦舆情发生,就是考验其舆情处置能力的关键时刻。

最后,要着重加强对网络社会与现实社会互动关系的阐释。网络社会出现的许多问题,其根源不在网络社会本身,而在于现实社会,现实社会中的矛盾是事件的根本和源头，虚拟社会中的热点是事件的表现和结果。网络热点只不过是对现实社会问题的暴露和凸显，是现实社会未得到有效纾解的矛盾和问题在网络空间的延伸与投射。① 在热点事件面前，网络社会与现实社会相互耦合、相互嵌入、相互转换，共同推动事件向前发展，所谓“欲流之远者，必浚其泉源”，问题的解决要从“治本”入手，进而通过“治标”来化解社会矛盾，民生部门党员干部要以舆情为契机从根本上推动实际问题的解决，解决人民群众最关心最直接最现实的利益问题，改进社会治理。

（三）“新闻发言人规范化”是导向牵引

新闻发言人往往需要知识面宽泛以及某一领域知识的深度，针对新闻发言人的教育培训工作要加强国际形势、国内经济社会发展环境方面的阐释，加强其与媒体打交道能力、媒体形象建设的培训，加强网络信息组织方式、传播方式、民众认知规律等的教育，助力“宣传文化”岗位党员干部更好利用新媒体读懂中国、读懂人民，向世界讲好中国故事、传播好中国声音。

其一，要着重加强对国际国内发展形势的阐释。以习近平新时代中国特色社会主义思想为根本遵循，推动新闻发言人深入学习习近平总书记关于全面深化改革、以人民为中心、经济发展、社会建设、党的建设、国防外交、生态文明、网络强国、宣传思想工作等各领域各方面重要指导思想，把握主旨要点和发展思路。通过教育培训、集体学习、个人学习相结合的方式，全面提升新闻发言人的综合素养。

其二，要着重提升新闻发言人与媒体打交道的能力。新闻发言人不仅要认真学习新闻传播学等传媒知识及理论，着力提高新闻素养和新闻舆论意识。还要在平时善于与媒体交朋友，努力与媒体打成一片，学会与媒体建立“朋友圈”，学会用“媒体语言”交流，建立与媒体记者、社会公众有效沟通和互信机

---

① 翟霞、冀翠萍：《网络与现实融合视域下实现虚拟社会善治的方式与路径》，《理论学刊》2014 年第 12 期。

制。提升新闻发言人的新闻敏感性和价值判断力，这样在各种敏感甚至棘手问题面前，新闻发言人能够了解新闻记者的需求和诉求，沉着应对、冷静分析，能够与媒体有效沟通，通过事实和观点构建舆论传播的正确导向，推动突发事件尽快平息和解决，进而提高新闻发布引导社会舆论的能力。

其三，要着重加强新闻发言人语言能力的培训提升。新闻发言人除了具有政治责任感，需要熟悉掌握本地区本部门的经济社会发展的基本情况，还需要具备较高的语言文字修养和较强的语言表达能力。特别是突发事件发生后，新闻发言人需要快速占有跟事件相关的材料，形成一条有深度的主线，因事、因情、因景进行新闻发布。要具有较强洞察力，要善于引导话题，不掉入语言逻辑的陷阱，不被媒体牵着走，掌握议题设置的主动权和话语的管理权。回答记者提问应简洁明快、直奔主题，实事求是、切中要害，不做过多的铺垫，不绕弯子，不打官腔，不说空话、套话，不在主要关注点上模糊，不营造猜测、联想和质疑的空间。丰富的材料、广博的知识、敏锐的观察力、敏捷的应变能力与较强的语言表达能力相结合，新闻发言人才能在新闻发布会、新闻采访等场合数据精准、情真意切，起到既发布事实真相又有效引导舆论的目的。

三、注重规律认知与技能提升相辅相成

前文通过对媒介素养整体水平及各维度的相关性分析发现，媒介素养与各维度水平显著相关，各维度间的素养水平也显著相关。媒介素养是认知、意识、情感、行为等多维度的综合，认知是情感和意识的基础，进而推动产生行为。媒介认知、媒介意识、媒介情感、媒介行为，他们之间相辅相成、不可偏废。

但是，当前的教育培训实践中确实存在重技巧传授、轻机理阐述的问题。特别是在市场化的一些培训实践中，将党员干部媒介素养的培训引入歧途。有的传授官场厚黑术，公关专家讲解怎么“摆平”记者，怎么“封堵”媒体；有的传授党员干部危机公关术，如何设置新的议题，转移公众注意力，

如何统一信息发布、避免出现杂音。[①] 有的传授几个统一、几个不要、几个原则，总之就是防止舆情舆论泛滥。防止舆情舆论泛滥的目的似乎也没有错，但是却用错了方法、用错了对象。在笔者与学员的访谈中，部分党员干部表示，同样的舆情事件，效仿过去的处置做法，怎么就引发网民轰轰烈烈的质疑？优美的公关修辞和传播技巧充其量只能解决表面的舆情危机，但是，舆情发生发展规律、舆情背后的社会问题才是党员干部应该关注的重点。

媒介素养的提升不是让党员干部学会如何“对付”媒体或民意，而是要使干部对新媒体的功能、规律、特点与势能有系统的了解和认知，从而建构媒介认知框架，认识读懂媒体和网络舆论释放的治理信号，正确认识舆论、识别需求、改善治理。“头痛医头、脚痛医脚”的思路，不可能使问题得到本质性改善，必须将它放置在更广阔的社会背景下进行系统考量，必须要充分认知到网络舆情舆论是民众对于社会事务感知的显像化表达，而问题的本源必须要回归现实社会本身。当前，媒介分众化、舆论多元化、决策数据化、执政协同化等趋势明显，特别要加强对网上舆情生成演化机理、网络传播规律、新媒体传播规律的理解学习，推动大数据、互联网+、政务服务、跨界思维等新元素、新理念融入，提升党员干部对媒体生态、媒介环境的认识。只有掌握规律才能掌握方法论，才能科学决定与媒体、媒介的有效沟通方式，才能赢得主动权、打好主动仗。

实现规律认知与技能提升的有机结合，规律认知应交由从事媒介研究的新闻传播学领域的专家和学者来阐释，阐释清楚媒介环境的本质与发展态势，阐释清楚舆论产生的原因以及舆论乱象背后的民意关注，引导党员干部透过现象看本质，找到治理媒介、关注舆论的主线。而技能提升属于实践部分和操作部分，应该请相关媒体从业人士和具有实践经验的宣传网信部门专业人员

---

① 参见黄慧：《领导干部媒介素养培训要走出误区》，《中国广播电视学刊》2012 年第 10 期。

来教授，设置突发舆情的模拟化情境，或以互动式教学、或以案例解剖的形式，提升党员干部的认知度、感受度和现场应变能力。

四、优化对党员干部媒介素养培训的教学设计

通过前述调查研究已经发现，市、县两级党校已经开展了多渠道、多途径的教育培训。在培训主题上，有意识形态、突发事件处置、网络舆论引导、新闻发布等多元主题内容；在培训形式上，有讲授式教学、案例教学、模拟新闻发布会等多元教学方式。从教学设计的角度来看，学员对某一问题的认知是过程的，每个主题的教学该采用何种形式，每种教学形式适合哪些学员对象是有其内在规律的，但实际情况是，在组织培训的过程中，本来用于案例研讨的课程，由于教师把控能力不够，演变成了讲授式课程，即使是案例研讨的形式，也基本变成了教师的“独角戏”；本来应该通过情境模拟开展的教学，由于教学环境不支持，演变成了讲授式或者研讨式。因此，需要对党员干部媒介素养培训的教学设计进行优化。

（一）加强对媒介素养培训的体系设计

布鲁姆的教育目标分类理论认为，教育目标可分为三大领域：认知领域、情感领域和动作技能领域。党员干部媒介素养的培训教育也需立足认知、情感和动作技能三个方面，媒介素养本身就是理论与实践性紧密结合的重要主题，因此，对党员干部媒介素养培训体系的设计，要遵从先原理机理，再案例研讨，再情景模拟技能操作的体系。

首先，通过网络意识形态课程、舆论引导课程等将媒介环境、媒介生态讲清楚，将网上舆情生成演化、网络传播规律讲清楚，将公众的社会心态、公众关注的社会事务讲清楚，只有将规律性内容讲清楚才能奠定牢固的理论基础。其次，通过案例研讨式教学，以典型案例的深入剖析为主线，回应热点关切和理论问题，同时也挖掘案例发展中的经验和问题，为党员干部提供感性认知。

最后，通过信息发布和媒体沟通的情景模拟教学，显著的实践操作性和场景模拟性，恰如其分地搭建起媒体沟通理论知识与行为实践的对接桥梁，行之有效地检验和预演干部步入媒体沟通实践。① 按照理论、案例、实践逻辑串联起来的教学体系是开展干部媒介素养培训的有效途径。

（二）优化对各类媒介素养课程的教学设计

知识讲授类、案例研讨类、情景模拟类三类媒介素养课程，要按照教学设计的规范化流程，开展前端分析，确定教学目标或者学习目标，确定教学策略，规划教学评估，尽可能使得每类课程发挥其应有的效用，而不是像现在某些地区仅仅“博取学员一乐”。

比如，媒介素养情景模拟教学不同于传统的讲座式授课，教案设计往往要根据培训班主题和学员工作实际需求，实际处于“一课一案”的变动和更新中。情境模拟课程通常包括：模拟之前理论知识、情景设置与学员预备、模拟现场教学组织、现场点评与双向互动四个环节，在教学实施过程中，教案设计要富有实战性和典型性，教师点评要兼顾技术性与艺术性，场地布景要具备仿真性和教学性。作为一种创新的干部培训教学方法，情景模拟教学充分重视教师、学员全程全身心共同参与，强调学员的参与式学习，强调发挥其主体性地位，通过设置逼真的情境，让学员进入突发事件发生现场，现场感受惨烈、慌乱和紧张的压力型氛围，让学员唱“主角”，进入新闻发布会、记者招待会或者接受记者访谈等形式的媒体活动的现场，“身临其境”地阐述事情发生的来龙去脉，现场处理各种棘手问题和复杂矛盾，在临时应变和亲身体验中，实现理论与实践、认知与技能的融会贯通，达到学有所得、得有所悟、悟行兼至的目的。

---

① 参见徐改：《情景模拟教学在领导干部媒介素养培训中的应用》，《中国成人教育》2009年第7期。

(三)可考虑组织开发典型案例的标准化课程

“案例教学”由来已久。20世纪以来,案例教学方法逐步在经济学和管理学领域得到应用和发展。1908年,哈佛商学院率先将案例教学方法引入企业管理教学,成为在企业管理领域普及和应用案例教学法的开创者。20世纪80年代末90年代初,媒介管理学课程开始出现在一些新闻传播学院的课程体系里。时至今日,据不完全统计,我国800多家新闻传播院系中60%以上设置了此类课程,一些院校甚至开设了媒介管理的本科、硕士和博士的专业。

党员干部媒介素养的鲜明特性就是实践性,通过案例研讨的形式让党员领导干部置于案例发展的情境中,更能提升党员干部的认知度、感受度,提升培训效度。在突发事件舆情管理的实践中也形成了多个有典型意义的案例,如2016年轰动全国的“于欢案”,成为网络舆论场与法治互动的生动案例,于欢案的二审被称为“全民普法课”。又如,长春疫苗事件、丰县生育八孩女子事件等都可以作为开发案例课程的重要选择。各地区可根据本地区典型案例,比如以省级党校为组织单位,组织全省党校系统力量进行课程开发、课程评测以及组织验收,验收通过的课程可在全省范围内广泛使用。

第三节　强化监督:健全媒介素养的监测考评机制

制度是指挥棒,是选人育人用人的导向和保障,带有根本性、全局性、稳定性和长期性。“制度之所以成为人类社会最为成功的发明,是因为它是建立在‘不相信任何人’的前提之下所产生的‘好人如鱼得水,坏人无机可乘’的严谨社会体系”①。当前,提升党员干部媒介素养必须建立在合理有效的制度保

① 孙学玉:《企业型政府模式诘难的诠释与评论》,《江海学刊》2007年第3期。

障上，要把媒介素养作为一项重要的考核标准来激励和约束党员干部。实践证明，鼓励党员干部走向运用媒介仅靠自觉是不够的，还要靠考核、监管、激励和问责，同时要予以相应的甄别保护。

一、建立多方联动的媒介素养监测预警机制

由党员干部媒介表现引发的网络舆情，通常也涉及党的多个组织和社会的各个方面。网络传播本身的特点也决定了，传播速度之快、传播范围之广、传播影响之深难以管控。因此，要探索搭建统一的多方联动平台，形成同一级党政部门之间、同一层级政府各部门之间、不同层级党政部门之间、相邻行政区域党政部门的联动以及党政部门与媒体、企事业单位、网络"意见领袖"等多意见主体之间的联动机制，构建多方联动、统一监测的机制基础。

在多方联动机制基础上，有效利用大数据整合平台，通过设置"算法"模型与技术，建立实时监测和网络舆情追踪的相关程序，提前感知党员干部可能引发的网络风险隐患。借用大数据技术感知预测舆情可能的发展趋势，建立预警机制和部署处置预案。通过大数据技术监测微信、微博等社交平台的信息流通，设置敏感词汇自动鉴别，及时管控不利于人民团结、社会安定的言论，明确网络不是法外之地，网络犯法同样要受到法律的制裁。最后，监测正在上升的网络热点中党员干部的参与情况。一起网络舆情热点事件中，是否有党员干部的不当言行，是否是对党员干部工作作风、腐败行为等的质疑和关注，将监测情况及时推送给涉事单位或地区，为突发舆情处置做好准备。

二、健全激励型与压力型并行的媒介素养考评机制

党员干部媒介素养的评价考核，要采取奖励与问责并行、激励与规约并重的思路。一方面，对于党员干部不作为、乱作为，不按照法律规章办事，逆群众意愿和发展规律，怠于和群众、媒体沟通，引发热点舆情事件，舆情处置

和回应不力等，需要采取刚性约束制度，通过问责形成震慑警示效应；另一方面，对于党员干部积极担当作为，符合经济社会发展规律和群众意愿，政策解释回应到位，媒体、群众等沟通有序，引发社会积极反响，塑造党和政府积极形象等，应该采取激励机制，通过干部考核、选拔任用等形成正向示范效应。及时通报正面典型案例和负面警示案例，形成示范、引戒和修正效应。

要从体制机制上把党员干部的媒介素养纳入常态化考核中。要结合部门特点和岗位实际，探索将媒介素养纳入党委（党组）的意识形态工作责任制中，把党员干部媒介素养的提升作为重要内容，鼓励党员干部在一些日常工作中，采取与网民互动、网络直播等具有开放性、互动性的方式，激发党员干部提升媒介素养的动力。利用网络舆论大数据优势，健全完善对党员干部媒介素养客观、量化、科学的考评机制，将考评结果与党员干部的晋升考核关联，力求结果真实有效。①

三、探索建立党员干部媒介素养甄别容错机制

党员干部已经认识到媒介参与、网络问政、网络执政等给政府治理带来的机遇与优势，但是利用新媒体与公众交流实践中，多数党员干部仍然保持谨小慎微的态度。② 关键就在于，网络时代众声喧哗，既有盲从者亦有别有用心者，充斥着各种理性与非理性，极易揪住党员干部的“个别字眼”、“个别行为”大做文章，形成各种围观、深挖甚至舆论暴力现象。③ 党员干部不仅要担负经济社会发展的重要任务，还要接受来自网民的审视和挑剔，稍有不甚就会引发

① 参见苏玉波、刘婷婷：《大数据时代中国共产党的形象建构：挑战与应对》，《西安交通大学学报（社会科学版）》2021 年第 4 期。

② 参见毛湛文、刘小燕：《新媒体环境下政府传播的新变化——基于传播主体视角的考察》，《当代传播》2015 年第 2 期。

③ 参见吴阳松、陈金莲：《新时代领导干部媒介素养的时代内涵与提升路径》，《理论探讨》2020 年第 4 期。

舆论浪潮，即使是正面积极实践，也会夹杂着吹毛求疵的批评声音，加之舆情问责的高压线，形成对党员干部无形的压力，党员干部头顶上始终悬着“达摩克利斯之剑”，“本领恐慌”与“心理恐慌”交织叠加，党员干部宁愿“不说”、“少说”，也不想“多说”，秉持“能不说就不说”的心理，主动进行“媒介生产”、主动进行舆论引导的积极性不高、能力不强。

从组织培养的角度来讲，需要建立党员干部媒介素养甄别容错机制，需要厘定党员干部的话语边界，需要构筑保护党员领导干部的“篱笆墙”。对党员干部在新媒体沟通中暴露出的一些小瑕疵、小问题，引导社会形成宽容的舆论环境，不做过度解读和无端指责，惩戒虚假信息传播，遏制带节奏的网络暴力，激励党员干部身无负重、心无负担走向网络，鼓励党员干部“多说”、“真说”，确保党员干部面对各类新媒体平台“敢说”、“愿说”，真诚沟通民众、回应诉求，保护党员干部成长，形成党员干部积极参与、公众媒体有序监督的良性互动局面。

第四节　营造氛围：加强多场域媒介历练与实践

1988年，习近平担任宁德地委书记时调研后发现，宁德地区没有报纸、广播、电视台。“任何工作，舆论先行，宁德没有报纸怎么能行？”①“任何工作，舆论先行”这是马克思主义者前仆后继实践得出的经典启示。世界百年未有之大变局加速演进，中华民族伟大复兴进入不可逆转的历史趋势，我们面临着难得的历史机遇，也面临着一系列重大风险考验。党员干部要置身于更多媒介化实践环境中，必须发扬斗争精神，增强斗争本领，深入融入互联网治理的复杂场域，在矛盾冲突面前敢于迎难而上；主动承担突发事件处置的风险实

① 李仁虎等：《情到深处》，《人民日报》2019年11月10日。

践,在危机困难面前敢于挺身而出;积极参与国际议题设置与传播秩序,在大是大非面前敢于亮剑,在歪风邪气面前敢于坚决斗争,坚决保障胜利实现我们党确定的目标任务。

一、深度融入互联网治理的复杂场域

互联网不仅是形塑国家话语权的关键力量,也给整个社会带来了颠覆性影响。放眼全球,互联网媒介在经济、政治与文化等领域的渗透已经塑造了新的经济社会运转方式。一方面,互联网媒介逐步颠覆了以传统媒体为中心的大众传播模式,基于互联网所构建的全新传播环境,给社会治理与国家安全带来多重挑战,互联网被视作影响我国国家安全的最大变量,网络意识形态安全被置以突出重要地位;另一方面,在大数据与人工智能等技术的推动下,数据驱动的互联网企业深度嵌入公众的数字生活,以数据为新型基础资源的数字经济蓬勃发展,借由对数据、算法与流量的垄断,由此暴露出的"二选一"、"大数据杀熟"、算法合谋、扼杀性收购等问题,严重扭曲了正常的市场竞争环境。

党员干部需要深度融入互联网治理的复杂场域中,坚持"党管媒体"、"党管数据",将网络内容治理、平台数据治理作为工作重点,坚决打赢网络意识形态斗争,营造清朗网络空间,将数据平台置于监管之下,坚定维护网络传播和经济秩序。

(一)推进专项行动是应时举措

专项行动是社会治理的重要特色,也是短期内快速规范网络秩序、产生治理效果的重要举措。在互联网专项治理中,网信部门推动"清朗"系列专项行动,重点针对一段内时间互联网内容的突出问题,深入清理负面有害信息、违法违规账号与移动应用程序,有重点、有针对性地维护了清朗网络空间,赢得了网民的积极支持和充分肯定。公安部门推动的"净网"、"剑网"、"护苗"等一系列专项整治,促进网络直播、微信公众号、电商购物、搜索引擎、社交互动等不同形式的互联网信息服务健康规范发展；坚决遏制算法滥用、“饭圈”乱象、文娱及热点排行乱象等网上违法违规行为和突出问题；防范资本无序扩张，为资本设置“红绿灯”，网络空间有法可依、有规可循，广大网民的合法权益得到有效保障。① 专项行动具有指向性强、治理效果明显等优势，在政策工具中扮演着角色重要、地位稳固。但是专项行动是应急状态下的临时性举措，存在治理主体与治理边界不清晰、治理规则不完善、治理效果难以持续等问题，也容易出现消极应对或盲目扩大管理范围等风险。

（二）强化制度供给是法治准绳

在专项行动治理的同时，互联网治理重在强化制度供给。互联网不是法外之地，必须在法治轨道上健康运行。党的十八大以来，我国网络空间法治建设快速推进，互联网内容建设与管理相关法律法规逐步健全。《中华人民共和国网络安全法》《中华人民共和国电子商务法》《中华人民共和国数据安全法》《中华人民共和国个人信息保护法》《中华人民共和国反垄断法》相继出台，《互联网新闻信息服务管理规定》《互联网信息内容管理行政执法程序规定》《网络信息内容生态治理规定》《互联网信息服务算法推荐管理规定》《国务院反垄断委员会关于平台经济领域的反垄断指南》等相继发布实施。互联网治理的法律法规、制度规范、条例准则、部门规章要形成不同梯次的法律制度体系供给，既有宏观的法律制度准绳，也有微观的处理处罚规章，为互联网治理提供明确的法律依据，也为营造清朗网络空间提供制度规则。

（三）运动式治理、制度建设并行驱动

党员干部要积极运用运动式治理、制度建设并行驱动的手段，深度融入和主导互联网治理的复杂场域。

---

① 参见中央网信办：《习近平总书记指引清朗网络空间建设纪实》，2022 年 5 月 5 日，见 http://www.cac.gov.cn/2022-05/05/c_1653362948442935.htm。

一是对互联网发展过程中产生的风险，实施敏捷治理。互联网创新生态活跃、模式丰富，生长空间大、生存能力强。要紧盯互联网新生态新模式，对于成长性形态包容监管，对于危害性行为紧急踩刹车，实施敏捷治理。例如，2021 年 6 月 29 日，滴滴悄无声息赴美上市，引发国家对数据处境安全风险的关注，以国家网信办牵头的相关部门立即出台《网络安全审查办法（修订草案征求意见稿）》《数据出境安全评估办法（征求意见稿）》等一系列法规，回应数据出境安全风险的治理问题。

二是，积极动员社会参与，发挥网民的主体作用。网络社会是高度流动、复杂且充满不确定性的，政府主导的网络治理与监控监管难免有所疏漏，社会参与则是政府注意力有限情况下的重要选择。[①] 例如，针对平台上隐藏较深、形式多样的各类违规信息，吸纳党员干部、警察、消防员、教师、医生和高校学生等为微博社区志愿者，参与社区生态治理，达到及时发现和处置违规信息的目的。

三是，确保意识形态安全，同时兼顾经济发展。国家发改委向社会征求关于《市场准入负面清单》（2021 年版）的意见，明确提出“禁止违规开展新闻传媒相关业务”，在强化对网络意识形态监管的同时，推动中国平台企业走出去。[②] 例如，字节跳动旗下 TikTok 风靡海外，首次实现了中国互联网平台企业从世界上最大的发展中国家向包括发达国家在内的海外市场的逆向扩散，促进了网络平台上跨文化交流和信息流动。

二、正确定位危机沟通的关键着力点

认知和情感是危机沟通的客体也是实现手段，但实际情况是，公众与公共

① 参见张志安、冉桢：《中国互联网平台治理：路径、效果与特征》，《新闻与写作》2022 年第 5 期。

② 参见 José van Dijck，Thomas Poell，Martijn de Waal，*The Platform Society：Public values in a connective world*，New York：Oxford University Press，2018，pp.31-37。

部门在界定议题、关系定位、话语权分配的过程中产生认知冲突，这种认知上的冲突传导到价值领域，造成双方情绪受挫、心理阻隔与价值排序冲突等情感上的错位，因此如何凝聚共识、培育共情、构建认同是危机沟通的关键着力点。

（一）协商议题：实现多方有序对话的本源

公共部门危机沟通的理念需要进行调整，实现从“我说你听”到双向对话的转变。传播学者卡尔·伯顿（Carl Botan）提出了公共部门管理中的“共创模式”（cocreational model），强调公众和公共部门在界定议题中扮演着同样重要的角色，他们共同界定问题、议题、目标以及彼此之间的关系。① 也就是说，议题既不是公共部门拥有资源的简单呈现，也不是公众意见的浅层梳理，议题是在公众与公共部门的信息互动中形成的，是公共部门寻求共识的结果，也是公众寻求公共部门理解的结果，是公众与公共部门沟通协调中的“最大公约数”。公共部门通过主动发现议题和设置议题来协商议题，由此掌握舆情回应的主动权、引导民意的主线。

从纷繁话语中主动发现议题。危机事件面前，互联网舆论场全时性、全场域地生产话题，通过节点与节点的互动、转发、评论等推动着舆情事件向纵深发展，甚至别有用心之人也在蹭热点、抖机灵，引发舆论议题的多向度延伸，舆论泡沫之下如何才能听到公众的“真问题”。公共部门需要摆脱熙熙攘攘的乱象、超越形式性问题的表象，采用舆情监测的量化、统计、关键词呈现机制等，瞄准问题产生的本源，让公众关注从冰山之下脱颖而出。

在多元舆论场中主动设置议题。公共部门由于天然的资源禀赋优势，掌握着危机的“事实真相”，在遵照“事实真相”的基础上，公共部门应试图设置与公众的共同议题，公众认为问题根本是透明和机制问题，公共部门就不能简单以形式性问题进行搪塞，更重要的是对自己进行内省，是否存在公众所归因

---

① 参见 Carl H.Botan，*Strategic communication theory and practice：The cocreational model*，NJ：Wiley-Blackwell，2018，pp.22。

的问题,并通过道歉或补偿的策略,争取公众的信任,进而掌握议题设置的主动权。危机事件中公共部门体现的人民至上精神、集体主义叙事、自我纠错机制等,更能赢得公众的认可,达到公共部门与公众有序对话的目的。

(二)沟通情感:形塑情绪时代危机管理的基调

越来越多的研究和实践证明,情感是牵引舆情发生发展的主线。人与人之间、人与群体之间关于认知的沟通是建立在一定的情感基础上的,休谟认为:理性和情感在几乎所有道德规定和道德推论中都是共同发生作用的……最终的裁决依赖于大自然所普遍赋予整个人类的某种内在的感官或感受。情感中包含着认知,没有情感参与的认知很难转化为行动。危机事件面前,公众在寻求真相的过程中包含着对事件、对公共部门的情感,这种情感作用于公众个体使其产生认知,进而在网络空间生成点赞、评论、转发等网络语言,发酵为网络舆情。可以说,舆情是公众情感的一种符号性的叙事体现,因此舆情回应也应该是一种情感回应。①

"事实—价值"模型理论强调"以同情心、同理心顺应和契入危机情境下公众的情绪状态和情感需求"②。具体到实践中就是要以设身处地的情感看待危机事件、对待公众舆论,将公共部门的情感极性赋予事实说理中,建立公共部门与公众进行沟通的情感桥梁,并最大限度地理解和照顾可能被渲染和放大的情感诉求。同时仅有情感的沟通也是不充分的,还需要以事实回应为载体,构建既有理性叙事又有共情表达的"有态度有温度"的回应。

后真相时代,公众因为认知的局限、朴素的情感,可能会产生一些激进情感裹挟下的非理性的情绪化表达,表现为一些攻击、贬斥等的发泄性声音,也有人称之为"乌合之众"的群体盲从。对待这样的一些情绪情感,不能采用全

① 参见张权:《网络舆情治理象限:由总体目标到参照标准》,《武汉大学学报(社会科学版)》2019 年第 3 期。

② 胡百精:《危机传播管理对话范式(下)——价值路径》,《当代传播》2018 年第 3 期。

盘否定的态度,公共部门要引导和治理破坏性、情绪化的表达,化解其非理性冲动;同时要以包容心和平常心对待这样的声音,更重要的是看到激进情感背后的公众关注。

(三)寻求认同:构建价值理性引导下的集体记忆

认同是社会实践、社会交往和社会协同中最为关键的黏合剂。伯克认为认同具有根本性、持久性的力量,听者对言者一旦建立信任和认同,这种认同是如此牢固,以至于有人不管讲什么听者都愿意相信,也有人无论怎样“口吐莲花”都没人相信。① 危机情境下维护和重建认同是危机沟通管理的根本目标。

从说服逻辑向对话逻辑的转向。从公共管理学的角度看危机沟通,处置是第一价值取向,当前的处置实践中较多采用“说服”的逻辑,口罩风波中公共部门就试图通过问题的解释、补偿的就位,来“理所当然”地获取公众的谅解。殊不知,这种说服逻辑中带有权力话语的压力性本色,频繁的使用促使公众积聚了“苏打水”的能量,或将在某一时刻爆发出巨大威力。对话逻辑被认为是解决价值认同危机的最好路径,“事实—价值”模型理论认为合作对话是危机传播管理的基本精神,无论是认知层面的危机应对,还是情感层面的道德救赎,都依赖于公共部门与公众以及其他主体间的对话、协商,建立平等的对话空间、形成公共部门与公众间的相互认同,是危机沟通的必然路径。

从工具理性向价值理性的转向。当前的危机实践中较多地尊崇工具理性,通过时间、语言、叙事的技巧处置危机平复舆情,但是却没有去关注和抚慰由于舆情所留下的价值认同创伤。胡百精认为“工具理性过度膨胀而价值理性衰微凋敝是现代认同危机的根源”②。长此以往,在看似平静的舆论繁荣的

① 参见 Robert L.Heath,“A rhetorical approach to zones of meaning and organizational prerogatives”,*Public Relations Review*,Vol.19,No.2(1993),pp.141-155。

② 胡百精:《互联网与集体记忆构建》,《中国高校社会科学》2014 年第 3 期。

表面之下，隐含着价值和认同危机的蔓延，人与公共部门之间的彼此信任变得如此艰难。在网络社会中，集体记忆是培育网民共情的凝聚型文化结构，在群体内促进认同与融合，在群体外实现秩序与统一，有相同的集体记忆意味着存在相同的情感基础和共通的价值信念。① 因此，舆情危机过后，还需要建立公共部门与公众间日常沟通、交流、倾听机制，增强对公共部门主旨、时代精神、优秀品格的传播，以社会主义核心价值观为引导构建互联网时代的价值逻辑，以共识共情凝聚互联网的集体记忆。

三、主动承担突发事件舆情回应的实践

处于现代化进程的中国已经进入风险社会。近年来，“上海外滩踩踏事件”、“8・12 天津港爆炸事故”、河南平顶山“5・25”特别重大火灾事故、江苏严肃查处江苏天嘉宜化工有限公司“3・21”特别重大爆炸事故、新冠疫情等重大突发事件不断发生，呈现出传播主体广、传播速度快、传播形式多等特点，各种可以预见和难以预见的风险因素明显增多。② 在重大突发公共事件背景下，海量信息短时间内信息聚集与激增，发酵周期短，演变路径不确定，并迅速放大为重大网络舆论危机，给政府和党员干部的舆情工作提出了更多挑战和要求。党员干部就是要在斗争中磨砺，越是困难大、矛盾多的地方，越是形势严峻、情况复杂的时候，越能练胆魄、磨意志、长才干，要紧密结合应对风险实践，提高舆情危机实践处置能力，真正成为运用现代传播媒体新技术新手段的行家里手。

2016 年 2 月 19 日，习近平总书记主持召开党的新闻舆论工作座谈会，他鲜明指出：“把握好时度效。党的新闻舆论工作是一门科学，必须按照规律办事。时度效是检验新闻舆论工作水平的标尺。不管是主题宣传、典型宣传、成

① 参见陈华明、孙艺嘉：《情感线逻辑下的网络舆情生发演化机理与治理研究》，《西南民族大学学报（人文社科版）》2020 年第 5 期。

② 李季：《健全国家应急管理体系　防范化解重大风险》，《行政管理改革》2020 年第 3 期。

就宣传，还是突发事件报道、热点引导、舆论监督，都要从时度效着力、体现时度效要求。”①这为各级政府部门提升舆情回应能力奠定了理论基础，也指明了行动方向。

（一）把握时度效，做好舆情处置和回应工作

突发事件舆情处置要抓住时机。舆情事件一经爆发，政府和党员干部的首次回应十分关键，会塑造公众对党员干部的“第一印象”，而“第一印象”会相应地增强或减弱后续回应的影响，成为影响舆情事件后续走向的重要因素。因此，面对舆情事件，党员干部坚持要早发声，第一时间发出权威声音，做到先发制人、先声夺人；同时也要结合社会环境、舆情发展步调，多发声、准发声、发实声，有的放矢，权威声音掷地有声，以最快速度抢占议程设置的主动权，增强政府公信力，塑造党和政府形象。

突发事件舆情处置要讲究分寸。突发事件舆情处置要拿捏回应尺度，采取适当的策略回应社会关切，尤其关注舆论场的态度和情绪。通过摆事实、讲道理、列数据非常关键，“言之有据”、“晓之以理”有其合理性和科学性，但从实际成效来看，应然和实然之间却并非完全统一。主要原因还是情感问题被忽略，舆论场是个情绪场。如果只重视“晓之以理”而忽略“动之以情”，就无法在情感上形成与网民的共鸣，网民感受不到参与感与被尊重感，往往会对回应内容做过度解读，“晓之以理”的效度就会减弱。党员干部在突发事件舆情回应中，要提高共情力，要本着解决问题的态度去真诚沟通，要设身处地去体验当事人的情感，要把领导重视的话语，变为多方参与的解决话语，真正对焦公众的情绪情感。要共情但不是要泛化共情，要共情不是没有基本立场，不能一味地迁就情绪，尽量避免用网络流行语，要把握好分寸，保持适当温度。

---

① 中共中央文献研究室编：《习近平关于社会主义文化建设论述摘编》，中央文献出版社2017年版，第46页。

突发事件舆情处置要注重实效。党员干部要树立以人民为中心的意识，真正切中突发事件的“要点”和“痛点”[①]，从杂乱舆情中找到核心关注，找到真问题，抓舆情中的主要矛盾和矛盾的主要方面，抓住了主要矛盾和矛盾的主要方面，也就明确了舆情回应的方向和抓手。准确回应民生诉求，提高舆情回应的感染力和有效性，增强公众的认同度和向心力，赢得公众的信任、支持和合作。同时，“事实胜于雄辩”，舆情回应要以客观事实为依据，加强政府回应的真实性和权威性，既不遮遮掩掩也不虚虚假假，真正致力于问题的解决，实现从“解释”层面的舆情回应向“解决”层面的舆情处置过渡，贯通收集民意、舆情回应、处理问题、监督反馈的全方位治理链条。

（二）发挥多元力量，形成舆情处置和回应的合力

在新媒体环境下，单靠政府或党员干部的回应已经难以满足舆情愈发复杂的发展态势，需要创新社会协同机制，将主流媒体、商业媒体、社会组织、“意见领袖”、公众等多元主体和力量聚合起来，培养其参与互动的意识和能力，通过沟通、协调和合作，达到资源融合、互补优化和共同治理的效应，构筑突发事件舆情处置回应和舆论引导的“共同体”格局。[②]

2015 年 6 月，“东方之星”沉船事件中，救援难度大、遇难者人数多，网络空间中各种质疑性言论频发，质疑所谓龙卷风导致客船翻沉，并对船只是否存在设计方面的问题进行追问；质疑气象部门事先是否发出预警，水上交通部门是否采取防范措施；质疑船长为何最先逃生；等等。针对这些猜测和质疑言论，主流媒体主动策划选题，推出《救援“东方之星”，难在哪里》《为什么到第三天才把船翻过来》《客船搜救有六大难点　拟切割船体或整体打捞》《东方之星客船长江翻沉：为什么客轮在瞬间翻沉》《沉船最后的救援方案是怎么敲定的》等深度

① 从靖怡等：《基于信息交互视角的突发公共事件舆情反转治理路径研究》，《情报学报》2022 年第 6 期。

② 参见蒋明敏：《突发公共事件网络舆情治理共同体的构建》，《学术界》2022 年第 6 期。

调查文章，很好地回应了舆论关切和猜测质疑。针对从全国各地赶来的遇难者家属的食宿问题，湖北监利县市民群众私家车系上黄丝带，主动免费承接遇难者家属交通问题；6月高考季，监利县宾馆住宿“一房难求”，遇难者家属住宿问题紧张且极易引发次生舆情，高考学子及家属主动腾退高考房，住宿房间数量充裕，遇难者家属住宿问题均得到妥善安置，真正让国际社会、全国民众见识了特别重大灾难性事件面前群众的力量。在“东方之星”沉船事件中，实现了政府、媒体与公众间的协调一致，达到了较好的舆情处置和舆论引导效果。

利用主流媒体及其新媒体的权威性和影响力，发挥主流媒体“定向定调”的重要作用，推动突发事件舆情信息的回应和传播，引导社会舆论，增进社会认同，避免舆情风波，突发事件中主流媒体往往扮演着“一锤定音”的角色。充分利用网络“意见领袖”“信息传播者”和“意见发布者”的双重角色①，网络“意见领袖”是网络传播中的中坚力量，因为拥有庞大粉丝群，因此对舆论发展发现有重要牵引作用，要发挥他们在公众中的影响力和牵引作用，在热点事件面前积极主动发声，引导公众关注焦点和意见的正能量方向，引导舆情事件朝着解决问题的方向发展。培养公众的交往理性，提升公众网络参与的效率与质量，推动问题解决和核心价值观塑造。

四、积极参与国际议题设置与传播实践

2021年5月31日，中共中央政治局就“国际传播能力建设”进行集体学习，习近平总书记在主持学习时强调，讲好中国故事，传播好中国声音，展示真实、立体、全面的中国。要深刻认识新形势下加强和改进国际传播工作的重要性和必要性，下大气力加强国际传播能力建设，形成同我国综合国力和国际地位相匹配的国际话语权，为我国改革发展稳定营造有利外部舆论环境，为推动构建人类命运共同体作出积极贡献。还要求各级领导干部主动做国际传播工

① 参见肖文涛、曾煌林：《突发事件政务舆情回应：面临态势、困局与对策思路》，《中国行政管理》2017年第12期。

作,主要负责同志既要亲自抓,也要亲自做。

要动员各级党员干部“抓”和“做”好国际传播工作,建立内宣、外宣“内外有别”的观念,形成党员干部国际传播意识的政治自觉,担当国际传播能力建设的责任,努力在国际传播能力建设学习教育中走在前面做表率,进而形成统帅型的工作格局,为整个国际传播工作大局创造良好的氛围和环境,以此推动全民国际传播的实践。① 我们党和国家的领导人身先士卒,主动投身国家传播中,习近平主席利用外交等各种场合,阐述我们党的创新理论、阐释我们的发展思想,部分国家一直指责中国的发展是搭了他们国家发展的快车,习近平总书记表示,敞开怀抱欢迎世界各国“搭乘中国发展的便车”,有力回击了西方国家的蹩脚言论。在顶层设计的主导下,各级党员领导干部要发挥本地优势,协同聚合多元力量,找准各自特色开展工作,展示丰富多彩、生动立体的中国形象。媒体、人文交流、企业、事业机构,乃至每年 1.4 亿出境人口都是我国国际传播的重要主体。

以构建人类命运共同体作为国际传播的出发点和着力点。全球化曾是人类社会发展的普遍共识,随着英国“脱欧”、“美国优先”政策、新冠疫情暴发等一系列全球事件的发生,观念的撕裂正在替代共识且加剧国际传播的复杂性。党的十八大以来,习近平总书记准确把握国际形势的深刻变化,顺应和平、发展、合作、共赢的时代潮流,站在历史正确的一边,提出了“构建人类命运共同体”的理念,用中国话语向全世界提供解决问题的中国方案,体现出中国共产党领导人把自身发展与世界发展相统一的全球视野、世界胸怀和大国担当,为国际社会合作与发展指明了前进方向,为全人类的共同成长进步指明了方向,也为我们讲好中国共产党的故事、中国人民的故事提供了很好的切入口和交融点。② 向

① 参见张毓强、庞敏:《新时代中国国际传播:新基点、新逻辑与新路径》,《现代传播(中国传媒大学学报)》2021 年第 7 期。

② 参见蒋东旭、胡正荣:《系统思维与顶层设计:新时代国际传播布局的逻辑与实践》,《当代传播》2022 年第 2 期。

世界讲好中国故事，推动构建人类命运共同体。

以“小切口、大道理”讲好中国故事、传播好中国声音。党员干部要清晰认识到中国高语境国家和西方低语境国家之间的区别，特别有深意的表达在国外未必会起到好的传播效果，要用浅叙述阐释深刻道理，对重大题材进行轻传播，采用图像、视频等感性化传播方式，采用贴近不同区域、不同国家、不同群体受众的精准表达方式，推进中国故事的全球化传播、区域化表达、分众化沁润，增强国际传播的到达力、亲和力、共情力与实效性。特别是要把中国普通群众勤劳奋斗的故事、中国社会的优秀品格、中国优秀传统文化的精髓，对准对焦国外年轻一代作为重点受众，创新传播方式，讲究传播艺术，弘扬正能量，减少宏大叙事，多讲普通群众的小而美的故事，挖掘凡人之美、生活之美，塑造可信、可爱、可敬的中国形象，弘扬全人类共同价值。

以正视听、正本清源，更好地引导国际社会有关中国共产党的舆论生态。特别是在国际传播内容的供给方面，相关负责部门的领导干部要有计划、有组织地进行党的文献、党的领袖著作和传记等的翻译宣介，为讲好中国共产党的故事、讲好领袖的故事，提供权威的历史和理论依据、学理和文献支撑，要注意覆盖到小语种地区的优质传播产品，力争不让中国故事存在盲区和漏项。①

充分利用海外自媒体平台，推动更多中国网红城市走向国际。作为新兴传播和表达工具，短视频往往能调动人们记录和发现城市魅力的积极性。TikTok（抖音海外版）已在国际市场崛起，充分利用此类平台传播中国功夫、中国非物质文化遗产、街头小吃等外国人喜闻乐见的民生百态，借助中国小县城、小城镇在国外走红的契机，把更多饱含中国民间元素的城市形象、民间艺人、民俗民风民情等推广到国际交流平台。

---

① 参见魏海生、梁怡：《不断加强国际传播能力建设，努力讲好中国共产党故事》，《北京联合大学学报（人文社会科学版）》2022 年第 2 期。

第五节　开拓视野：媒介素养向数字素养范畴扩展

当前社会已经进入数字时代，数字化已经成为社会运行的显在规律。特别是随着大数据、云计算、物联网等新兴技术迅猛发展，数字技术等系列变革性技术推动社会的智能化转向，对个体、组织和社会系统造成综合性影响。党员干部媒介素养迫切需要向数字技术能力、数字治理能力、数字媒体能力等在内的数字素养扩展和升维。媒介素养的研究与实践工作必须遵循数字时代的规律，切入数字思维、数据理念、移动规律，才能切实适应并引领数字时代的发展。

一、认识大数据驱动政府治理的动能效应

人类的生产生活活动被数据化，经济社会的运转运行被数据化，数据成为表征事务与活动的核心要素。各类数据呈爆发式增长，数据已经成为国家基础性战略资源。2020年4月9日，中共中央、国务院发布《关于构建更加完善的要素市场化配置体制机制的意见》（以下简称《意见》），把数据作为继土地、劳动力、资本、技术之后的第五大要素。大数据赋能，政府可以更好地感知社会、感知民众、感知经济发展，可以实现更高效率的管理，可以推动政府治理体系和治理能力的现代化。

习近平总书记强调，“各级领导干部要加强学习，懂得大数据，用好大数据，增强利用数据推进各项工作的本领”①。各级党员干部要树立“用数据说话、用数据决策、用数据管理、用数据创新”的理念，利用大数据全面分析问题、宏观解决问题、科学预测问题。要切实发挥大数据治理的效用，推进社会

---

① 中共中央党史和文献研究院编：《习近平关于网络强国论述摘编》，中央文献出版社2021年版，第40页。

治理的科学化、政府决策的精准化、公共服务的高效化、社会风险的预见化，还需要处理好以下几种关系。

一是要处理好公共数据与企业数据的关系。公共数据不仅指政府掌握的数据，大量彰显公共价值的数据也是公共数据，尤其部分提供公众生产生活服务的企业或互联网平台，掌握了大量的公共数据，而往往他们以商业秘密为由不对外提供。所以必须要处理好公共数据与企业数据的关系，界定好数据边界。习近平在十九届中央政治局第二次集体学习时强调，要加强政企合作、多方参与，加快公共服务领域数据集中和共享，推进同企业积累的社会数据进行平台对接，形成社会治理强大合力。其一，政务数据是公共数据。这些数据是以政府及部门为代表的行政机构在履行行政管理和公共服务职能过程中产生或者获取的数据，这个自然是公共数据。其二，公共事业数据是公共数据。国家和社会运转中供水、供电、供热、燃气、通信、民航、铁路、道路客运等企业为公众提供公共服务，记录的是公众的消费和出行信息，这些也是公共数据。其三，社会数据中公共利益相关数据是公共数据。公众依托各种社会平台进行工作和生活，包括网上交易、共享出行等，这些数据反映了公众消费的偏好，反映了出行轨迹和国家地理信息，反映了房地产交易和租赁的实时情况等，这些数据涉及国计民生、社会发展甚至国家安全，对于政府更好地行使社会管理、市场监管等职能，成为必要的数据，政府只有掌握这些数据，才能更好的进行社会管理、提供公共服务，所以这部分数据也是公共数据。只有把这些数据都汇集起来，健全国家数据资源体系，才能增强宏观调控、市场监管、社会治理、公共服务、生态保护的精准性和有效性。

二是要处理好数据共享与数据权属的关系。大数据对多源数据的综合分析可获得对事物的全方位认知，单个系统或组织存储的是片面、局部的信息，需要开放共享和数据跨域流动建立完整数据集，但是当前的大数据开放共享实践中阻力很大、掣肘很多，一个重要原因是数据权属没有界定清楚，数据所有权、管理权和使用权还没有明确的责权边界。在“谁生产谁负责”的机制下，拥有数据越少的机构越愿意开放数据，而数据越多的机构则越审慎地开放数据，许多省、市意识到这个问题，在机构改革的过程中组建了大数据局，统一管理全省或全市范围内的政务数据，这为政务大数据开放共享创造了有利条件。党的十九届四中全会确立了数据可作为生产要素参与分配的机制，为企业间数据共享打开“闸门”，数据资产可以产生收益、发挥价值，数据价值会引导企业打通数据壁垒、实现数据流动，上海数据交易中心作为国家大数据交易标准化的试点单位，从交易实践中探索数据治理的技术规范、制度规范，制定了《个人数据保护原则》《流通数据处理准则》《流通数据禁止清单》等一系列准则文件，研发了用于无特定标识的个体标记数据技术，使得交易数据无法识别个体且不能复原个人信息，其做法和经验为完善法律法规提供了参考。

三是要处理好数据生产与数据质量的关系。数据的生产者按照“能采尽采”的原则不断扩展采集范围，数据量呈现指数级增长，衡量数据的单位从PB到EB再到ZB，超大规模数据中心通过持续建设以满足数据存储需求。但在数据迅猛生产的同时，垃圾数据、无用数据、无效数据、伪造数据、重复数据等数据的质量问题接踵而至，低质数据的存在不仅浪费存储资源，还造成对数据清洗所需人力物力的大量浪费，关键是严重影响数据分析的结果进而干扰科学决策，所以迫切需要改善数据质量、提升数据有效性。在政务大数据领域，国务院《关于加快推进全国一体化在线政务服务平台建设的指导意见》要求按照“谁主管，谁提供，谁负责”的原则提高数据质量，广东省、山东省等地迅速展开了数据质量的提升行动，通过数据质量的审查审核、数据质量评估体系的构建以及数据协同中的数据关联，来倒逼数据质量的提升。在其他领域，还没有明确的体制机制，有企业探索通过交叉检验、生物识别以及机器学习等智能技术解决数据低质问题，比如芝麻信用作为第三方征信机构，内部拥有上百种生活场景，外部积极与公安、公共事业等打通数据接口，通过内外部的交叉检验进行数据治理。重视数据质量需要制定测量标准，规划管理的统一流程，构建数据质量的管理体系，从制度层面保障数据的精准和有效。

四是要处理好数据权力与数据公平的关系。数据主体在拥有数据权力进行数据应用的同时还可能带来数据不公平。其一，数据权力冲击公平的市场竞争机制。企业在所从事的行业里收集客户数据，对数据进行分析从而优化所提供的服务，收集的数据越多其提供的服务就越精准，就越能够满足客户需求，这种由数据所引发的正向反馈机制，使得其他企业无法公平参与市场竞争。其二，数据权力导致公众获取信息的局限。“算法”是数据应用的重要形式，用户在获取信息或服务时，算法会根据已收集的数据推测用户的偏好，进行个性化推荐，让用户体会到“保姆式”服务的同时，也割断了用户与全域信息的交流，剥夺了用户获取全方位服务的权利，大数据杀熟、基于算法的新闻生产、基于算法的购物推荐都是生动案例。其三，数据权力影响社会信用的评价机制。用户的互联网行为越频繁、使用场景越丰富、在线支付频次越高，其信用大数据就越丰富，在信用贷款、无押金消费方面就越畅通，但是在农村或偏远山区等互联网低度发展地区，由于技术支撑、认知能力方面的差异，天然地存在着互联网使用上的屏障，没有生动的大数据的支撑，企业或机构不足以分析其信用能力，也就无法在信用消费方面提供便利，隐含着数据权力导致的不公平。

二、推动党的创新理论在智媒场域精准传播

习近平总书记强调，要加强传播手段和话语方式创新，让党的创新理论“飞入寻常百姓家”。新闻客户端、社交工具、媒介平台已成为人们获取信息服务的主渠道。人工智能、大数据等新技术赋能信息传播，算法作为主要驱动力，深度嵌入信息生产、分发、反馈的各个环节，开启了以精准性为主要特征的智媒场域。面对这样的新环境，理论传播需要积极认知新形态、把握新趋势、拓展新视野，增强在智媒场域中的穿透力与精准度。

第一，树立用户思维，利用算法引导用户的主流价值需求。用户中心性是互联网的鲜明特征，理论传播首先要知晓用户识别需求。大数据算法能够追

踪用户数字轨迹、扫描用户社交关系、挖掘用户个性信息，分析民众在理论和实践中的盲点、堵点与痛点，识别特定阶段对理论需求的侧重点，并用可视化形式勾勒民众需求图谱，进而指导理论传播的选题策划、作品设计和内容生产。习近平总书记指出，“用主流价值导向驾驭‘算法’”①，理论传播要引导民众对主流价值内容的需求。探索将价值观倾向、内容品质等指标嵌入算法的设计结构中，以此来规训算法系统，扩充优质资源的“推荐池”，提升主流叙事的推送频度，引导民众提升信息需求的品质。理论传播还要培育算法系统的主流意识形态基因。人民日报客户端“人民号”用党媒算法来规制推送内容，可依循此路径探索构建主流价值观算法模型，增强优质资源供给能力，拓展用户信息接触范围，提升用户媒介素养。

第二，聚合多元力量，再造覆盖全网的“中心化”传播节点。社交媒介解构了传统的“中心化”权力格局，“李子柒”、“拉面哥”等彰显了“去中心化”的能力，但同时多元化表达带来信息超载、内容混乱、价值无序问题，一些主流媒体、网络“意见领袖”带着“品质”的标签崛起为“再中心化”的中坚力量。理论传播要抓住“再中心化”格局追求品质的重要机遇。首先，提升“又红又专”资源在网络空间的传播能力。党校、社科院、宣讲团等专家资源是真懂、真信、真传马克思主义理论的重要力量，要培养他们的互联网思维，提高其运用网络新媒体的能力，探索其与主流媒体、媒介平台的合作机制，使其在网络空间敢发声、会发声。其次，聚合自媒体领域的优质内容生产者力量。在海南自贸区设立之际，人民日报新媒体客户端转发优质内容生产者“所长林超”的视频，获得舆论的广泛赞誉。自媒体因其轻松活泼的风格、非官方的宣教形象更易获得网民认可，要鼓励和扶持自媒体领域的优质账号和平台，并将其充实到理论传播队伍中，构建在自媒体平台上的理论传播分节点。最后，形成覆盖全网的理论传播员队伍。发挥各级党员干部、高校辅导员、思政课老师、优秀大学

① 《习近平谈治国理政》第三卷，外文出版社2020年版，第318页。

生干部等群体力量，将党的创新理论融会贯通于网络互动交流中、转发评论点赞中，形成理论传播在网络空间中的“星星之火”，点亮触达网络空间的每一个角落。

第三，创新表达方式，增强理论对现实的关照度和阐释力。当前，注意力成为稀缺资源，只有触达民众“敏感的神经”才能赢得其流量关注，网民津津乐道的往往是事关民生福祉的故事或现象，这就要求理论传播要呼应和回归实践。回归实践就是要回答人民群众最关心、最现实、最直接的利益问题，基于大数据的网络舆情监测机制可对网民关注点进行实时动态跟踪，探索建立理论传播与网络舆情监测的协同机制，增强理论对现实问题的关照度。回归实践就是要揭示现象背后的逻辑规律，以典型案例、热点问题为抓手，剖析各利益相关方的诉求与格局，用有“烟火气”的叙事方式帮助民众廓清认识、驱散迷雾、厘清路径，增强理论对现象故事的阐释力。回归实践就是提高民众的参与度，用民众喜闻乐见的方式，引导民众增强对主流意识形态的认同。“@共青团中央”开展的“我为阿中哥哥庆生”漫画创作活动，《人民日报》H5 互动式传播“快看呐！这是我的军装照”，均引发网民的拥趸和热情参与。回归实践就是要勇于发声、敢于亮剑，面对异化腐化的社会思潮，面对民众的思想困惑，理论传播就是要态度鲜明、激浊扬清，规制算法的偏见，将主流价值声音扩散到每一个媒介平台、每一个网民圈层。

第四，搭载智能传播，实现分众化理论作品的精准送达。首先，理论传播要关照网民圈层化特点。B 站聚合的是 Z 世代的年轻人，知乎聚合的是善于分享的知识人，不同圈层对理论传播的接受度和认知度有所区别，大水漫灌式的标准化作品容易貌合神离，迫切需要精准对焦圈层特点的理论作品。同时也需要看到，有思想、有深度、有品质的理论作品很容易“破圈”，爆款作品在各媒介平台会出现惊人的同步，近期，《觉醒年代》就带着真诚情感在 B 站圈粉无数。精准化的理论传播要在结合圈层特点的同时，实现以理服人、以文化人、以情感人的传播。其次，理论传播要契合媒介特色化表达。今日头条作品框架清晰，有理论有深度有论证；抖音作品结构紧凑、剧情冲突，并能在短时间内唤起情绪；B站作品则是通过剪辑、嫁接、配音方式制作得鬼畜视频，并以弹幕的形式与网民实时互动。精准化的理论传播要在吸纳特色表达的基础上，生产出符合其形象和认知规律的理论作品。最后，理论传播还可借力接地气的表达方式。毛泽东、邓小平、习近平等党和国家领导人很好地示范了如何使用具象化、生活化、群众化的语言来传播思想，网言网语、吐槽、梗都是理论传播可以借力借势的手段，但通俗不代表媚俗庸俗，也不代表不合身份的一味迎合，否则就可能会落下糟糕印象。精准化的理论传播还是要用其温度和魅力穿透表象，直抵民众的精神世界。

第五，注重舆论反馈，构建用户主导的传播效果评测机制。探索形成以用户为中心的效果评测导向，从量和质两个维度建立评测指标体系。量的指标，主要是指网民的浏览量、点赞数、转发数、收藏数等，媒介平台大数据可以一目了然。质的指标，则要收集分析网民的意见评论、表情符号，通过大数据算法分析文字背后的意见倾向和情绪态度。量的指标和质的指标共同构成效果评测的指标框架，用于指导和构建理论传播效果的反馈回路，将评测效果用于对传播方式、传播内容、传播定位的策略调整，用于传播路径的调度优化。

三、规制数字社会运行的“算法”权力

数字社会中的人与人、人与物、物与物之间的关系与活动产生了大量的数据，如何应对信息超载和海量数据的危机，“算法”作为一种革命性的技术力量，成为必然选择，以算法推荐、算法分析、算法决策等方式无缝接入社会生活、深度参与资源配置、拓展调整权力格局，已然成为数字社会运行的底层逻辑。

“算法推荐”成为社会信息传播新范式。算法围绕“以用户为中心”的价

值逻辑，把用户喜欢的感兴趣的作为关键因素，通过数据、算法与算力之间的复杂组合动态构建起信息供给与用户需求之间的个性化适配关系，进而“恰到好处”地去满足用户的惯习。这种“投其所好”式的信息推荐，改变了以往粗放型的信息分发模式，适配了用户的兴趣点和个性化需求，使得用户的主体性和主导性得到充分发挥，增强了平台或服务对于用户的黏性，提升了整个社会的信息流动效率。

但是，将“算法”作为信息推荐的单一模式却削弱了主流意识形态的影响力。用户关注度和信息热度成为评判信息的标准，“你关注的，才是头条”会过滤或屏蔽掉与用户不一致的、多元的信息，长此以往，用户被困于个体的信息茧房中仅接收单一向度信息的频繁刺激，导致主流意识形态弱化、边缘化的风险。此外，“算法推荐”潜藏着操控政治与舆论的风险。算法看似是一种价值中立的技术工具，而实际上算法背后隐藏着技术团队、技术平台对算法设计时的人为考量，而人是有价值观倾向和意识形态属性的。2018 年 3 月，《卫报》显示“剑桥分析”公司利用收集到的 Facebook 泄露的 5000 万用户数据和特朗普竞选团队合作，利用算法进行用户画像并在游说中精准推送特朗普的新闻和广告，进而影响舆论和选民。

“算法分析”改变民众认知与生活逻辑。民众的生产生活在产生数据、记录数据，同时又被算法分析后的数据所改变。一方面，算法分析改变民众的认知逻辑。传统商品经济的基本逻辑是商家提供商品，民众来挑选并购买商品，在交易达成之前双方是互相不可被认知的。当前数字社会所积累的大数据以及之上的算法分析，使得商家可以根据以往市场销售、用户分布、用户兴趣点等，对未来销售作出预判，进而有计划地安排生成和市场推广，未来的用户对于商家来说是可被认知的；对于用户来说，算法分析能够以可视化的方式清晰呈现算法帮助规划的行车路线、交通堵塞点、预计到达时间，未来对于用户来说是可被认知的。民众在这样一些算法分析的形态下形成了预测未来的认知逻辑。

另一方面,算法分析驯化民众的生活方式。算法系统强大而高效,它通过不断纳入和完善影响因素来提高算法的准确性,会根据商品的库存情况、运输能力、分拣速度等自动规划商品配送时间,会根据用户的人口学特征、用户画像、使用惯习等自动推送商品信息,用户慢慢接受并开始享受这种人性化的生活方式,但同时却产生了"大数据杀熟"、"困在算法里的外卖骑手"等算法引发的偏见、不正义问题。

"算法决策"支撑政府社会治理的向度。算法与大数据被置于社会治理的重要地位,被赋予提高治理的透明性、公平性、有效性等多重使命,将政府从人性的主观、肤浅和片面中解脱出来。一是算法决策辅助政府治理的精度。大数据算法辅助精准扶贫,贫困人口的识别是精准扶贫工作的起点和难点,在线下数据采集的基础上,地方政府摒弃了传统主观判断和简单量化的方式,建立人口基数、收入来源、健康状况、生产能力等多种要素构成的识别模型,做到贫困人口的精准识别。二是算法决策提升政府治理的效率。在抗击新冠疫情的战疫中,速度是跑赢疫情的关键要素,各地综合利用出行、通信、购物等大数据信息,运用算法高效率排查四类人员,用看得见的数据和速度迅速控制疫情。

然而,在地方政府越来越依赖算法进行治理的同时,算法这种技术性权力正在演变为一种社会性权力,社会中下阶层或边缘群体的用户画像越来越清晰,个人隐私权问题、行程羞辱问题、健康码问题等接踵而来,隐含着社会分层中优势群体对政府决策意向的控制和主导,这种"算法鸿沟"会拉大社会距离、加剧阶层分化。

我们正处在一个"算法无处不在的社会",算法在给我们带来各种福利的同时,也相伴而生了信息茧房、算法偏见、算法鸿沟等一系列问题,这是技术风险同时也是治理风险,需要全社会多元力量参与共同进行治理探索。

一是主流价值导向"驾驭"算法。当前,弱人工智能技术主导下的算法分辨能力、信息核查能力还达不到价值判断的程度,还需要人的主体性的参与和介入。首先，增强主流价值导向在算法推荐中的优先权。增加主流意识形态内容的有效供给，增强主流价值内容在信息分发中的比重，用内容的创新性、多样性对冲用户个性导致的单一性，为用户提供多元的信息环境。其次，用主流价值导向把关算法推荐的信息分发。后把关的模式是指网信部门发现了价值导向方面的问题，平台或媒体才对信息做出修订处置，这种管控式的处理逻辑仅能起到"救火"的作用，需推动将把关的窗口前移，用"防火"理念建立人工和 AI 合力进行的前置把关，用主流价值导向引领信息生产和信息把关。最后，借力算法推荐进行主流价值导向的传播。主流媒体、传统媒体可充分发挥自身优质内容的生产能力，借助算法推荐的模式和机制，进行主流价值导向的精准化、个性化、趣味化传播。

二是法制规范化解算法风险。我国已经初步形成了以《网络安全法》为统领的互联网信息安全和信息服务法律规范体系，《网络信息内容生态治理规定》对互联网内容生产提出了明确方向和要求，《关于平台经济领域的反垄断指南》对"二选一"、"大数据杀熟"等问题进行科学有效的针对性监管，但相较于算法技术的快速发展，算法的法律规制和制度规范建设依然任重道远。这其中关键是要明确法律规制的客体和本体。

其一，明确将算法使用者、运营者作为规制的客体。算法本身是一种自动学习、自动决策的技术，但这并不意味着算法享有"技术中立"的地位，是算法的使用者、运营者赋予算法一定的使命从而使其产生效用，因此法律规制的前提是要将算法使用者、运营者置于规制的客体位置，法律规则的设置要围绕算法的使用者、运营者展开。其二，明确将算法技术性权力的运用作为规制的本体。数据是算法的"根"和"源"，算法是通过对数据的利用而形成的规则和权力，这些数据来自用户个人的消费、言论、行为等，保障用户的个人隐私、个人数据权利的主张，划分厘清数据的权利边界，制止算法技术性权力的无序扩张，这是法律法规体系分层、细化的关注点。

三是技术和伦理消解算法权力。技术带来的风险还需要技术的进步来解决。算法黑箱造成了过滤气泡和信息茧房,需要打开算法的黑箱提升算法的透明度,这里必须指出的是,提升透明度并不是要公开整套算法的模型和过程,甚至侵犯其商业隐私和知识产权,因为平台或系统算法模型异常复杂,公开算法源代码这样的数据无益于公众的认知,提升算法透明度重点是要对算法进行解释,提高算法的可读性,让用户知晓平台用了哪些数据、做了怎样的分析,甚至算法可能导致的后果也要做说明,使得用户对如何规避算法推荐的风险有清晰的认知。

算法推荐的核心问题是信息来源的片面性和单一性,要纠偏算法推荐带来的认知窄化,就要扩大算法推荐的信息范围,通过反向推荐、尝试推荐等手段,推荐一些用户平常不怎么喜欢、不怎么关注的信息,增强内容供给的异质性和多元化,进而消解信息茧房带来的舆论极化风险。算法技术的最终目的是推进社会和人的发展,如果仅将服务用户定位于经济利益、资本价值的角度,假以时日,平台或系统必然遭到用户的抛弃和唾弃,因此算法使用者、运营者还应切实承担起技术责任,构建以人类福祉、社会主义核心价值观为价值导向的算法伦理,共同推动技术的进步和人的发展。

本章小结

新媒体环境下提升党员干部媒介素养是一个系统工程,需要多方共同发力。

首先,要从理念上不断引导教育党员干部树立正确的媒介观。正确的媒介观是积极参与媒介活动、正确开展舆论引导、有效进行媒体沟通的重要前提和思想基础。只有树立正确媒介观,才能有效避免意识偏见和行为偏差。树立正确媒介观,就是要树立尊重媒体、信任媒体的理念,重视探察网络舆情中的民意表达,遵循并运用新媒体传播规律,关注党员干部自身媒介形象。

其次，要从组织上构建党员干部全覆盖的媒介素养分级分类培训体系。我国党员干部数量多、覆盖面广，从基层乡镇干部到厅局级干部再到省部级干部，其所在的岗位不同，工作内容、工作对象、工作形式不同，自然对党员干部媒介素养提出的要求也是不同的。党员干部媒介素养培训工作不能大而化之、统一标准、统一要求，要立足针对性与实效性这个根本，根据党员干部工作岗位、工作职责、工作级别不同，建立健全党员领导干部全覆盖的媒介素养分级分类培训体系。制定基层、中层、高层干部分级培训目标，构建全体党员领导干部通识化、民生部门干部专业化、新闻发言人规范化的分类培训体系，注重规律认知与技能提升相辅相成，加强对党员干部媒介素养培训的教学设计。

再次，要从制度上健全党员干部媒介素养的考评机制。制度是指挥棒，带有根本性、全局性、稳定性和长期性。提升干部的媒介素养必须建立在合理有效的制度保障下，把媒介素养作为一项重要的考核标准来约束党员干部。建立多方联动的媒介素养监测预警机制，健全激励型与压力型并行的媒介素养考评机制，还要探索建立党员干部媒介素养甄别容错机制。

复次，要从环境上加强党员干部多场域媒介历练与实践等。党员干部要置身于更多媒介化实践环境中，必须发扬斗争精神，增强斗争本领，深度融入互联网治理的复杂场域，在矛盾冲突面前敢于迎难而上；主动承担突发事件处置的风险实践，在危机困难面前敢于挺身而出；积极参与国际议题设置与传播秩序，在大是大非面前敢于亮剑，在歪风邪气面前敢于坚决斗争，坚决保障胜利实现我们党确定的目标任务。

最后，要从视野上扩展党员干部媒介素养研究的领域和范畴。党员干部要充分意识到数字化时代背景，认识大数据对政府治理现代化的动能效应；以大数据为代表的等新一代信息技术赋能到互联网传播领域，算法成为主要驱动力，开启了以精准性为主要特征的智媒场域，通过树立用户思维、聚合多元力量、创新表达方式、注重舆论反馈，推动党的创新理论在智媒场域精准传播；算法在给我们带来各种福利的同时，相伴而生了信息茧房、算法偏见、算法鸿沟等一系列问题，规制数字社会运行的算法权力提升日程，用主流价值导向“驾驭”算法，法制规范化解算法风险，技术和伦理消解算法权力。

结　语　党员干部媒介素养：一个开放课题

新媒体时代党员干部媒介素养直接关涉到党的执政能力、国家治理效能，是掌握意识形态工作领导权的重要着力点，是坚决打赢网络意识形态斗争的关键要素。

本书立足新闻传播学、公共管理学、党史党建、教育学等多学科交叉背景，在坚持马克思主义唯物辩证法的基础上，系统运用文献研究法、问卷调查法、数据统计与分析法、专家决策与层次分析法、案例研究法等研究方法，围绕着党员干部媒介素养的历史借鉴、现实需求、概念内涵、鲜明特征、内容构成、指标体系、实践检验等主题进行深入研究。其中，第一、二章主要是提出问题，第三、四、五章是构建理论，第六章是实践检验，第七章是发展路径。

本书力求从中国共产党运用媒体能力的理论与实践中汲取经验，从新媒体环境下国家治理的现实图景中汲取需求，从党中央关于党员干部媒介素养的指示要求中汲取力量，进而把握党员干部媒介素养整体理论框架，并用理论体系测量现实表现，探寻提升党员干部媒介素养的现实途径。总体来说，进行了如下研究工作。

阐释了中国共产党在新民主主义革命时期、社会主义革命和建设时期、改革开放和社会主义现代化建设时期、中国特色社会主义新时代运用媒体进行舆论动员、联系服务群众、进行社会治理的生动实践，形成了中国共产党在坚持和发展“党管媒体”、坚定媒体正确舆论导向、坚持通过媒体走群众路线、坚持遵循并运用新闻传播规律等宝贵经验。

受历史背景、社会环境、技术条件等的影响，在100多年的历史进程中，党运用媒体能力的任务实践不断调整、变化和发展，这为新媒体环境下坚决打赢网络意识形态斗争，积累了宝贵的理论基础和思想资源。

一、描绘了新媒体环境给党员干部治国理政带来的变化与挑战

当前，以互联网为代表的新媒体技术，深刻改变了舆论生态、社会治理的底层逻辑，将网络社会的脉络清晰地展现在公众面前。

从关注对象上看，党员干部已然成为舆论审视的对象，“党员干部”群体在媒介环境中扮演多重角色，是媒介信息的使用者，是媒体报道的信息源，是舆论监督的重要对象，还是媒介环境的管理者和维护者。

从技术形态上看，新媒介技术发展塑造了丰富样态，解构了传统社会话语权力“中心化”的体系结构，并重新造“再中心化”的话语权力结构。

从社会治理上看，世界百年未有之大变局加速演进，社会转型期结构性矛盾凸显，舆情成为经济社会发展的“伴生物”，舆情生成演化的复杂化危害性加剧，网络生态失范失序越轨问题频发，网络意识形态斗争日益激烈。党员干部存在“本领恐慌”问题，互联网治理体系和治理能力建设任重道远，推动党员干部真正成为运用现代传媒新手段新方法的“行家里手”、提升媒介素养迫在眉睫。

二、提出并阐释了党员干部媒介素养的概念内涵与鲜明特征

党的十八大以来，以习近平同志为核心的党中央对党员干部媒介素养提出重要指示要求，习近平总书记明确提出了通过网络走群众路线、提高对网络舆论的引导能力、增强同媒体打交道的能力、提高网络综合治理能力等，深入

研究指示要求,能够从理论高度丰富媒介素养的内涵。

党员干部媒介素养是党员干部对不同媒介环境的接触、认知与评估的能力,对媒介信息的选择、理解、应用与创造能力,以及运用媒介工具沟通服务群众、管理公共事务、塑造政府形象和推动经济社会发展的能力。其中,媒介价值是先导,媒介认知是基础,媒介参与是重点,共同构成党员干部媒介素养的丰富内涵。党员干部媒介素养有区别于普通公众的鲜明特性,尤其表现在人民性、建构性、主动性、实践性、复合性五个方面。

三、构建了党员干部媒介素养的内容模型和初步指标体系

为了更好地认识党员干部媒介素养,需要像探照灯一样进行细节观察,透视党员干部媒介素养的构成要素,构建党员干部媒介素养的能力框架,真正丰富和充盈党员干部媒介素养的理论研究。从情境和胜任力两个维度对其进行透析,情境维度分析了常规情境、危机情境、塑造情境三个不同情境所需的素养偏向,胜任力维度分析了认知、意识、情感和行为四个层面的不同表现,能力和情境两个维度的交叉构建内容模型,形成 12 项概括性指标。

在内容模型的指引下,充分结合媒介素养的强实践性特征,一级指标划分为媒介认知、舆情回应、媒体沟通、运用媒介 4 个维度,二级指标结合意识、知识、情感、行为维度析出 20 项指标。“媒介认知”对应普通公众媒介素养,党员干部首先应该满足对普通公众的要求,这是最基本的也是必需的,然后“舆情回应”对应危机情境,“媒体沟通”对应塑造情境,“运用媒介”对应常态情境,形成了初步的党员干部媒介素养指标体系。

四、修正和完善了党员干部媒介素养指标体系

指标体系是否合理科学、是否能够有效测量党员干部媒介素养的水平,还需要经过信效度检验、指标修正和指标权重的确定。通过实证研究的方式,编

制了党员干部媒介素养调查问卷和量表，在东部某省级党校7类班型、15个班次、约600名学员群体中发放问卷，将回收数据分成两部分。

一部分利用SPSS进行探索性因子分析，探索量表隐含的因子结构，以此修正量表。另一部分利用AMOS进行验证性因子分析，验证采样数据与理论假设模型的拟合程度。修正后的指标体系通过信度、结构效度、区分效度、聚敛效度检验。

利用Yaahp构建党员干部媒介素养层次分析模型，对高校、党校、宣传网信14位专家进行调查，利用专家群体决策确定5项一级指标、19项二级指标权重，一级指标权重大小排序为：媒体沟通>舆情回应>媒介意识>运用媒介>媒介认知，二级指标中媒体信任、媒体互动、风险感知、治理思维、舆论理念、情绪调节等权重相对更高。

五、测量和评析了党员干部媒介素养的整体水平和群体性差异

依据收集到的518份调研问卷，利用SPSS 22对样本数据进行统计分析。从整体来看，党员干部媒介素养整体水平处于中等偏上位置，媒介意识、媒介认知水平表现较好，媒介治理水平表现最低。党员干部媒介素养在性别、年龄、学历学位、职务职级、工作职责、单位级别等特征上表现出群体性差异。尤其基层年轻党员干部媒介素养水平还不高。无论是从年龄特征，还是从职务职级特征、单位级别特征等方面，基层年轻的党员干部群体的媒介素养整体水平和5个维度的表现均不佳。

对东部某省份16市（地）党校（行政学院）、128个县（市、区）党校（行政学校）的问卷数据发现，媒介素养课程还没有实现对所有主体班次的全覆盖，市县两级党校媒介素养课程教师学科背景不突出，新闻传播学是弱项，案例研讨、情景模拟等互动式教学方法受到硬件环境、师资力量等限制，开设情况还不理想。

六、提出了新媒体时代提升党员干部媒介素养的路径思考

提升党员干部媒介素养,关键还有组织的培育培养和舆论环境的创设。提升党员干部媒介素养是一个系统工程,需要多方共同发力。

首先,从理念上不断引导教育党员干部树立正确的媒介观,树立尊重媒体、信任媒体的理念,重视探察网络舆情中的民意表达,遵循并运用新媒体传播规律,特别要关注党员干部自身的媒介形象。

其次,从组织上构建党员干部全覆盖的媒介素养分级分类培训体系,针对高级干部、中层干部、基层干部制定分级培训目标,按照“全体党员干部通识化、民生部门干部专业化、新闻发言人规范化”原则,分类设计培训体系,注重规律认知和技能提升相辅相成,加强对媒介素养培训体系、各类媒介素养课程的教学设计。

复次,从制度上健全党员干部媒介素养的考评机制,建立多方联动的媒介素养监测预警机制,健全激励型与压力型并行的考评机制,探索建立党员干部媒介素养甄别容错机制。

再次,从环境上加强党员干部多场域媒介历练与实践,推动党员干部深度融入互联网治理的复杂场域,正确定位危机沟通的关键着力点,主动承担突发事件舆情回应的实践,积极参与国际议题设置与传播秩序建设等,多措并举、多方发力,共同为提升党员干部媒介素养水平而努力。

最后,从视野上扩展党员干部媒介素养研究的领域和范畴。充分意识到数字化的时代背景,认识大数据对政府治理现代化的动能效应,推动党的创新理论在智媒场域精准传播,在享受算法带来福利的同时,敏锐察觉一系列隐性问题,规制数字社会运行的“算法”权力,促进经济社会健康有序高质量发展。

本书不单是讨论党员干部媒介素养这一社会现象,也不是泛泛地谈要提升媒介素养,而是将党员干部媒介素养作为这个时代的重要主题,进行细致解

剖和深入探究,勇于提出概念内涵、内容模型、指标体系等基本问题,基本形成了党员干部媒介素养问题研究的基本理论体系,应该说为这一问题的理论和实践研究构建了框架、建构了认同、奠定了基础。

尽管本书对党员干部媒介素养基本问题作出粗浅探讨,但是许多内容仍然没有深入展开,比如媒介技术与数字技术交叉融合发展,党员干部的媒介素养与数字素养从理论上该如何认识和发展;不同情境下党员干部媒介素养的表现是否会有差异,存在怎样的特点;比如通识化、规范化、专业化的课程体系,还没有跟实践部门充分对接和沟通。

党员干部媒介素养问题不是新媒体时代的"匆匆过客",它将随着技术进步、时代发展、社会变迁不断向前演进,它的内涵、框架等基本问题也会在此基础上不断生长。作为党校的教师,承担着党员干部的培训工作,工作职责决定了要对党员干部媒介素养进行深入研究,工作环境又提供了与学员交流开展调研的便利条件。因此,有责任有义务也有条件对这一问题进行持续跟踪研究,力争在这一领域进行有广度有深度的理论与实践探索,使之成为个人教学科研生涯的不懈追求。

参 考 文 献

一、经典著作与文件

《马克思恩格斯全集》第 1 卷,人民出版社 1995 年版。

《马克思恩格斯全集》第 6 卷,人民出版社 1961 年版。

《马克思恩格斯选集》第 1 卷,人民出版社 2012 年版。

《列宁全集》第 5 卷,人民出版社 2013 年版。

《列宁全集》第 12 卷,人民出版社 2017 年版。

《列宁全集》第 37 卷,人民出版社 2017 年版。

《毛泽东文集》第一卷,人民出版社 1993 年版。

《毛泽东文集》第三卷,人民出版社 1996 年版。

《毛泽东文集》第七卷,人民出版社 1999 年版。

《毛泽东选集》第二卷,人民出版社 1991 年版。

《毛泽东选集》第三卷,人民出版社 1991 年版。

《毛泽东选集》第四卷,人民出版社 1991 年版。

《毛泽东新闻工作文选》,新华出版社 2014 年版。

《邓小平文选》第二卷,人民出版社 1994 年版。

《邓小平文选》第三卷,人民出版社 1993 年版。

《江泽民文选》第一卷,人民出版社 2006 年版。

《江泽民文选》第二卷,人民出版社 2006 年版。

《江泽民文选》第三卷,人民出版社 2006 年版。

《胡锦涛文选》第三卷,人民出版社 2016 年版。

《习近平谈治国理政》,外文出版社 2014 年版。

《习近平谈治国理政》第二卷,外文出版社 2017 年版。

《习近平谈治国理政》第三卷,外文出版社 2020 年版。

习近平:《论党的宣传思想工作》,中央文献出版社 2020 年版。

《摆脱贫困》,福建人民出版社 2014 年版。

《之江新语》,浙江人民出版社 2007 年版。

《建党以来重要文献选编(1921~1949)》第一册,中央文献出版社 2011 年版。

《建党以来重要文献选编(1921~1949)》第二十一册,中央文献出版社 2011 年版。

《建党以来重要文献选编(1921~1949)》第二十五册,中央文献出版社 2011 年版。

《建国以来重要文献选编》第一册,中央文献出版社 1992 年版。

《习近平关于社会主义文化建设论述摘编》,中央文献出版社 2017 年版。

《习近平关于关于防范风险挑战、应对突发事件论述摘编》,中央文献出版社 2020 年版。

《习近平关于网络强国论述摘编》,中央文献出版社 2021 年版。

《中国共产党新闻工作文件汇编》上册,新华出版社 1980 年版。

《中国共产党新闻工作文件汇编》下册,新华出版社 1980 年版。

《中国共产党宣传工作简史》上卷,人民出版社 2022 年版。

《中国共产党新闻工作文献选编 1938—1989》,人民出版社 1990 年版。

《中国新闻年鉴(1989)》,中国社会科学出版社 1990 年版。

《辞海(缩印本)》,上海辞书出版社 2000 年版。

《胡耀邦文选》,人民出版社 2015 年版。

《中国共产党党内统计公报》,2022 年 6 月 29 日,https://www.12371.cn/2022/06/29/ARTI1656486783270447.shtml。

二、中文著作

傅道春:《情境心理学》,华东师范大学出版社 1997 年版。

高军:《执政党建设价值基础论》,人民出版社 2011 年版。

荆其诚:《简明心理学百科全书》,湖南教育出版社 1991 年版。

李金城:《媒介素养的测量及影响因素的研究》,上海交通大学出版社 2017 年版。

刘建明:《宣传舆论学大词典》,经济日报出版社 1993 年版。

倪延年:《中国新闻法制通史》,南京师范大学出版社 2015 年版。

荣泰生:《AMOS 与研究方法》,重庆大学出版社 2010 年版。

童兵:《马克思主义新闻观读本》,复旦大学出版社 2016 年版。

喻国明、李飚:《中国社会舆情年度报告(2020)》,人民日报出版社2020年版。

张开:《媒介素养概论》,中国传媒大学出版社2006年版。

张文彤、董伟:《SPSS统计分析高级教程》,高等教育出版社2018年版。

三、论文报纸

艾军、李春雷:《我国传媒集团化进程中行政"范式"探讨》,《新闻界》2007年第1期。

白传之:《试析公务员媒介传播角色与素养提升》,《现代传播(中国传媒大学学报)》2012年第5期。

班允凤:《政府领导干部媒介素养的内涵与提升途径》,《传媒》2011年第9期。

卜卫:《论媒介教育的意义、内容和方法》,《现代传播——北京广播学院学报》1997年第1期。

蔡骐:《媒介化社会的来临与媒介素养教育的三个维度》,《现代传播(中国传媒大学学报)》2008年第6期。

蔡骐、李玲:《信息过载时代的新媒介素养》,《现代传播(中国传媒大学学报)》2013年第9期。

蔡小慎、刘雅静:《基于模糊层次法的公务员培训效果评估》,《东南学术》2007年第6期。

常冰:《自媒体与政府形象之关系研究》,《北京科技大学学报(社会科学版)》2018年第1期。

陈华明、孙艺嘉:《情感线逻辑下的网络舆情生发演化机理与治理研究》,《西南民族大学学报(人文社科版)》2020年第5期。

陈力丹:《媒介对舆论的社会控制机制——沉默的螺旋》,《国际新闻界》1998年第1期。

陈力丹:《关于媒介素养与新闻教育的网上对话》,《湖南大众传媒职业技术学院学报》2007年第2期。

陈力丹:《提升媒介素养》,《东南传播》2017年第8期。

陈民科:《基于胜任力的职务分析及其应用》,《人类工效学》2002年第1期。

陈韬文等:《媒介素养的国际发展与本土经验》,《传播与社会学刊》2009年第7期。

陈维维:《信息素养的内涵、层次及培养》,《电化教育研究》2002年第11期。

陈雪丽:《新时代领导干部提升媒介素养的现实逻辑与实践路径》,《中国井冈山干部学院学报》2022 年第 2 期。

陈宗章:《“网络舆论反转”现象的思想分析与问题应对》,《探索》2020 年第 3 期。

程曼丽:《大众传播与国家形象塑造》,《国际新闻界》2007 年第 3 期。

程曼丽:《从历史角度看新媒体对传统社会的解构》,《现代传播(中国传媒大学学报)》2007 年第 6 期。

从靖怡等:《基于信息交互视角的突发公共事件舆情反转治理路径研究》,《情报学报》2022 年第 6 期。

崔保国、刘金河:《论网络空间中的平台治理》,《全球传媒学刊》2020 年第 1 期。

董根洪:《论王阳明的治国理政思想》,《贵州大学学报(社会科学版)》2015 年第 2 期。

董天策:《建党百年来新闻舆论宣传工作的核心理念创新》,《传媒》2022 年第 6 期。

董文波:《自媒体视域下高校网络舆情引导及维稳机制研究》,《学校党建与思想教育》2015 年第 6 期。

丁柏铨:《新形势下提高舆论引导能力研究论纲》,《当代传播》2009 年第 3 期。

丁柏铨:《主政者媒介素养刍议》,《当代传播》2009 年第 5 期。

丁柏铨:《领导干部媒介素养考察报告(下)——基于对南京市局级领导干部的一项调查分析》,《当代传播》2010 年第 4 期。

杜大力:《中国出版体制改革的政治学分析》,《新闻与传播研究》2011 年第 4 期。

杜骏飞:《中国中产阶层的传播学特征》,《新闻与传播研究》2009 年第 6 期。

樊金山:《领导干部提高“媒体执政力”的思考》,《中共云南省委党校学报》2010 年第 5 期。

付翔:《“5G+VR”为新闻舆论引导带来新契机》,《人民论坛》2020 年第 18 期。

高建伟:《在网络舆情应对中站稳立场保持定力》,《中国纪检监察报》2018 年 10 月 12 日。

公丕祥:《新时代中国法治现代化的内在动因——基于我国社会主要矛盾新变化的初步分析》,《中国高校社会科学》2019 年第 3 期。

顾杰:《着力提高领导干部应对新媒体的能力》,《武汉科技大学学报(社会科学版)》2010 年第 2 期。

郭庆光:《“全产业链”背后的“全方位传播链”》,《大众日报》2011 年 11 月 23 日。

郭小安:《公共舆论中的情绪、偏见及“聚合的奇迹”——从“后真相”概念说起》,《国际新闻界》2019 年第 1 期。

韩丽风等:《高等教育信息素养框架》,《大学图书馆学报》2015 年第 6 期。

韩志明:《行动的选择与制度的逻辑——对“闹大”现象的理论分析》,《中国行政管理》2010 年第 5 期。

韩志明:《“大事化小”与“小事闹大”:大国治理的问题解决逻辑》,《南京社会科学》2017 年第 7 期。

黄栋法:《公共关系传播媒介的分类及其特点》,《新闻知识》2011 年第 4 期。

胡百精:《互联网与集体记忆构建》,《中国高校社会科学》2014 年第 3 期。

胡百精:《危机传播管理对话范式(下)——价值路径》,《当代传播》2018 年第 3 期。

胡荣、庄思薇:《媒介使用对中国城乡居民政府信任的影响》,《东南学术》2017 年第 2 期。

胡瑞庭:《试论我国党政领导者媒介素养的构建》,《中国广播电视学刊》2007 年第 6 期。

胡小勇、徐欢云:《面向 K—12 教师的智能教育素养框架构建》,《开放教育研究》2021 年第 4 期。

胡信布等:《领导者情绪胜任力模型构建的实证研究——以陕西省厅处级干部为例》,《软科学》2014 年第 6 期。

胡远珍、吴诗晨:《中国媒介治理研究的历史演进与发展趋势》,《新闻与传播评论》2021 年第 6 期。

胡正强:《论中国特色新闻学理论的历史演进逻辑》,《社会科学战线》2019 年第 1 期。

黄楚新:《论中国共产党的媒体领导力》,《甘肃社会科学》2019 年第 4 期。

黄旦、郭丽华:《媒介教育教什么?——20 世纪西方媒介素养理念的变迁》,《现代传播(中国传媒大学学报)》2008 年第 3 期。

黄桂玲等:《国际旅游岛背景下公务员媒介素养现状探析——以三亚市为例》,《今传媒》2011 年第 10 期。

黄慧:《领导干部媒介素养培训要走出误区》,《中国广播电视学刊》2012 年第 10 期。

冀翠萍:《如何在智媒场域做好理论传播》,《学习时报》2021 年 8 月 2 日。

蒋东旭、胡正荣:《系统思维与顶层设计:新时代国际传播布局的逻辑与实践》,《当代传播》2022 年第 2 期。

蒋明敏:《突发公共事件网络舆情治理共同体的构建》,《学术界》2022 年第 6 期。

荆学民、于淑婧:《新时期媒体在政治文明传播中的角色与担当》,《新闻战线》2017年第13期。

柯晓兰:《全媒体时代领导干部媒介素养研究——基于A省的调查》,《中共成都市委党校学报》2019年第4期。

赖胜强等:《政府部门网络舆情回应能力的构建》,《电子政务》2017年第7期。

郎劲松等:《新媒体语境下政治人物的公共形象塑造——解析十八大后领导人的媒介符号传播》,《现代传播(中国传媒大学学报)》2013年第5期。

李汉林等:《社会变迁过程中的结构紧张》,《中国社会科学》2010年第2期。

李豪男:《新时代我国网络意识形态风险防范及实践路径》,《上海理工大学学报(社会科学版)》2022年第1期。

李后强、彭剑:《论领导干部社会形象的舆论塑造》,《新闻界》2019年第4期。

李季:《健全国家应急管理体系防范化解重大风险》,《行政管理改革》2020年第3期。

李江波、翁士洪:《地方政府回应能力的结构模型》,《电子政务》2017年第4期。

李江静、徐洪业:《准确把握互联网意识形态话语权争夺的新形势》,《红旗文稿》2015第22期。

李金城:《媒介素养测量量表的编制与科学检验》,《电化教育研究》2017年第5期。

李静:《五成受访者会选择关闭算法推荐何去何从?》《中国经营报》2022年3月28日。

李军凯、李慧宁:《新媒体环境下党政领导干部的媒介素养研究》,《传媒观察》2013年第10期。

李良荣、张盛:《互联网与大众政治的勃兴——“新传播革命”研究之一》,《现代传播(中国传媒大学学报)》2012年第3期。

李明、毛军权:《领导力研究的理论评述》,《上海行政学院学报》2015年第6期。

李明德、李巨星:《国家主流意识形态网络传播的效果评估体系研究》,《当代传播》2019年第2期。

李沁:《泛在时代的“传播的偏向”及其时代特征》,《国际新闻界》2015年第5期。

李仁虎等:《情到深处》,《人民日报》2019年11月10日。

李爽、何歆怡:《大学生网络素养现状调查与思考》,《开放教育研究》2022年第1期。

李伟红:《习近平接见二〇一七年度驻外使节工作会议与会使节并发表重要讲

话》,《人民日报》2017 年 12 月 29 日。

李冉、邹汉阳:《党性、人民性的话语起源与行动逻辑》,《马克思主义研究》2014 年第 5 期。

李妍、曹文振:《工作场所情境下信息素养研究——内涵、特征与趋势》,《现代情报》2022 年第 2 期。

李艳霞:《何种治理能够提升政治信任? ——以当代中国公众为样本的实证分析》,《中国行政管理》2015 年第 7 期。

林琳:《新媒体时代领导干部面向公众的语言表达策略》,《领导科学》2014 年第 5 期。

刘德中:《信息网络化与党的思想文化和意识形态工作的新挑战》,《马克思主义研究》2006 年第 8 期。

刘光牛:《当代中国新闻理论的重要创新与发展——习近平新闻舆论观阐述分析》,《中国出版》2016 年第 7 期。

刘慧:《泛信息素养的概念内涵及其内容要素解析》,《图书与情报》2020 年第 4 期。

刘康:《“去中心化—再中心化”传播环境下主流意识形态话语权面临的双重困境及建构路径》,《中国青年研究》2019 年第 5 期。

刘泾:《新媒体时代政府网络舆情治理模式创新研究》,《情报科学》2018 年第 12 期。

刘璐、谢耘耕:《当前网络社会心态的新态势与引导研究》,《新闻界》2018 年第 10 期。

刘鸣筝、陈雪薇:《基于使用、评价和分析能力的我国公众媒介素养现状》,《现代传播(中国传媒大学学报)》2017 年第 7 期。

刘强:《网络次生舆情的应对之策》,《人民论坛》2018 年第 16 期。

刘肖、董子铭:《舆论引导力的学理解读》,《当代传播》2012 年第 3 期。

刘小燕、丁学梅:《政府形象传播的类型及方法》,《国际新闻界》2005 年第 4 期。

刘艳婧、郑保卫:《新时代中国共产党舆论导向政策创新与发展》,《中国出版》2022 年第 5 期。

刘永、许烨婧:《面向情境的情报服务理论问题研究》,《情报理论与实践》2013 年第 11 期。

龙思思:《广州中等收入群体媒介素养现状研究》,《新闻记者》2018 年第 8 期。

路鹏等:《政务新媒体用户体验与发展对策研究——以国务院 APP 为例》,《中国出版》2019年第13期。

骆正林:《党政干部的媒介素养与执政能力建设》,《岭南学刊》2010年第2期。

吕书鹏:《差序政府信任:概念、现状及成因——基于三次全国调查数据的实证研究》,《学海》2015年第4期。

马亮、刘柳:《领导行为如何影响政务短视频绩效——基于抖音的调查研究》,《甘肃行政学院学报》2021年第1期。

马原:《自媒体影响力的长尾分析》,《中国传媒科技》2008年第5期。

毛湛文、刘小燕:《新媒体环境下政府传播的新变化——基于传播主体视角的考察》,《当代传播》2015年第2期。

孟威:《"舆论搭车"现象中的社会心理与困境破解》,《人民论坛》2019年第17期。

孟彦、樊剑英:《毛泽东的枪杆子和笔杆子》,《新湘评论》2013年第14期。

倪邦文:《学悟核心能力　增强看齐意识》,《光明日报》2016年3月23日。

倪明胜:《提升自媒体时代干部的媒介素养》,《红旗文稿》2013年第15期。

潘行、李莉莉:《党员干部政治能力:提出历程、生成动因与实践进路》,《中共四川省委党校学报》2022年第2期。

彭兰:《社会化媒体时代的三种媒介素养及其关系》,《上海师范大学学报(哲学社会科学版)》2013年第3期。

彭兰:《社会化媒体、移动终端、大数据:影响新闻生产的新技术因素》,《新闻界》2012年第16期。

彭兰:《无边界时代的专业性重塑》,《现代传播(中国传媒大学学报)》2018年第5期。

祁凡骅:《基层治理如何智对"舆情劫"》,《人民论坛》2019年第31期。

强月新、陈星:《我国媒介素养的研究视角及其现状》,《新闻与写作》2017年第6期。

冉华、梅明丽:《中国传媒集团化发展的历史检讨》,《新闻与传播》2005年第9期。

人民网:《数字政府建设与治理现代论坛》,2021年5月27日,http://gz.people.com.cn/GB/344723/401198/。

上官酒瑞、万志彬:《转型社会中政府信任"悖论"的理论透视——一种结构性的解释框架》,《上海行政学院学报》2021年第2期。

帅满等:《媒介使用对地方政府信任的作用机制研究》,《国际新闻界》2021年第2期。

社论:《致读者》,《人民日报》1956年7月1日。

社论:《乘风破浪》,《人民日报》1958 年 1 月 1 日。

苏玉波、刘婷婷:《大数据时代中国共产党的形象建构:挑战与应对》,《西安交通大学学报(社会科学版)》2021 年第 4 期。

孙旭培:《解放初期对旧新闻事业的接收和改造》,《新闻研究资料》1988 年第 3 期。

孙学玉:《企业型政府模式诘难的诠释与评论》,《江海学刊》2007 年第 3 期。

唐风:《重大突发公共卫生事件中的信息疫情管理研究》,《情报探索》2021 年第 3 期。

唐恭玲、宋福范:《论全媒体视域下党的创新理论大众化问题》,《中共福建省委党校(福建行政学院)学报》2020 年第 2 期。

唐乐:《从“传者—受者”到“对话者”——Web 2.0 时代组织外部传播的传受关系分析》,《新闻大学》2011 年第 2 期。

陶国根:《网络谣言治理与政府网络舆论引导能力——以湖北石首“6·17”事件为例》,《长江论坛》2012 年第 2 期。

田萱:《党政领导干部媒介素养的内涵及其培养》,《新闻知识》2012 年第 12 期。

田智辉等:《论中国共产党的新媒体领导力》,《出版发行研究》2021 年第 7 期。

托马斯·迈尔等:《热话题与冷思考(十六)——关于媒体社会中政党政治的对话》,《当代世界与社会主义》2000 年第 4 期。

王彩平:《媒介素养　不可或缺的领导能力》,《人民公仆》2014 年第 10 期。

王彩平:《领导干部提升媒介素养之道》,《学习时报》2014 年 12 月 15 日。

王重鸣、陈民科:《管理胜任特征分析:结构方程模型检验》,《心理科学》2002 年第 5 期。

王帆、张舒予:《从教育视角解析媒介素养与信息素养》,《电化教育研究》2007 年第 3 期。

王贵斌:《媒介素养认知模式的迭代更新》,《现代传播(中国传媒大学学报)》2020 年第 6 期。

王国华、戴雨露:《网络传播中的“反沉默螺旋”现象研究》,《北京理工大学学报(社会科学版)》2010 年第 6 期。

王辉等:《高校中层领导干部考核指标体系研究——基于德尔菲法和层次分析法的应用》,《东北大学学报(社会科学版)》2019 年第 2 期。

王惠:《社会治理共同体:新时代中国特色社会治理的全新语境与行动逻辑》,《长白学刊》2020 年第 6 期。

王茜:《打开算法分发的“黑箱”——基于今日头条新闻推送的量化研究》,《新闻记者》2017 年第 9 期。

王守光:《加强网络环境下民主执政对策研究》,《理论学刊》2009 年第 12 期。

王太华:《继承　改革　创新——努力开创广播影视工作新局面——在全国广播影视局长会议上的讲话,2006 年 1 月 5 日,http://www.sarft.gov.cn/manage/publishfile/159/3473.html。

王媛媛:《场域变迁视角下社会主义意识形态传播转型研究》,《毛泽东邓小平理论研究》2018 年第 5 期。

王云等:《21 世纪以来媒介素养研究现状与发展——基于 SSCI 期刊的可视化分析》,《山西师范大学学报(社会科学版)》2021 年第 1 期。

王馨艺、张长辉:《新时期提升领导干部媒体素养研究》,《新闻爱好者》2020 年第 7 期。

魏海生、梁怡:《不断加强国际传播能力建设,努力讲好中国共产党故事》,《北京联合大学学报(人文社会科学版)》2022 年第 2 期。

魏武挥:《技术人格》,《IT 经理世界》2012 年第 12 期。

文茂伟:《领导者发展的认知、情感、精神与行为“四力模型”构建》,《领导科学》2016 年第 20 期。

吴根平:《提高领导干部媒介素养的思考》,《辽宁行政学院学报》2012 年第 4 期。

吴淑娟:《信息素养和媒介素养教育的融合途径——联合国“媒介信息素养”的启示》,《图书情报工作》2016 年第 3 期。

吴阳松、陈金莲:《新时代领导干部媒介素养的时代内涵与提升路径》,《理论探讨》2020 年第 4 期。

夏志有:《反思与重构:网络舆情视域下地方政府公信力研究》,《山东社会科学》2014 年第 8 期。

肖文涛、曾煌林:《突发事件政务舆情回应:面临态势、困局与对策思路》,《中国行政管理》2017 年第 12 期。

谢金林:《政府要有效引导网络舆论》,《理论探索》2010 年第 2 期。

熊若愚:《理论传播效果评估研究述要》,《党政论坛》2020 年第 12 期。

徐成芳、顾林:《信息社会西方政党“去意识形态化”趋向初探》,《社会主义研究》2015 年第 5 期。

徐改:《情景模拟教学在领导干部媒介素养培训中的应用》,《中国成人教育》2009 年第 7 期。

徐海燕:《中国政务舆情:格局、挑战及回应机制》,《贵州社会科学》2020 年第 6 期。

徐亦舒、张涛甫:《中国共产党百年媒体政治逻辑嬗变研究》,《新闻大学》2021 年第 12 期。

薛可等:《媒介接触对政府信任的影响:基于中国网民群体的检验》,《现代传播(中国传媒大学学报)》2017 年第 4 期。

闫文捷等:《“高选择媒体环境”下的媒介素养及其社会影响——基于新冠疫情期间中国城市居民的问卷调查》,《新闻与写作》2020 年第 8 期。

闫文捷等:《媒介化治理——电视问政个案的比较分析》,《新闻与传播研究》2020 年第 11 期。

杨保军:《试析尊重新闻规律　开展新闻舆论工作的基本要求》,《当代传播》2017 年第 6 期。

杨凤城:《历史视阈中的新时代全面从严治党之思想建设》,《华东师范大学学报(哲学社会科学版)》2018 年第 3 期。

杨军:《政治参与的新战场》,《南风窗》2007 年第 15 期。

杨玉兰、文茂伟:《领导干部媒介素养的提升路径探讨》,《探索》2016 年第 3 期。

杨雪冬:《新世纪以来中国共产党的干部制度改革:基于制度文本的研究》,《北京行政学院学报》2011 年第 3 期。

姚涵、孔丹霞:《中国共产党思想传播的渠道:早期党的报刊创办及影响》,《毛泽东邓小平理论研究》2020 年第 12 期。

姚姿如、喻国明:《试论媒介化时代媒介素养教育新范式及逻辑框架》,《中国出版》2021 年第 3 期。

叶丹:《我国新闻发言人制度及其现实意义》,《青年记者》2010 年第 12 期。

殷俊、姜胜洪:《政务新媒体发展现状及对策探析》,《新闻界》2015 年第 5 期。

殷琦:《1978 年以来中国传媒体制改革观念演进的过程与机制——以“市场化”为中心的考察》,《新闻与传播研究》2017 年第 2 期。

喻国明:《中国媒介产业的现实发展与未来趋势》,《中国人民大学学报》2002 年第 1 期。

喻国明:《媒体变革:从“全景监狱”到“共景监狱”》,《人民论坛》2009 年第 15 期。

喻国明等:《“平台型媒体”的缘起、理论与操作关键》,《中国人民大学学报》2015 年第 6 期。

喻国明:《网络舆情治理的基本逻辑与规制构建》,《探索与争鸣》2016 年第 10 期。

喻国明、赵睿:《网络素养:概念演进、基本内涵及养成的操作性逻辑:试论习总书记关于“培育中国好网民”的理论基础》,《新闻战线》2017 年第 3 期。

禹仁朋:《基层党员干部干事创业现状调查——以江苏省泰州市乡镇党员干部为对象》,《党政干部论坛》2021 年第 6 期。

虞鑫、兰旻:《媒介治理国家治理体系中的媒介角色——反思新自由主义的传播与政治》,《当代传播》2020 年第 6 期。

余秀才:《全媒体时代的新媒介素养教育》,《现代传播(中国传媒大学学报)》2012 年第 2 期。

余玉:《中国共产党新闻实践的演进特征与基本经验》,《湖北大学学报(哲学社会科学版)》2022 年第 4 期。

袁军等:《政府官员的媒介素养现状及提高途径》,《现代传播(中国传媒大学学报)》2009 年第 5 期。

岳奎:《党的八大对中国道路的探索及对改革开放的重要影响》,《南昌大学学报(人文社会科学版)》2021 年第 2 期。

曾凡斌:《重大突发事件中的 BBS 舆论特点与管理初探——对人民网“强国论坛”的个案观察》,《出版发行研究》2006 年第 4 期。

曾庆香:《媒介神话化——从〈泰坦尼克〉神话看传播致效》,《新闻与传播研究》2002 年第 2 期。

翟霞、冀翠萍:《网络与现实融合视域下实现虚拟社会善治的方式与路径》,《理论学刊》2014 年第 12 期。

崔霞、冀翠萍:《我国领导干部媒介素养研究的现状分析》,《理论学刊》2018 年第 1 期。

赵宬斐:《多元舆论场中党的舆论引导能力研究》,《政治学研究》2014 年第 1 期。

赵春丽、付捷:《新媒体时代政府舆论引导能力体系结构初探》,《湖北社会科学》2013 年第 11 期。

赵世明:《危机治理情境下干部的选拔任用》,《中国党政干部论坛》2020 年第 3 期。

张宝贵:《必须改革新闻领导体制》,《新闻知识》1993 年第 12 期。

张开、丁飞思:《回放与展望:中国媒介素养发展的 20 年》,《新闻与写作》2020 年第 8 期。

张海燕:《对提高领导干部媒介素养的思考》,《岭南学刊》2006 年第 5 期。

张林:《智能算法推荐的意识形态风险及其治理》,《探索》2021 年第 1 期。

张楠:《重识李普曼:新闻传播思想的价值与局限》,《新闻界》2012 年第 21 期。

张品良:《新网络环境下领导干部媒介素养的提升》,《求实》2010 年第 6 期。

张权:《网络舆情治理象限:由总体目标到参照标准》,《武汉大学学报(社会科学版)》2019 年第 3 期。

张淑瑛:《领导干部循证治理能力的功能与提升路径探析》,《广西民族大学学报(哲学社会科学版)》2020 年第 3 期。

张涛甫:《当下中国舆论引导格局的转型》,《当代传播》2014 年第 2 期。

张涛甫、姜华:《风险认知偏差与风险语境中的媒体》,《学术月刊》2020 年第 9 期。

张涛甫:《新媒体技术迭代与国际舆论话语权重构》,《人民论坛》2020 年第 15 期。

张雪黎、肖亿甫:《信息化发展对大学生网络媒介素养的影响》,《中国青年社会科学》2020 年第 1 期。

张献伟、刘晓晨:《太行窑洞里的"陕北台"》,《党史博采(上)》2020 年第 12 期。

张毓强、庞敏:《新时代中国国际传播:新基点、新逻辑与新路径》,《现代传播(中国传媒大学学报)》2021 年第 7 期。

张云镕:《基于扎根理论的媒体型智库舆论引导力构成与作用机制研究》,《情报理论与实践》2021 年第 11 期。

张志安、沈国麟:《媒介素养:一个亟待重视的全民教育课题——对中国大陆媒介素养研究的回顾和简评》,《新闻记者》2004 年第 5 期。

张志安、姚尧:《平台媒体的类型、演进逻辑和发展趋势》,《新闻与写作》2018 年第 12 期。

张志安、冉桢:《中国互联网平台治理:路径、效果与特征》,《新闻与写作》2022 年第 5 期。

中央网信办理论学习中心组:《深入贯彻习近平总书记网络强国战略思想扎实推进网络安全和信息化工作》,《求是》2017 年第 9 期。

中央网信办:《习近平总书记指引清朗网络空间建设纪实》,2022 年 5 月 5 日,http://www.cac.gov.cn/2022-05/05/c_1653362948442935.htm。

钟志贤等:《论公民媒介素养测评框架建构》,《电化教育研究》2020 年第 1 期。

周葆华、陆晔:《从媒介使用到媒介参与:中国公众媒介素养的基本现状》,《新闻大学》2008 年第 4 期。

周大勇、王秀艳:《官员的媒介素养与政府形象传播》,《中共中央党校学报》2013 年第 4 期。

朱清河、谢昕忻:《中国共产党"党管媒体"的百年探索与基本经验》,《长安大学学报(社会科学版)》2021 年第 4 期。

朱效梅、谢萌:《网络意识形态话语权建构研究》,《社会主义核心价值观研究》2016 年第 3 期。

四、中文译著

[美]格林斯坦、波尔斯比主编:《政治学手册精选》(下卷),储复耘译,商务印书馆 1996 年版。

[美]迈克尔·埃默里、埃德温·埃默里、南希·罗伯茨:《美国新闻史:大众传播媒介解释史》,展江、殷文译,中国人民大学出版社 2001 年版。

[美]沈大伟:《中国共产党:收缩与调适》,吕增奎、王新颖译,中央编译出版社 2012 年版。

[美]W.兰斯·本奈特、罗伯特·M.恩特曼:《媒介化政治:政治传播新论》,董关鹏译,清华大学出版社 2011 年版。

[美]沃尔特·李普曼:《公众舆论》,闫克文、江红译,上海世纪出版集团 2006 年版。

[英]安德鲁·查德威克:《互联网政治学:国家、公民与新传播技术》,任孟山译,华夏出版社 2010 年版。

[英]P.埃瑞克·洛:《西方媒体如何影响政治》,陈晞、王振源译,新华出版社 2013 年版。

[英]休谟:《道德原则研究》,曾晓平译,商务印书馆 2001 年版。

五、外文文献

Botan C.H., *Strategic communication theory and practice: The cocreational model*, NJ: Wiley-Blackwell, 2018.

Boyatzis R.E., *The competence manager: a model for effective performance*, New York: John Wiley & Sons, 1982.

Buckingham D., *Media education: Literacy, learning and contemporary culture*, Cambridge: Polity Press, 2003.

Cohen B.C., *The press and foreign policy*, Princeton: Princeton University Press, 1963.

Goffman E., *Encounters: Two Studies in the Sociology of Interaction*, Indianapolis: Bobbs-Merrill, 1961.

Jenkins H., *Confronting the challenges of participatory culture: Media education for the 21st century*, Boston: Mit Press, 2009.

Spencer L.M., Spencer S.M., *Competence at work: Models for superior performance*, New-York: John Wiley & Sons, 1993.

Van Dijck J., Poell T., De Waal M., *The Platform Society: Public values in a connective world*, New York: Oxford University Press, 2018.

Bagozzi R.P., Yi Y., On the evaluation of structure equation models, *Journal of the Academy of Marketing Science volume*, Vol.16(1998).

Bar-On R, The Bar-On Model of Emotional-social Intelligence (ESI), *Psicothema*, Vol. 18(2006).

Burroughs S., Brocato K., Hopper P.F., et al., Media literacy: a central component of democratic citizenship, *The educational forum*, Vol.73, No.2(2009).

Fornell C., Larcker D.F., Evaluating structural equation models with unobservable variables and measurement error, *Journal of Marketing Research*, Vol.18, No.1(1981).

Gefen D., Straub D.W., Boudreau M.C., Structural Equation Modeling and Regression: Guidelines for Research Practice, *Communications of the Association for Information Systems*, Vol.4(2000).

Heath R.L., A rhetorical approach to zones of meaning and organizational prerogatives, *Public Relations Review*, Vol.19, No.2(1993).

Jenkins H., Confronting the Challenges of Participatory Culture: Media Education for the 21st century, *Educational Gerontology*, Vol.29, No.7(2008).

Hobbs R., Digital and Media Literacy: A Plan of Action, *The Aspen Institute*, Vol.70, No. 7(2010).

Jenkins H., Convergence Culture. Where Old and New Media Collide, *Revista Austral de CienciasSociales*, Vol.20(2011).

Dawley L., Social network knowledge construction: emerging virtual world pedagogy, *On the Horizon*, Vol.17, No.2(2009).

McClell and D.C., Testing for competence rather than for "intelligence", *American Psychologist*, Vol.28, No.1(1973).

New Media Consortium, *A Global Imperative: The Report of the 21st Century Literacy Summit*, http://www.nmc.org/publications/global-imperative, 2005-08-01/2011-05-08.

OECD, The future of education and skills: Education 2030 position paper, http://www.

oecd. org/education/2030/E2030% 20Position% 20Paper% 20 (05. 04. 2018). pdf, 2018-07-20.

Hall S., Encoding and decoding in the television discourse, *In CCCS selected working papers*, Routledge, 2007.

UNESCO, *Global Media and Information Literacy Assessment Framework: Country Readiness and Competencies*, https://unesdoc. unesco. org/ark:/48223/pf0000224655 _ chi, 2014-07-08.

Woodruff C., Competent by any other name, *personal management*, Vol.23(1991).

附　　录

附录 1　党员干部媒介素养指标体系调查问卷

党员干部媒介素养评价指标问卷调查

您好！本研究团队正在开展一项研究，旨在客观了解党员干部媒介素养的状况，更好服务于干部培训工作。问卷为匿名调查，结果仅用于学术研究，务请同志们如实填写，整个问卷大约需要 3 分钟，感谢您的支持与配合！

党员干部媒介素养研究团队

2022 年 5 月

1. 您的性别

A. 男　B. 女

2. 您的年龄

A. 25 岁以下　B. 25—35 岁　C. 36—45 岁　D. 46—55 岁　E. 55 岁以上

3. 您的学历学位

A. 大专及以下　B. 本科　C. 硕士　D. 博士　E. 其他

4. 您的工作职责

A. 综合协调　B. 宣传文化　C. 业务管理　D. 教育科研　E. 其他

5. 您的职务职级

A. 科级以下　B. 科级　C. 县处级　D. 市厅级　E. 省部级

6. 您的单位级别

A. 省级　B. 市级　C. 区县级　D. 乡镇街道

7. 您知悉微博、微信、今日头条、抖音、B站、腾讯新闻等不同媒介平台的传播特点。[量表题]

A. 非常不频繁　B. 比较不频繁　C. 不确定　D. 比较频繁　E. 非常频繁

8. 您能够利用不同媒介或工具收集和获取自己所需要的新闻、信息、数据等。[量表题]

A. 非常不符合　B. 比较不符合　C. 不确定　D. 比较符合　E. 非常符合

9. 您能够评估获取的信息和媒体内容以及来源和提供者是否真实可靠。[量表题]

A. 非常不符合　B. 比较不符合　C. 不确定　D. 比较符合　E. 非常符合

10. 您能够甄别网络中哪些是新闻信息、哪些是言论观点。[量表题]

A. 非常不符合　B. 比较不符合　C. 不确定　D. 比较符合　E. 非常符合

11. 您认为发表或使用任何违背伦理道德的言论应该都受到谴责。[量表题]

A. 非常不同意　B. 比较不同意　C. 不确定　D. 比较同意　E. 非常同意

12. 您认为网络空间社会思潮斗争激烈,需要媒体、政府等积极引导主流价值观。[量表题]

A. 非常不同意　B. 比较不同意　C. 不确定　D. 比较同意　E. 非常同意

13. 您经常借助媒介平台关注并以点赞、评论等形式参与到公共事务的讨论中。[量表题]

A. 非常不频繁　B. 比较不频繁　C. 不确定　D. 比较频繁　E. 非常频繁

14. 您经常通过发朋友圈、微信群发表评论或者更新自媒体信息等表达自己对公共事务的意见和看法。[量表题]

A. 非常不频繁　B. 比较不频繁　C. 不确定　D. 比较频繁　E. 非常频繁

15. 您认为经济社会发展、党员干部工作生活的方方面面,都有可能"被上网"并引发网络舆情。[量表题]

A. 非常不同意　B. 比较不同意　C. 不确定　D. 比较同意　E. 非常同意

16. 您能够感知到网络上发布的一些民生、社会问题有发展为舆情的潜在危机。[量表题]

A. 非常不符合　B. 比较不符合　C. 不确定　D. 比较符合　E. 非常符合

17. 您能够评判和预见网络舆情发展态势、发展方向、产生影响等。[量表题]

A. 非常不符合　B. 比较不符合　C. 不确定　D. 比较符合　E. 非常符合

18. 舆情危机面前,您能够理解利益相关人员处境并通过媒介恰当表达自己的情感。[量表题]

A. 非常不符合　B. 比较不符合　C. 不确定　D. 比较符合　E. 非常符合

19. 面对舆情危机时,您能够捕捉社会关切和舆论焦点并进行有效回应。[量表题]

A. 非常不符合　B. 比较不符合　C. 不确定　D. 比较符合　E. 非常符合

20. 您认为与媒体打交道(新闻采访、新闻发布会等)是沟通群众、接受媒体监督、展现部门形象的重要机会。[量表题]

A. 非常不同意　B. 比较不同意　C. 不确定　D. 比较同意　E. 非常同意

21. 与媒体打交道(新闻采访、新闻发布会等)时,您能够调节表情、语言语调、节奏等,并使自己保持积极状态。[量表题]

A. 非常不符合　B. 比较不符合　C. 不确定　D. 比较符合　E. 非常符合

22. 与媒体打交道(新闻采访、新闻发布会等)时,您能够从容回答记者提出的问题并与记者互动。[量表题]

A. 非常不符合　B. 比较不符合　C. 不确定　D. 比较符合　E. 非常符合

23. 您认为网络空间信息良莠不齐,需要刚性管控与柔性治理共同保障发展与安全。[量表题]

A. 非常不同意　B. 比较不同意　C. 不确定　D. 比较同意　E. 非常同意

24. 您经常使用政务新媒体平台(政务微博、微信、抖音,政务 APP 等)了解群众诉求、进行互动交流。[量表题]

A. 非常不频繁　B. 比较不频繁　C. 不确定　D. 比较频繁　E. 非常频繁

25. 您经常使用政务新媒体平台(政务微博、微信、抖音,政务 APP 等)发布政策、提供服务、开展监管。[量表题]

A. 非常不频繁　B. 比较不频繁　C. 不确定　D. 比较频繁　E. 非常频繁

附录 2　专家群体决策专家来源

党员干部媒介素养指标权重计算，邀请高校媒介素养研究学者 4 位、党校从事舆情舆论研究的教师 4 位、省市两级宣传部业务负责同志 3 位、省市两级网信业务负责同志 2 位、互联网传媒企业负责同志 1 位，共计 14 名专家组成评判小组，进行群体决策。

序号	专家来源	职务职称	年龄	备注
ZJ01	中国人民大学	教授	38	一次通过一致性检验
ZJ02	山东师范大学	主任、教授	52	一次通过一致性检验
ZJ03	曲阜师范大学	副教授	36	一次通过一致性检验
ZJ04	河北大学	副教授	39	一次通过一致性检验
ZJ05	中央党校	教授	43	一次通过一致性检验
ZJ06	山东省委党校	教授	41	一次通过一致性检验
ZJ07	山东省委党校	副教授	38	一次通过一致性检验
ZJ08	重庆市委党校	教授	45	一次通过一致性检验
ZJ09	山东省委宣传部	处长	43	两次通过一致性检验
ZJ10	潍坊市委宣传部	副处长	46	两次通过一致性检验
ZJ11	泰安市委宣传部	副处长	48	一次通过一致性检验
ZJ12	山东省互联网传媒集团	副总经理	36	三次通过一致性检验
ZJ13	山东省委网信办	处长	41	两次通过一致性检验
ZJ14	威海市委网信办	副处长	46	三次通过一致性检验

附录 3　党校舆情课程设置情况调查问卷

关于舆情课程设置情况的调研

您好:

省委党校(山东行政学院)媒介素养研究团队承担一项研究任务,为客观了解近两年市、县党校舆情课程设置情况,特制定本问卷。本问卷完全匿名,不显示个体情况,跟办学质量评估等无关,务请同志们根据 2020 年、2021 年情况如实填写,整个问卷大约需要 3 分钟,十分感谢您的支持与配合!

一、基本情况

1. 请填写贵校名称(为了观测地区经济发展水平是否为影响因素)[填空题]________________

2. 请选择贵校所属级别[单选题]

○A. 市(地)党校(行政学院)

○B. 国有企业党校

○C. 县(市、区)党校(行政学校)

○D. 高等院校党校

○E. 乡镇(街道)基层党校

3. 请选择您的工作年限[单选题]

○A. 10 年以上

○B. 5—10 年

○C. 1—5 年

○D. 新入职

4. 请选择您的工作岗位[单选题]

○A. 教务管理工作人员

○B. 教务管理负责人

○C. 教师

○D. 分管教学的校(院)领导

5. 您是否参与校(院)教学计划制定或课程设置[单选题]

○A. 是

○B. 否

二、舆情课设置情况

6. 已开设哪些主题的舆情课程?[多选题]

□A. 提高意识形态工作能力(侧重于舆论斗争中的防范化解意识形态风险)

□B. 突发事件处置与舆情应对(侧重于突发事件中的网络舆情管理与应对)

□C. 网络舆情管理与舆论引导(侧重于常规工作中的党员干部媒介素养)

□D. 信息发布与媒体沟通(侧重于新闻发布中的危机沟通、与媒体打交道)

□E. 无

7. 在哪些班次开设舆情课程?[多选题]

□A. 进修班,县级(科级)干部进修班

□B. 中青班,青年(年轻)干部培训班

□C. 任职班,县级(科级)干部任职班

□D. 专题班

□F. 无

8. 舆情课程开设频次情况如何?[单选题]

○A. 每学期 3 次以上

○B. 每学期 2 次

○C. 每学期 1 次

○D. 不固定

○E. 无

9. 已开设舆情课主要培训对象[多选题]

□A. 从事宣传、舆情管理工作人员

□B. 地方(部门)主要领导

□C. 民政、住建、市场监管等民生部门干部

□D. 普通党员干部

□E. 无

10. 是否承办宣传(意识形态)工作专题培训班?[单选题]

○A. 每两年设置一期

○B. 每年设置一期

○C. 每半年设置一期

○D. 不固定

○E. 无

11. 承担舆情课教学任务的教师来源渠道?[多选题]

□A. 校(院)自主培养

□B. 上级党校教师

□C. 高校教师

□D. 媒体从业人员

□E. 宣传(网信)干部

12. 承担舆情课教学任务的教师数量?[单选题]

○A. 3 人以上

○B. 2 人

○C. 1 人

○D. 正在培养

○E. 无

13. 承担舆情课教学任务的教师学历层次？［多选题］

□A. 本科

□B. 硕士研究生

□C. 博士研究生

□D. 大专及以下

□E. 无

14. 承担舆情课教学任务的教师学科背景？［多选题］

□A. 公共管理学

□B. 社会学

□C. 新闻传播学

□D. 计算机科学与技术

□E. 其他

15. 承担舆情课教学任务的教师年龄？［多选题］

□A. 45 岁以上

□B. 35—45 岁

□C. 35 岁以下

□D. 刚入职不久

□E. 无

16. 舆情课采取哪些教学形式？［多选题］

□A. 讲授式

□B. 案例研讨式

□C. 情景模拟式

□D. 两段式

□E. 无

17. 教学环境是否能够支撑舆情课教学？［多选题］

□A. 办学条件尚不足

□B. 支持多媒体教学

□C. 支持案例研讨教学

□D. 支持情境模拟教学

□E. 其他

策划编辑：李　航
封面设计：石笑梦
版式设计：胡欣欣

图书在版编目(CIP)数据

新媒体时代党员干部媒介素养提升路径研究/冀翠萍 著.—北京:人民出版社,2024.4

ISBN 978-7-01-025765-5

Ⅰ.①新…　Ⅱ.①冀…　Ⅲ.①传播媒介-干部教育-教育研究　Ⅳ.①G206.2

中国国家版本馆 CIP 数据核字(2023)第 105326 号

新媒体时代党员干部媒介素养提升路径研究

XINMEITI SHIDAI DANGYUAN GANBU MEIJIE SUYANG TISHENG LUJING YANJIU

冀翠萍　著

人民出版社 出版发行
(100706　北京市东城区隆福寺街 99 号)

北京九州迅驰传媒文化有限公司印刷　新华书店经销

2024 年 4 月第 1 版　2024 年 4 月北京第 1 次印刷
开本:710 毫米×1000 毫米 1/16　印张:18
字数:250 千字

ISBN 978-7-01-025765-5　定价:98.00 元

邮购地址 100706　北京市东城区隆福寺街 99 号
人民东方图书销售中心　电话 (010)65250042　65289539

版权所有·侵权必究
凡购买本社图书,如有印制质量问题,我社负责调换。
服务电话:(010)65250042